Elisabeth Lechner

RIOT, DON'T DIET!

Elisabeth Lechner

RIOT, DON'T DIET!

Aufstand der widerspenstigen Körper

Dieses Buch ist für alle, die schon einmal aufgrund ihres Aussehens beschämt, herabgesetzt, beleidigt, diskriminiert und verletzt wurden, deren Körper sie zu Zielscheiben für Spott und Häme machen. An euch ist nichts falsch! An den Machtstrukturen, die unsere Gesellschaft ausmachen, aber so einiges. Eine andere, inklusivere Welt ist möglich! Bleibt hoffnungsvoll, widerspenstig und widerständig! Wir sind viele! #RiotDontDiet

INHALT

Aufstand der widerspenstigen Körper   7

Neue Utopien!   29

DICK. Wie wir Dickenhass verbannen und
Raum für alle schaffen   63

SCHWARZ. Wie wir Exotisierung, Othering und
Rassismus ein für alle Mal loswerden   91

HAARIG. Warum Körperbehaarung und
Frisuren politisch sind   115

QUEER. Körper, ihre Geschlechter, ihr Begehren.
Wie queere Körper von Schönheitsdruck betroffen sind   133

BEHINDERT. Warum wir einen wirklich inklusiven
Schönheitsbegriff brauchen   165

ALT. Warum wir die sichtbaren Spuren
eines gelebten Lebens feiern statt abwerten sollten   183

In 5 Schritten zur Schönheitsrevolution   193

Weiter: lesen, denken, machen   202

Dank   236

AUFSTAND DER WIDER-SPENSTIGEN KÖRPER

*„Die Themen Geschlecht und Körper gehen uns alle an.
Es braucht Aufstand, um in Bewegung zu kommen.
Aufstehen – bewegen – ständig.
Es braucht die geballte Faust."*

Sissi Kaiser, @sissikaiser_, Medienpädagogin, Filmemacherin und Multimediale Kunsttherapeutin

ZEIT FÜR ZORN (EINLEITUNG)

Es ist Zeit für eine Schönheitsrevolution, einen Aufstand der widerspenstigen Körper! Warum? Weil wir – und mit „wir" meine ich vor allem Frauen, queere Menschen, Schwarze Menschen und People of Color, Menschen mit Behinderungen, ältere Menschen und alle Marginalisierten – noch immer vorwiegend über unser Äußeres definiert werden.[1] Weil wir auf die Struktur unserer Haare, den Farbton unserer Haut, die Maße unseres Körpers und seine physische Fitness reduziert werden, statt dass Zwischenmenschliches und Inhalte im Fokus unserer Begegnungen stehen. Weil wir lernen müssen, Schönheit wieder politisch zu denken; sie als Kapital zu verstehen, das „Schönen" unzählige Privilegien verleiht, während die als hässlich oder gar eklig Positionierten ökonomisch benachteiligt, gesellschaftlich abgewertet und ausgegrenzt werden. Weil es Zeit wird, dass wir eine Kultur der oberflächlichen Bewertung, die verletzt, in eine Kultur des solidarischen Miteinanders verwandeln, die hilft und unterstützt.

Aber was ist eigentlich meine Sicht, aus der ich argumentiere? Ich bin ein Kind der sehr späten 80er Jahre, geboren am 22. Dezember 1989, und *weiße*, autochthone Österreicherin aus einem Nicht-Akademiker*innen-Haushalt. Ich fühle mich wohl in dem Geschlecht, das mir bei der Geburt zugewiesen wurde und bezeichne mich daher als cis Frau mit den Pronomen „sie/ihr". Ich bin durchschnittlich groß, durchschnittlich schwer (mit einer Geschichte als dickes Kind) und habe keine Behinderungen. Außerdem bin ich promovierte Kulturwissenschaftlerin. Ich habe meine Dissertation zu Schönheitsidealen und der Body-Positivity-Bewegung geschrieben, also jahrelang geforscht dazu, wer warum als schön gilt und welche Vor- und Nachteile diese Zuschreibungen im Leben der Menschen bedeuten. Ich habe mir angesehen, wie die Popkultur „eklige" weibliche Körper darstellt, was deren Sichtbarkeit im Mainstream für „den Feminismus" bedeutet, und welche Makel die Schönheitsindustrie Jahr für Jahr erfindet, um immer neue Produkte zu verkaufen. Meine Perspektive ist eine interdisziplinärwissenschaftliche. Die Ergebnisse meiner Forschung stellen die Basis für meine Forderungen nach politischem Wandel dar. Bewusst lasse ich in diesem Buch aber auch aktivistische Stimmen zentral zu Wort kommen, deren Lebensrealitäten und Geschichten hier mehr Raum bekommen sollen als in Form von nackten Zahlen oder Studien in Fußnoten.

Abseits von meiner Forschung, mit der wir uns in diesem Buch noch beschäftigen werden, haben mir zwei noch gar nicht lange zurückliegende persönliche Erfahrungen noch einmal klargemacht, warum wir gesellschaftlich dringend über Schönheit reden müssen; warum Schönheit wieder als feministisches Thema mit politischer Sprengkraft begriffen werden muss, das verschiedenste Strukturen in sich vereint, die Ungleichheit schaffen. Mir wurde klar, warum die Rufe der Body Positivity nach Selbstliebe allein noch lange nicht reichen und wir Schönheit strukturell zwischen Kapitalismus, Patriarchat und kolonialen Zusammenhängen verorten müssen.

Die erste Geschichte bezieht sich auf ein Interview mit mir, das zu Weihnachten 2019 unter dem – zugegebenermaßen verkürzten, reißerischen – Titel „Schönheit ist ein kapitalistisches Konstrukt" in der österreichischen Tageszeitung *Der Standard* erschien.[2] Wie es für Medienanfragen üblich ist, wurde ich auch vor der Veröffentlichung dieses Gesprächs um ein Porträtfoto gebeten. So weit, so unaufregend. Auf dem Foto bin ich geschminkt, trage eine rote Bluse samt passendem Lippenstift und Nagellack. Nach Erscheinen des Interviews war ich unterm Christbaum dann doch etwas überrascht zu lesen, dass hunderte Kommentator(*inn?)en nichts Besseres zu tun hatten, als mein Aussehen zu bewerten, wo ich doch gerade in besagtem Interview das Gegenteil forderte, nämlich an Inhalten gemessen zu werden. Einigen schien „das stylishe Auftreten, das starke Make-up mit lackierten Nägeln eher kontraproduktiv". Andere hatten die gegenteilige Erklärung parat: „Wieder einmal eine eher unattraktive Frau, die es stört, als unattraktiv wahrgenommen zu werden, und jetzt eben den Dreh raus hat! Lookismus ist das Zauberwort! Ab jetzt kann man jedem Mann, dem eine Frau nicht gefällt, unterstellen, bösartigen, ja sogar toxischen Lookismus zu betreiben ..." Ein*e User*in ritt im nächsten Kommentar zu meiner Ehrenrettung aus, indem er*sie mich wiederum als „burschikos und gepflegt" bezeichnete. Eine*r ging sogar so weit, ein Video auf der Website der Uni Wien über meine Forschung[3] zu recherchieren, das meine vermeintliche Attraktivität belegen sollte. Scheinbar die zu erfüllende Voraussetzung, um als Frau in der Öffentlichkeit sprechen zu dürfen.

Als Wissenschaftlerin, die über Aussehen und Diskriminierung forscht und die notwendigerweise auch selbst ein Aussehen hat, ist es doppelt schwer, Leute dazu zu bringen, sich auf das Gesagte zu konzentrieren. Diese Kommentare beweisen, dass wir in einer zutiefst lookistischen Gesellschaft leben, in der Menschen aufgrund ihres Aussehens bewertet, stereotypisiert und oft auch diskriminiert werden. Also danke für die Kommentare![4]

Die zweite Geschichte ist eine noch persönlichere. Seit Jahren lese ich privat und beruflich Bücher zu Body Positivity, ich schaue popfeministische Serien und Filme, analysiere sie kulturwissenschaftlich. Meine Social-Media-Kanäle bieten mir Empowerment und Vielfalt statt den immer gleichen Norm-Körpern; jeden Tag lerne ich neue Perspektiven kennen. Ich beschäftige mich mit empirisch fundierten Strategien gegen Dickenhass und weiß um die zentrale Bedeutung von Bewegungen wie *Health at Every Size,* die sich dafür einsetzen, Diskurse rund um Gesundheit und Körpergewicht komplexer zu betrachten, als dies normalerweise mit einem reinen Fokus auf Kilos der Fall ist. Ich feiere, dass es Frauen wie Lizzo mit zutiefst politischen Botschaften aufs Cover der historisch für ihre *Weißheit* und ihren Dickenhass bekannten *Vogue* schaffen[5] und bin begeistert, wenn Menschen wie Sam Smith binäre Geschlechterzuschreibungen von sich weisen und offen über ihren Kampf mit ihrem Körperbild sprechen[6], und trotzdem.

Und trotzdem passierte es mir vor Kurzem nach ein paar Tagen fürchterlicher Magenverstimmung und quasi ohne Nahrungsaufnahme, dass ich in Unterwäsche an meinem Spiegel vorbeiging und mir – halb überrascht, halb anerkennend – dachte: „Wow, so flach ist mein Bauch sonst nie!" Wie leicht es hier wäre, toxische Essensverbote und Verhaltensweisen zu reaktivieren, einfach ein bisschen öfter zu verzichten, um ein bisschen näher an das ewig unerreichbare Ideal zu kommen. IST DAS NICHT VERRÜCKT!? Wie viel Forschung zu Body Positivity und Arbeit an der eigenen Selbstwahrnehmung braucht es noch, dass so schädliche Gedanken nicht die erste Reaktion auf körperliche Veränderungen sind? Warum ist es so schwer, den Körper als Wahrnehmungsmaschine wertzuschätzen statt als optische Hülle, die immer weiter optimiert werden muss? Meine Utopie ist es, den Körper als Medium zu verstehen, das mir Zugang zur Welt ermöglicht, uns unsere Umgebung mit allen Sinnen erfahren lässt. Dabei versuche ich zu verlernen, ihn für jede neue Falte, jedes Haar und jede Hautunreinheit geringzuschätzen. In einer von Lookismus geprägten Welt, in der Konzerne mit immer neu entdeckten „Makeln" immer größere Profite machen und besonders Frauen mit Schönheitsdruck unter Kontrolle gehalten werden, sind wir von dieser Welt der Body Neutrality aber weit entfernt.

Wäre es nicht längst an der Zeit, denke ich mir in solchen Momenten, diesen antrainierten und nur so schwer zu überwindenden Selbsthass gegen das System zu wenden? Klar, wütend dürfen unserer Sozialisierung entsprechend gerade Frauen nie sein, aber Grund genug dazu haben wir! Es wird nicht mehr reichen, auf einer individuellen Ebene jeden negativen Gedanken mit positiven Affirmationen à la „Liebe dich selbst!", „Du bist schön, so, wie du bist" und Dankbarkeits-Mantras umzuprogrammieren. Das kann Einzelnen helfen, denn für die individuelle Psyche ist es super, wenn man es schafft, sich zu denken: „Ich lasse mich nicht unter Druck setzen." Doch nur weil Einzelne – meist privilegierte, *weiße* Frauen mit minimalen „Makeln" – es schaffen, sich das einzureden und den Gegenwind auszuhalten, ist allen anderen noch nicht geholfen.

Für langfristige, wirklich inklusive Veränderung und eine echte Schönheitsrevolution ist Widerstand auf der individuellen Ebene nicht genug. Eine Neuausrichtung der eigenen psychosozialen Verfassheit in Richtung Dankbarkeit, Akzeptanz und Selbstvertrauen, wie sie so oft auf Instagram propagiert wird, ist „capitalism, neoliberalism and patriarchy-friendly"[7], wie Rosalind Gill das so schön ausdrückt, und im Endeffekt nicht genug. Nicht nur, weil davon meistens nur ohnehin schon privilegierte *weiße* Frauen die größten Vorteile davontragen – wenn überhaupt –, sondern weil wir mit der Umprogrammierung unserer Gefühlswelt im Endeffekt ein System aufrechterhalten, das uns nur verletzt.

Dauernd mit unerreichbaren Idealen und Unzulänglichkeitsnachrichten bombardiert zu werden, immer zu dick/zu dunkel/zu wenig fit/zu alt/zu queer etc. zu sein, sich nie repräsentiert zu sehen oder gar aufgrund körperlicher Merkmale die eigene Menschlichkeit abgesprochen zu bekommen, das tut weh, das macht zornig und regt auf! Warum sollten wir ruhig bleiben und uns trotz allgegenwärtiger Aggression gegen unsere immer falschen Körper in Selbstliebe üben, während wir in derselben Zeit zusammenkommen und die Revolution planen können? Statt (oder sagen wir zusätzlich zu) den täglichen pastellfarbenen Erinnerungen an mehr Selbstliebe auf Instagram wünsche ich mir also, dass wir unseren Selbsthass nehmen und in **Systemgrant** verwandeln! Mit diesem wiedergewonnenen Zugang zu unserem Zorn können wir nämlich die Welt verändern! Er hilft uns nicht nur, die wahren Gründe für Diskriminierung ausfindig zu machen, sondern auch, kollektiv gegen sie vorzugehen. Oder wie Musiker*in kerosin95 sagt: „Ja! Ich bin der festen Überzeugung, dass wir immer eine Revolution brauchen werden. Am besten eine feministische, eine queere, eine intersektionale." Also eine Revolution, die die komplexen, sich gegenseitig beeinflussenden Diskriminierungserfahrungen unterschiedlichster Menschen ernst nimmt und von diesen ihren Ausgangspunkt nimmt, sie aber in ihrem Kampf um Anerkennung und Rechte unterstützt, wo immer es möglich ist.

Doch wogegen genau richten wir uns eigentlich? Wie steht es um Schönheitspolitiken im 21. Jahrhundert?

VOM WERT VON SCHÖNHEIT UND DEM PREIS DAFÜR, AUS DER NORM ZU FALLEN

Beginnen wir ganz von vorne: Was ist das gängige Schönheitsideal am Anfang der 2020er Jahre? Welche Bilder fallen uns ein, wenn wir an „schöne Menschen" denken? Wen sehen wir in den Medien, in unseren liebsten Serien und Spielfilmen, in der Werbung, den Nachrichten und auf Social Media? Weitestgehend *weiße*, fitte, junge Menschen ohne Behinderungen. Zusätzlich wird eine binärgeschlechtliche, heterosexuelle Norm angenommen: Es gibt Männer und Frauen, diese verlieben sich jeweils ineinander. Dieses „heteronormative", *weiße* Ideal immerwährender Jugend und Fitness wird durch die globale Schönheitsindustrie in die gesamte Welt exportiert und konkurriert vor Ort mit lokalen Vorstellungen. Spätestens seit dem neuzeitlichen Kolonialismus richtet sich das Schönheitsideal also nach einer europäischen, *weißen* Norm. Dass Schönheit immer in Abhängigkeit von diesem eurozentrischen Ideal gedacht wird, an dem Schwarze, Indigene und People of Color (kurz BIPoC) nur scheitern können, muss man als Fortsetzung kolonialer Gewalt bezeichnen.

Im Gegensatz zu den 1990ern ist die „schöne Frau" heute aber nicht mehr gertenschlank, sondern durchtrainiert, fit und an den „richtigen" Stellen kurvig. Sie ist *weiß* oder zunehmend auch „exotisch divers", hat lange Haare, eine glatte und aknefreie Haut, ist am ganzen Körper rasiert und geschminkt. Männer wiederum müssen groß sein, stark und muskulös. Das passt haargenau zur sogenannten Leistungsgesellschaft, in der wir leben. Sichtbare Schönheitsarbeit – ausdefinierte Muskeln, entfernte Körperbehaarung, das perfekt aufgetragene Make-up – ist positiv besetzt.

Auch empirisch ist belegbar: Als attraktiv angesehene Menschen haben bessere Job- und Beförderungsaussichten, mehr Erfolg in zwischenmenschlichen Beziehungen und bei der Partner*innenwahl, bekommen eher einen Job, erhalten ein höheres Gehalt und die bessere Gesundheitsversorgung. Schon in jungen Jahren bekommen „schöne" Schüler*innen die besseren Noten.[8] Genau wegen des gesellschaftlichen Werts von Schönheit streben verschiedenste, gerade auch marginalisierte Gruppen – wie Schwarze, trans oder dicke Frauen – danach, auch Schönheitskapital zu erlangen und die Grenzen dessen, was als schön, als akzeptable Femininität gilt, zu erweitern.[9] Als schön wahrgenommen zu werden, bringt nicht nur Vorteile in Beruf oder Liebesleben, es kann vor Gewalt schützen und Leben retten.

Viele empfinden derzeit eine Zunahme des Drucks, schön sein zu müssen. Ana Elias und ihre Kolleginnen bekräftigen diesen Eindruck in ihrem Buch *Aesthetic Labour. Rethinking Beauty Politics in Neoliberalism*. Sie sprechen von einer „Intensivierung" und „Extensivierung" von Schönheitsdruck. „Intensivierung", weil es eine Omnipräsenz von Kameras und Überwachung (gerade auch in Freundesgruppen) gibt und man ständig Fotos von sich macht. In den 1970er Jahren beispielsweise hat es ewig gedauert, bis ein Foto bearbeitet war und man es sich anschauen konnte. Heute kann ich in einer Minute 100 Selfies von mir machen und sie ganz einfach mit zahlreichen Filtern und Apps nachbearbeiten, bevor ich sie mit meinen Follower*innen teile. Zusätzlich zu dieser Intensivierung des Schönheitsdrucks finde zeitgleich auch eine Extensivierung statt. Gut auszusehen werde nun einerseits ausgeweitet auf neue Phasen oder Lebensabschnitte einer Frau, sodass nun auch immer jüngere Kinder und immer ältere Frauen bzw. Schwangere und Mütter gut aussehen müssen, andererseits aber auch auf neue und immer absurdere Regionen des Körpers, sodass nun beispielsweise auch die Fußsohlen, Oberschenkel (Stichwort „Thigh Gap"), Achselhöhlen oder Vulvalippen nach käuflichen Lösungen der Schönheitsindustrie verlangen.[10]

Das in Werbung und Popkultur weit verbreitete Schönheitsideal einer jungen, schlanken, *weißen* Frau mit Kurven an den „richtigen" Stellen ist aus vielen Gründen problematisch. Es dient in seiner Unerreichbarkeit dem Vermarkten von Produkten, die gegen immer neue Unzulänglichkeiten helfen sollen. Die Vorteile, die mit zugeschriebener Schönheit einhergehen, sind für People of Color, genderqueere Menschen oder solche mit sichtbaren Behinderungen oft unerreichbar. Ich verstehe Schönheit daher als patriarchal-kapitalistisches Konstrukt *weißer* Vorherrschaft, das in besonderem Maße Frauen unterdrückt und den „beauty-industrial complex", also die Schönheitsindustrie, aufrechterhält.

Schönheit als zentrales feministisches Anliegen

Ist Schönheit wirklich, wie so oft behauptet, ein oberflächliches, „klassisches Frauenthema" oder doch/gerade deswegen ein „zentrales feministisches Anliegen"[11], dessen Wichtigkeit gesellschaftlich immer wieder neu begründet werden muss? Aufgrund der jahrhundertelangen Reduktion von Frauen auf ihre Körper, ihre reproduktiven Fähigkeiten und die „private Sphäre", sowie aufgrund des sozioökonomischen Stellenwerts von Schönheit in unserer Gesellschaft ist die Feststellung, dass Schönheitsdruck auf Frauen stärker lastet als auf Männern, nur wenig überraschend. Frauen werden vom herrschenden Schlankheitsideal noch stärker „tyrannisiert" als Männer und leiden auch heute noch nachweislich öfter an Essstörungen und anderen psychischen Erkrankungen.[12]

Warum kritisiere ich unseren gesellschaftlichen Umgang mit Schönheit als sexistisch? Abgesehen von unserer heutigen, vor allem auf Frauen abzielenden Diät- und „Wellness"-Kultur, die in einem System heterosexuellen Begehrens physische Attraktivität als Zielvorgabe definiert („So dick findest du keinen Mann!"), liegen die Wurzeln des Problems tiefer.[13] In vielen Jahrhunderten der Westlichen Kulturgeschichte passiert hauptsächlich Folgendes: Männliche Betrachter richten aktive Blicke auf passive (oft nackte) Frauen, deren Schönheit sie bewerten. John Bergers berühmte Dokumentation *Ways of Seeing* über Geschlechterrollen in der klassischen Kunst belegt diesen **„männlichen Blick"** (Laura Mulvey) ganz eindeutig.[14] Diese patriarchalen Zuschreibungen degradieren Frauen zu konsumierbaren Objekten, berauben sie ihrer Subjektivität, ja oft ihrer Menschlichkeit und machen sie damit zu Angriffsflächen für Gewalt. Außerdem finden diese geifernden Blicke und Zurufe, diese Reduktion aufs Äußere und die damit einhergehenden Übergriffe heute in einem kapitalistischen System statt, das Schönheit einen Marktwert zuschreibt. Demensprechend ist Schönheit, wie die Soziologin Tressie MacMillan Cottom argumentiert, gerade für Frauen und mehrfach diskriminierte Gruppen vielmehr Zwang, Notwendigkeit oder gar Überlebensstrategie, und weniger Gegenstand subjektiver Präferenzen.[15] Wenn Schönheit Schutz bedeutet, nimmt man auch hin, dass der Weg zu einem „akzeptablen Äußeren" schmerzhaft ist, dass er Zeit und Geld kostet. Und man akzeptiert, dass durch diese so viel Raum einnehmenden Praktiken immer neue, unerreichbare Normen und unter ihnen leidende Kund*innen kreiert bzw. letztendlich Unterdrückungsmechanismen fortgeschrieben werden.

Als Folge unserer gesellschaftlich produzierten, jedoch oft auf „die Biologie" zurückgeführten binären, heterosexuellen Geschlechterordnung werden Frauen, historisch betrachtet, oft auf ihre Körper, ihre „Anmut, Schönheit" und scheinbar „naturgegebene" fürsorgliche Häuslichkeit reduziert[16], während Männer im Gegensatz dazu mit Geist und Kultur in Verbindung gebracht wurden. Das Aussehen von *(weißen)* Männern wird nicht thematisiert, ihre Körper sind die unausgesprochene, angenommene Norm, jene von Frauen und queeren Menschen eine Abweichung davon. Diese systemische Unsichtbarkeit kann für die Betroffenen sogar tödliche Folgen haben, wenn Sicherheitsnormen in Autos oder Grenzwerte im Umgang mit Chemikalien nicht auf sie abgestimmt sind, wie Caroline Criado-Perez in ihrem Buch *Unsichtbare Frauen* mit einer eindrucksvollen Menge an Studien belegt.[17]

Diese patriarchalen, also an einer männlichen Norm orientierten Strukturen sind auch heute noch vorhanden. Neben der Unsichtbarkeit von Frauen und queeren Menschen in Medizin, Stadtplanung und Technikentwicklung sind sie gut erkennbar in der unterschiedlichen Darstellung von Frauen- und Männerkörpern in den Medien. Öffentlich sichtbare Frauenkörper sollen jung, *weiß*, fit, schlank, aber an den richtigen Stellen kurvig, falten-, haar- und nahezu körperfettfrei sein, während Männern in Sachen Aussehen (noch) mehr Spielraum zugestanden wird, besonders, was ihr Alter betrifft („Männer altern wie guter Wein", mit einer „alten Schachtel" dagegen will sich niemand einlassen). Gerade in der Werbung werden Männer immer noch als aktiv, beruflich erfolgreich und dominant abgebildet, während Frauen mit sexueller Verfügbarkeit, Sorgearbeit, Haushaltstätigkeiten bzw. in einem enormen Ausmaß mit Schönheitspflege in Verbindung gebracht werden.

Denn auch heute gilt: Frauen und ihren (normschönen) Körpern wird so lange ohne großen Widerstand Sichtbarkeit im öffentlichen Raum zugestanden, solange man mit ihnen und ihrer Schönheit Prestige kreieren und/oder Produkte verkaufen kann – am besten mit fragmentierten Körperteilen wie einem derart konnotierten sexy Dekolleté oder einem aufreizenden Bein. Laurie Penny unterscheidet hier in ihrem Buch *Fleischmarkt* (im englischen Original: *Meat Market*) nach Jean Baudrillard zwischen **erotischem Kapital** (also kapitalismusfreundlicher, *weiß*gewaschener, normierter Sexualität) und echter, zwischenmenschlicher Intimität, die in ihrer Unkontrollierbarkeit, mit all ihren für „eklig" befundenen Körperflüssigkeiten, ihren Pannen und Unzulänglichkeiten revolutionäres Potenzial in sich birgt und nicht vereinnahmt werden kann.[18] Sobald sich also diese Körper aus der Werbung als Menschen mit Ansichten, Meinungen und einer eigenen Subjektivität erweisen, sobald diese Frauen in Politik, Wissenschaft und Wirtschaft vordringen oder selbst über ihre Sexualität und ihre Körper bestimmen wollen bzw. nicht nur über ihre Körper, „Schönheit" und Sexualität definiert werden wollen, wird es sehr viel schwerer, diesen Platz im öffentlichen Raum zu erobern und zu verteidigen. Die regelmäßigen (Online-)Hass-Attacken auf prominente Frauen in der Öffentlichkeit belegen das.

Und den perfidesten Zusammenhang rund um das Thema Schönheit haben wir noch nicht einmal angesprochen. Frauen verdienen noch immer weniger als Männer – **„Gender-Pay-Gap"** und **„Equal Pay Day"** machen darauf aufmerksam –, leisten aber den Großteil der unbezahlten gesellschaftlichen Reproduktionsarbeit samt **„Mental Load"**, also der Planung all dieser Arbeit (Kinder erziehen, Haushalt, emotionale Sorgearbeit, Kochen samt Wissen um Vorlieben und Allergien aller Beteiligten, Pflege von Angehörigen, etc.). Trotzdem werden höhere Anforderungen an ihr Aussehen gestellt. Wegen der paar Kinder, dem Job und dem bisschen Staubsaugen wird frau sich ja wohl nicht gleich „gehen lassen".

In der Arbeitswelt, und ganz besonders im Dienstleistungssektor, ist ein „gepflegtes Äußeres" gerade für Frauen oft eine Grundvoraussetzung. Eine Flugbegleiterin mit unrasierten Achseln oder Beinen, ohne Make-up und Maniküre? Laut Google-Bildersuche absolut unvorstellbar. Die Ergebnisse der Suchmaschine, diese algorithmisch determinierte Abbildung unserer kollektiven Vorstellungswelten, belegen vielmehr, dass Flugbegleiterinnen jung und faltenfrei sein sollen, schlank, mit langen, enthaarten Beinen, professionellem Make-up und einem unverzichtbaren Lächeln, das Arlie Hochschild in *The Managed Heart* schon 1983 als **„emotionale Arbeit"** fasste.

Frauen, die dem unausgesprochenen Ideal entsprechen, bekommen die Jobs und verdienen erwiesenermaßen mehr. Dann geben sie das mehr verdiente Geld aber wieder für die von ihnen erwartete Schönheitsarbeit aus. In der Forschung benennen wir diese Mehrfach-Schieflage – analog zum „Gender-Pay-Gap" – mit **„Grooming-Gap"** (das englische „grooming" steht dabei für Körperpflege).[19] Diese Ungleichbehandlung endet aber nicht im Dienstleistungssektor. Auch in eindeutig im Wissenssektor verorteten Berufen – wie in Anwaltskanzleien – werden Frauen streng beäugt. Wer dem Bild einer Anwältin nicht entspricht – das richtige Ausmaß an Schönheitsarbeit zu treffen, ist oft gar nicht leicht –, muss doppelt und dreifach darum kämpfen, als kompetent wahrgenommen zu werden. So eine indirekte Form der Diskriminierung steht nicht in Stellenausschreibungen („Wir suchen nur schöne Bewerberinnen!"), findet aber genau so statt.

Der „Grooming-Gap" hat noch eine zweite Ebene, die sogenannte „**Pink Tax**" (dt. pinke Steuer), die in ihrer hämischen Namensgebung stereotype Geschlechterzuschreibungen aufgreift und dadurch ökonomische Ungleichheiten sichtbar und angreifbar macht. Denn die Dienstleistungen und Produkte, die Frauen schöner machen sollen, kosten für sie oft mehr als für Männer (und das, obwohl sie durchschnittlich weniger verdienen!). Man denke an Haarschnitte oder Rasierer. Als ich von diesem hinterhältigen Machtgefälle erfahren habe – Frauen profitieren von der Schönheitsarbeit, müssen den Profit jedoch genau dafür ausgeben –, war das für mich ein Wendepunkt. Denn das gibt dem Konzept von Schönheit eine explizit ökonomische Dimension, womit auch die oft zitierte „freie Entscheidung", Schönheitsarbeit zu praktizieren oder eben nicht, sehr zweifelhaft wird. Wer kann es sich in immer prekärer werdenden Gesellschaften schon leisten, die Privilegien aufzugeben, die mit Normschönheit einhergehen?

Schönheit ist dementsprechend viel mehr als ein oft zitiertes, flüchtiges, wandelbares Ideal. Schönheit ist Arbeit, ästhetische Arbeit. In ihrem Buch *Aesthetic Labour* beziehen sich die Forscherinnen Elias, Gill und Scharff mit dem Konzept der „**ästhetischen Arbeit**", also dem kosten- und zeitintensiven Produzieren und Aufrechterhalten von Schönheit, auf Körpermodifikationen und Beschäftigung mit mediatisierter Körperlichkeit aller Art – vom Kuratieren und visuellen Auf- und Nachbereiten des eigenen Online-Auftritts, über Gymnastik, tägliche Hautpflege, Rasieren, Haarkuren, Maniküre und Pediküre bis hin zu extrem kostenintensiven und körperlich tiefgreifend verändernden Praktiken wie Permanent Make-up, Laser-Haarentfernung und chirurgischen Eingriffen wie Brustvergrößerungen, Fettabsaugungen und Hinternvergrößerungen. Schon in der Einleitung heißt es: „Neoliberalismus macht uns *alle* zu ‚ästhetischen Unternehmer*innen' – nicht etwa nur die, die als Models oder im Mode- oder Designsektor arbeiten."[20]

Neoliberalismus bezeichnet eine Wirtschaftsordnung, die auf der Überzeugung basiert, dass sich der Markt selbst reguliert („die unsichtbare Hand des Marktes") und staatliche Eingriffe in die Wirtschaft auf ein Mindestmaß reduziert werden sollten. Der Sozialstaat wird zurückgedrängt, eine unternehmerische Logik dominiert in immer mehr (allen?) Lebensbereichen. Ein solches Bild der Gesellschaft bringt Subjekt-Konzeptionen mit sich, die auf Eigenverantwortung, Kontrolle und dem **„Leistungsprinzip"** beruhen. Wer „es zu nichts bringt", ist selber schuld und hat sich nicht genügend angestrengt. Ungleiche Startbedingungen und Lebensumstände werden nicht berücksichtigt, dazu gehören etwa eine immer weiter auseinanderklaffende Schere zwischen Arm und Reich, unterschiedliche Grade an physischer und psychischer Fitness, Geschlechterdiskriminierung in einer patriarchalen Gesellschaft, weit verbreiteter Rassismus etc. Körper werden in diesem Umfeld zum Rohstoff für Selbstoptimierung – optisch und in Bezug auf ihre Leistungsfähigkeit.

In den neoliberalen Leistungsgesellschaften des heutigen „Globalen Nordens", also der reichen Industrienationen, sind Schönheit und Attraktivität dementsprechend nicht etwa eine als solche reflektierte und hingenommene glückliche Fügung, ein Zufall, der gesellschaftliche Privilegien für eine Person mit sich bringt. Ganz im Gegenteil: Wer nicht schön genug ist, hat das als persönliches Versagen zu interpretieren, weil er*sie nicht hart genug am zu optimierenden **„unternehmerischen Selbst"**[21] gearbeitet hat. Der eigene Körper wird zum Projekt und zur lebenslangen Baustelle[22], er wird immer wieder aufs Neue produziert: „Der Körper stellt nunmehr einen Rohstoff der Selbstoptimierung dar, welchen das Subjekt selbstständig und aktiv durch den Einsatz von (ungleich verteilten) Ressourcen im Sinne vorherrschender Körperideale zu verbessern bemüht ist".[23]

Vor diesem Hintergrund ist es nicht verwunderlich, dass der Druck, als schön wahrgenommen zu werden, auch für Männer steigt. Wie Studien belegen, sorgen sich etwa schwule Männer besonders um ihr Aussehen und leiden öfter an Essstörungen als ihre heterosexuellen Geschlechtsgenossen.[24] Warum könnte das so sein? Das als biologische Veranlagung zu sehen, erachte ich als hochproblematisch. Ich würde eher sagen, dass queere Männer überproportional unter Schönheitsdruck und Dickenhass leiden, weil sie im Gegensatz zu heterosexuellen Männern nicht die unhinterfragte Norm darstellen, sondern durch ihre Homosexualität bereits als „anders" wahrgenommen werden. Dem Schönheitsideal eines heterosexuellen cis Mannes zu entsprechen, kann sie vor weiterer gesellschaftlicher Ausgrenzung schützen. Ganz ähnlich geht es Schwarzen Frauen: Ihre Haare zu glätten und ihre Haut mit giftigen Cremes aufzuhellen, näher an gängige Vorstellungen von Normschönheit zu rücken – das alles kann ihnen in einer zutiefst rassistischen Gesellschaft Vorteile verschaffen oder sie gar vor Übergriffen schützen.

In meiner Forschung konnte ich ganz oft feststellen, dass zwar *eine* Grenzüberschreitung von der gesellschaftlichen Norm mitunter akzeptiert wird, allerdings nicht mehrere zugleich. Du bist ein schwuler Mann? Das ist okay, aber dann sei bitte auf keinen Fall dick und gliedere dich auch sonst gut in die Gesellschaft ein. Anne Helen Petersen fasst das als **„Homo- und Transnormativität"**[25] – queere Menschen werden eher gesellschaftlich akzeptiert, je näher sie an eine klassische heteronormative Lebensgestaltung herankommen (langjährige, monogame Paarbeziehung, kein flamboyantes Auftreten, „Passing", also binärgeschlechtliches Erscheinungsbild bei trans Menschen etc.). Das gleiche gilt für Plus-Size-Models: Für sie ist es okay, mit den „richtigen" Proportionen dick zu sein, und somit nicht dem schlanken Ideal der Leistungsgesellschaft zu entsprechen. Gleichzeitig sind diese Models aber perfekt enthaart, geschminkt, gestylt und jung. Dick und haarig zugleich wäre „zu viel des Guten".

Schönheit produziert sich also aus alltäglichen Praktiken, dem Stylen unserer Haare, der Pflege unserer Haut, der Entfernung von ungeliebter Körperbehaarung oder dem Auftragen von Schminke oder Nagellack. Mit dieser Arbeit schaffen wir auch unsere Vorstellungen von uns selbst, unsere Geschlechts- und sexuelle Identität.

Wie wollen wir von anderen wahrgenommen und gelesen werden, wie wollen wir durch die Welt gehen?

Spannend ist: Arbeit am eigenen Erscheinungsbild gab es schon immer. Schon im alten Ägypten wurden beispielsweise mit Muschelschalen und ähnlichen Werkzeugen Haare entfernt. Die deutsche Soziologin Paula-Irene Villa stellt fest, dass die Arbeit am eigenen Körper immer schon ein Bedürfnis des Menschen gewesen sei, sie ihn mitunter in seiner Menschlichkeit ausmache: „Im Sinne unserer biologischen Grundausstattung, unserer Körperlichkeit, unserer anthropologischen Verfasstheit: Zum Menschsein gehört es dazu, dass wir unsere Körper gestalten können, als Freiheitsgewinn, aber auch unsere Körper gestalten müssen, als unausweichliche Form unserer Existenz in der Welt."[26]

Gerade in einer Welt des entfesselten globalen Kapitalismus und vorherrschender Optimierungsrhetorik wird der Umgang mit dem Rohstoff Körper jedoch zu einer zweischneidigen Sache. Einerseits ermöglicht uns die Gestaltung unseres Körpers durch Fitness oder Tattoos freudvolle Selbstdarstellung, andererseits passiert diese nicht im luftleeren Raum: „Zugleich ist [diese Arbeit am eigenen Körper, Anm.] aber auch eine Zumutung, ist immer auch verbunden mit Zwängen, ist immer auch Teil von Herrschaft, von Politik, bisweilen auch von Unterdrückung", so Villa.[27]

Wie geht es allen Nicht-Schönen?

Schönheit ist ein System, das nur dann funktioniert, wenn es viele ausschließt. Diese Exklusivität hat drastische ökonomische und soziale Konsequenzen für Menschen abseits der *weißen,* jungen, dünnen Norm. Gemäß den immer unerreichbar bleibenden Idealen, mit denen immer neue Produkte verkauft und besonders Frauenkörper überwacht und kontrolliert werden, handelt es sich bei Schönheit um ein zutiefst widersprüchliches Konzept – denn selbst wer als „zu schön" und „zu sexy" gilt, kann Benachteiligung erfahren (vgl. das Klischee der „dummen Blondine").[28]

Die größten heute vorzufindenden Tabus sind „zu viel" Körperfett in den „falschen" Proportionen oder eine „falsche" Körperbehaarung, etwa dunkle, borstige Haare oder ein Damenbart. Wenn klare binäre Geschlechtergrenzen überschritten werden oder Menschen mit sichtbaren Behinderungen es wagen, auch als schön und begehrenswert gelesen werden zu wollen, folgt ein vorhersehbarer Aufschrei. Diese widerständigen Menschen fordern für sich Räume ein, die ihnen bisher nicht zugestanden wurden. Trotz wachsenden Widerstands gegen die eng gefassten Normen empfinden immer mehr Gruppen immer stärkeren Druck, schön zu sein. Es werden immer neue Körperregionen beschämt, damit auch sie künftig mit Produkten der Schönheitsindustrie optimiert werden müssen. Während „Beauty-Elixir-Deos" eine schöne Achsel versprechen und Anti-Cellulite-Cremes glatte Oberschenkel, gibt es auch drastischere Eingriffe ins eigene Erscheinungsbild, die von Permanent-Make-up über „Vulva-Korrekturen" bis hin zu sogenannten „Brazilian Butt Lifts", also Hintern-Vergrößerungen mit Eigenfett, reichen[29], von denen wir auch in Europa dank internationalen Superstar-Vorbildern wie Kim Kardashian eine drastische Zunahme verzeichnen.

Wie lassen sich diese immer erweiterbaren Schönheitsideale rund um weibliche Körper und der Ausschluss von nicht normschönen Menschen nun als Diskriminierungsform fassen? Der Terminus **„Lookismus"** selbst stammt aus dem US-amerikanischen Englisch und wurde in den späten 1970er-Jahren in der *Washington Post* das erste Mal verwendet.[30] Lookismus beschreibt zunächst die Stereotypisierung und Bewertung von Menschen aufgrund ihres Äußeren – „schöne" Menschen werden aufgewertet, „hässliche" abgewertet. Meist wird der Begriff aber nicht neutral verwendet, sondern „um die Normierung von Körpern und damit einhergehende Diskriminierung und Ausschlüsse zu beschreiben".[31]

Lookismus beschreibt also die Hierarchisierung von Gesellschaften anhand des Faktors Attraktivität/Schönheit. Wenn als „hässlich" oder gar „eklig" geltende Menschen abgewertet werden, spricht man vom aktiven Vorgang des **„Body Shaming"**, „einer Form der lookistischen Diskriminierung, Beleidigung und Demütigung von Menschen aufgrund des äußeren Erscheinungsbildes."[32] Wie unzählige Studien zeigen, führen ausgeprägtes Body Shaming und die damit einhergehende Scham und der Hass gegenüber dem eigenen Körper nicht nur zu weniger Selbstvertrauen im Umgang mit anderen, sondern oft ganz drastisch zum Rückzug aus dem Sozialen und zu Vereinsamung.[33] Je mehr man von der schönen Norm abweicht, sei es, weil man dick und Schwarz, oder haarig und behindert ist, desto härter trifft einen diese Stigmatisierung.

Lookistische Diskriminierung basiert also auf der Praxis, aufgrund von Äußerlichkeiten Gruppenzugehörigkeiten herzustellen, über die man Charaktereigenschaften und Kompetenzen feststellen zu können glaubt. Diese Vorgehensweise, menschliche Fähigkeiten anhand des Äußeren abzulesen, ist nicht nur meist nicht zielführend, sondern erinnert in ihren rassistisch und ethnisch diskriminierenden Facetten auch an die zutiefst problematischen und im 19. und 20. Jahrhundert weit verbreiteten Pseudo-Wissenschaften der Physiognomik und Phrenologie. Bei der lookistischen Kategorisierung und Abwertung von Menschen auf Basis ihres Aussehens gilt es zu bedenken, dass Identitätsmarker wie Geschlecht, Race, Klasse, Sexualität, Alter, Körperform/-gewicht und Behinderung nie für sich, sondern immer als einander gegenseitig bedingend und in komplexer Abhängigkeit voneinander betrachtet werden müssen.

Intersektionalität, wie Kimberlé Crenshaw das Phänomen 1991 auf Basis von Vorläufertexten wie jenem von Sojourner Truth (1851) oder jenem des Combahee River Collective (1981) dem sprachlichen Bild der Straßenkreuzung (engl. „intersection") folgend benannte, bezeichnet also, kurz auf den Punkt gebracht, „die Verschränkung verschiedener Ungleichheit generierender Strukturkategorien".[34] Während es seit der Einführung des Konzepts auf verschiedensten Ebenen Kritik gab, ist Intersektionalität heute vor allem auch als „Sensibilisierungsstrategie" (Küppers) wichtig. Das Konzept funktioniert wie eine Brille, die uns, einmal aufgesetzt, folgende Fragen vor Augen führt: Welche Schnittmengen von Diskriminierung gibt es? Sind die binären Unterscheidungen, die wir alltäglich treffen, wirklich ausreichend? Was sind die Machtstrukturen und Herrschaftsverhältnisse hinter diesen kategorialen Zuschreibungen?[35]

Auf den Bereich Schönheitsideale umgemünzt bedeutet das Folgendes: Wer keinen normschönen Körper vorweisen kann, das heißt, wer als zu dick, zu haarig, zu dunkel, zu groß/klein, zu alt, behindert, zu queer oder unrein/krank (etwa wegen Narben oder Akne) wahrgenommen wird (besonders dann, wenn mehrere dieser Identitätsmarker zutreffen), wird in vielen Lebensbereichen benachteiligt, abgewertet, verlacht, unsichtbar gemacht und im schlimmsten Fall entmenschlicht, objektifiziert (also buchstäblich zum Objekt gemacht) und oft sogar mit Gewalt konfrontiert. Vor diesem Hintergrund erscheint es nicht mehr oberflächlich, den (bewussten oder unbewussten) Wunsch zu hegen, sein Äußeres möglichst dem Ideal anpassen zu wollen.

Oft heißt es dann: In sozialen Medien werden gerade junge Menschen immer nur mit Werbungen für Abnehm-Tees, Vorher-Nachher-Posts von Fitness-Blogger*innen und Bildern von normschönen Menschen überflutet, die auch noch digital nachbearbeitet und perfektioniert wurden. Sie können sich ja nur schlecht fühlen, so meinen viele, müssten ja geradezu Essstörungen und ein problematisches Körperbild entwickeln. Bis zu einem gewissen Grad ist das richtig. Mir ist es an dieser Stelle jedoch wichtig zu sagen, dass dieses viel zitierte „**Media Effects Model**" (dt. etwa „Medieneinfluss-Modell") zu kurz greift.[36] Die Relation zwischen User*innen und Bildern/Sender*innen ist nicht so einfach, keine Einbahnstraße, und Medien-Nutzer*innen sind nicht so passiv. Wer heute noch eine Schulklasse mit dem Einsatz von Photoshop schockieren will, wird nur Gelächter ernten. Gerade die jungen Frauen wissen Bescheid und positionieren sich ganz bewusst widerständig. Im Sinne der britischen Kulturwissenschaften möchte ich also an die **agency**, das heißt die Handlungsfähigkeit der Nutzer*innen erinnern, die durchaus in der Lage sind, das Gesehene einzuordnen und abzulehnen. Umso mehr, wenn sie in Medienkompetenz geschult sind, doch dazu später mehr.

Schönheit – ein zutiefst ambivalentes Konzept

Abschließend lässt sich festhalten: Schönheit ist ein widersprüchliches Konzept. Es ist überhaupt nichts Falsches daran, Make-up zu tragen, Beauty-Produkte auszuprobieren oder sich waxen zu lassen. Sich um die eigene Schönheit zu kümmern kann ja, wie bereits gesagt, auch Spaß machen, Identität stiften und eine Form der Selbstfürsorge sein. Auf einer individuellen Ebene werden wir nämlich die Diskriminierung, die mit Schönheit einhergeht, sowieso nicht lösen. Ein gutes Beispiel ist Make-up für Männer: Auf der einen Seite ist es toll, dass Geschlechterklischees aufgebrochen werden und jetzt immer mehr Menschen mit Schminke neue Formen der Selbstpräsentation leben können. Gleichzeitig bekommt die Schönheitsindustrie aber so neue Konsument*innen und kann plötzlich ganz neue Körperteile zu Problemzonen erklären.

Gerade die Pandemie-Lockdowns haben uns die Ambivalenz von Schönheitsarbeit deutlich vor Augen geführt. Während im März 2020 Schönheitsarbeit nicht zu den „systemrelevanten" Bereichen unserer Gesellschaft zählte, fehlte sie uns nach der ersten Freude über den Wegfall des mit ihr einhergehenden Drucks aber schließlich doch. Alltagshandlungen wie das Lackieren der Nägel, das Rasieren der Beine oder das Zupfen der Augenbrauen konnten den Anschein von Normalität vermitteln und Halt bieten. Schönheitsarbeit mag oberflächlich erscheinen, doch wie dieses Buch zeigen soll, ist sie zutiefst politisch. Unser Selbstbild ist untrennbar mit ihr verbunden. Mit Tätigkeiten wie dem Auftragen von Make-up versichern wir uns unserer (Geschlechts-)Identität, unserer Weiblichkeit. Die Bedeutungen, die wir diesen Praktiken zuschreiben, erschaffen jeden Tag aufs Neue erstrebenswerte gesellschaftliche Positionierungen und damit gleichzeitig auch solche, die jedenfalls vermieden werden sollten. Die Schönheitsindustrie suggeriert mit ihren Produkten und ihren Werbetexten beispielsweise strenge heterosexuelle Zweigeschlechtlichkeit, wodurch Frauen mit Achsel- und Beinbehaarung beziehungsweise Männer mit Make-up oder Nagellack zur wandelnden Grenzüberschreitung werden.

Gerade für Frauen ist es sehr wichtig, sich in Erinnerung zu rufen, dass es keine richtige Art gibt, im Patriarchat Frau zu sein. Irgendetwas wird immer falsch sein. Mal ist der Bauch zu dick, dann sind wieder die Haare ein Problem und wenn es am Aussehen wirklich nichts mehr auszusetzen gibt, ist wahrscheinlich die Stimme zu grell. Normative Weiblichkeit ist genauso wie „Schönheit" unerreichbar, und wie könnte es auch anders sein? Mit diesen Unsicherheiten werden massive Profite generiert, oder wie Velvet D'Amour, Fotografin und Plus-Size-Model, in einem Interview mit Soziologin Amanda Czerniawski sagt: „Sie müssen das Unerreichbare schaffen, denn das Unerreichbare ist das, was den Kapitalismus antreibt. Wenn alle sich so akzeptieren würden, wie sie sind, stellt euch vor, wie die Umsätze einbrechen würden."[37]

Solange Schönheit ein so hoher Wert zugeschrieben wird und „schöne" Menschen unzählige Vorteile im Leben genießen, ist jede Diversifizierung zu begrüßen. Und solange braucht es auch radikale Body Positivity, die inklusivere Schönheitskonzepte entwirft und mehr Menschen Zugang zu dieser vorteilhaften Kategorie verschafft. Für wirkliche Veränderung brauchen wir aber neue Utopien, die über unsere Besessenheit mit dem Äußeren hinausgehen, und denen wenden wir uns im nächsten Kapitel zu.

NEUE UTOPIEN!

„A feminist movement is built from many moments of beginning again. And this is one of my central concerns: how the acquisition of a feminist tendency to become that sort of girl or woman, the wrong sort, or bad sort, the one who speaks her mind, who writes her name, who raises her arm in protest, is necessary for a feminist movement. Individual struggle does matter; a collective movement depends upon it."

Sara Ahmed, *Living a Feminist Life*

WIE WIR MIT BODY POSITIVITY UND BODY NEUTRALITY ZU EINER GESELLSCHAFT OHNE SCHÖNHEITSDRUCK KOMMEN

Das, was wir heute als die Social-Media-Phänomene **„Body Positivity"** und **„Body Neutrality"** kennen, hat eine lange Vorgeschichte. Westliche Feminismus-Geschichte ist schließlich untrennbar mit dem Kampffeld Frauenkörper verbunden.

In diesem Kapitel erarbeiten wir uns die Ursprünge der Body-Positivity-Bewegung. Wir versuchen nachzuverfolgen, wie aus einer anfänglich radikalen Gruppe von US-Aktivist*innen, die in den 1960er Jahren als **Fat-Ins** bezeichnete Sitzstreiks im New Yorker Central Park abhielten[38], über erste Online-Foren in den 1990ern und frühen 2000ern (die sog. **„Fatosphere"**), thematische Ausdifferenzierung und Kommerzialisierung ein oftmals widersprüchliches, transnationales Phänomen werden konnte, das ich **„Popfeministische Body Positivity"** nenne. Zeitgenössische Body Positivity spielt sich meines Erachtens nämlich auf einem Spektrum ab und beinhaltet radikale „Fat Activists" genauso wie plumpe Versuche von Firmen, über vorgetäuschte Body Positivity neue Zielgruppen zu erreichen und mehr Produkte zu verkaufen.

Von der Fat Acceptance über die Fatosphere zur Body Positivity – eine Bewegungsgeschichte in Schlaglichtern

Die Ursprünge der Body-Positivity-Bewegung liegen in der **Fat-Acceptance**- oder **Fat-Liberation**-Bewegung der 1960er und 70er Jahre in den USA. Während Feminist*innen der ersten und zweiten Welle sich dafür einsetzten, dass Frauen dieselben Rechte wie Männer bekamen, also Zugang zu Universitäten, Wahlrecht und körperliche Selbstbestimmung erkämpften, wurden dicke Frauen oftmals auch in feministischen Gruppen benachteiligt, abgewertet und ausgeschlossen.[39] Als Antwort darauf schlossen sich dicke Frauen in eigenen Gruppierungen zusammen, in denen sie sich ihrer spezifischen Situation bewusst wurden, sich über ihre Probleme austauschten und einander gegenseitig Unterstützung im Kampf gegen systemische Diskriminierung boten."[40]

Solche Frauengruppen mit dem Ziel der Selbstermächtigung und widerständigen Verschwesterung werden in der englischsprachigen Feminismus-Geschichtsschreibung als „**Consciousness Raising**" (dt. etwa „Bewusstseinsbildung") bezeichnet. In Betty Friedans *The Feminine Mystique* wird beispielsweise eindrucksvoll beschrieben, wie eindrücklich es für *weiße* Frauen war, die unter ihrem Hausfrauendasein litten, von anderen gleichgestellten Frauen zu erfahren, dass sie mit ihren Problemen nicht alleine, dass sie nicht individuell „schlechte" Ehefrauen und Mütter waren, sondern dass ihre eng gefassten geschlechtlichen Rollenzuschreibungen im Patriarchat das eigentliche, systemische Problem darstellten.[41]

Aus diesem Aktivismus rund um widerständige Kollektive wie die *Fat Liberation Front* oder den *Fat Underground* entstanden nicht nur aufschlussreiche Kritiken der *Diet Culture* und Hinweise auf Parallelen zwischen der Unterdrückung von Frauen und dicken Menschen, die in Flugblatt-Form verteilt wurden[42], sondern 1969 auch die Gründung der *National Association to Advance Fat Acceptance (NAAFA),* eine zivilgesellschaftliche Non-Profit-Organisation, die es sich zum Ziel gesetzt hat, Diskriminierung von Dicken in allen Formen zu beenden. Außerdem entwickelte sich aus diesem radikalen Aktivismus vieler mutiger Frauen, gerade auch Schwarzer Frauen und Women of Color sowie einiger Männer, die transdisziplinäre Forschungsrichtung der *Fat Studies*[43], deren Erkenntnisse wir noch aufgreifen werden.

In den 1980er Jahren kam es im anglophonen Raum unter den von Ronald Reagan (USA) und Margaret Thatcher (UK) geführten Regierungen zu einem generellen Backlash gegen feministische Bewegungen. Gegen die weitreichenden, den Sozialstaat zurückdrängenden Konsequenzen dieser auch auf Kontinentaleuropa überschwappenden neoliberalen Politik kämpfen Feminist*innen bis heute. Trotz allem entwickelten sich gerade in den 1990er Jahren die ersten Formen von feministischem Online-Aktivismus, die man als Zwischenschritt von der radikalen Fat Acceptance der 1960er bis zur teilweise stark kommerzialisierten Body Positivity der heutigen Zeit bezeichnen könnte. In den ersten Foren des Internets fanden sich dicke Frauen in Solidargemeinschaften ähnlich dem Consciousness Raising der zweiten Welle zusammen, die in der Forschung und in der Aktivismus-Geschichte als „**Fatosphere**", also Dickensphäre, bezeichnet wird. Wie Marissa Dickins und ihre Co-Autor*innen argumentieren, hat die Fatosphäre „entscheidend dazu beigetragen, einen Online-Raum zur Verfügung zu stellen, in dem Personen (sowohl dicke als auch dünne) an einem kritischen Dialog über ‚Fettleibigkeit' teilnehmen, aktiv dazu beitragen können und informelle Unterstützung von Gleichgestellten für eine Reihe von stigmatisierenden Erfahrungen erhalten."[44]

In zentraler Weise können also diese frühen Formen von Online-Fett-Aktivismus als Fortsetzung des radikalen Fett-Aktivismus der zweiten Welle des Feminismus betrachtet werden – immerhin ging es auch in diesen Online-Foren sowohl um Body Shaming und Ausgrenzungserfahrungen als auch um das Bereitstellen von Unterstützung in einer radikal inklusiven Gemeinschaft. Innerhalb dieser Communities halten die Betroffenen zusammen und unterstützen einander gegenseitig („In-Group Kollaboration"), nach außen hin grenzt man sich klar ab („Out-Group Delegitimierung"), weil die Welt der Dünnen jene Welt ist, in der man Marginalisierung und Herabsetzung erfährt.[45] Während also dicke Menschen offline ausgeschlossen, beschämt und diskriminiert wurden, erfuhren sie in diesen Internet-Communities ein Gefühl von Gemeinschaft und beständiger, bedingungsloser Unterstützung.

In den letzten Jahren haben diese zuvor abgegrenzten, an Selbsthilfegruppen erinnernden Online-Räume der Fat Acceptance mehr Öffentlichkeit bekommen. Diese vermehrte Sichtbarkeit von fettpositiven Inhalten kann auf mehrere, gleichzeitig stattfindende und sich gegenseitig verstärkende Entwicklungen zurückgeführt werden: Einerseits eine diversere Kulturindustrie, andererseits den Aufstieg von sozialen Medien und nicht zuletzt die Popularisierung von Feminismus. Die Popkultur der jüngsten Vergangenheit hat in all ihren Genres – Literatur, Fernsehen, Musik, Werbung, Mode – verstärkt begonnen, Körper zu zeigen, die von manchen wohl als „durchschnittlich", von anderen als „widerlich" und „ekelerregend" bezeichnet würden. Gleichzeitig haben soziale Medien wie Facebook (seit 2004), Twitter (seit 2006) und Instagram (seit 2010) – neuerdings ganz zentral auch TikTok (seit 2016) – eine immer weitere Verbreitung gefunden. Sie dienen heute schon lange nicht mehr nur der Unterhaltung, sondern auch politischer Mobilisierung und Aktivismus. Damit untrennbar verbunden ist eine Popularisierung, neue Vermarktbarkeit und Kommerzialisierung von Feminismus.

Lena Dunham hat mit ihrer kontroversiellen Star-Persona, ihrem Social-Media-Auftritt (aktuell ca. drei Millionen Follower auf Instagram und 5,4 Millionen auf Twitter), ihrer Serie *Girls* (6 Staffeln, 2012-2017) beziehungsweise ihrer Autobiografie *Not That Kind of Girl – A Young Woman Tells You What She's „Learned"* (2014)

Body Positivity im englischsprachigen Raum zu Aufmerksamkeit in Mainstream-Medien und damit ultimativ zum Durchbruch als Massenphänomen verholfen. Sie kann als zentrale Anziehungsfigur und Katalysator der Bewegung bezeichnet werden. Ihr Oeuvre und die damit einhergehenden Kontroversen sind ein gutes Beispiel für die Verflechtung dieser drei Entwicklungsstränge – Verbreitung von Social Media in weiten Teilen der Bevölkerung, Popularisierung und Kommerzialisierung von Feminismus (im Angesicht von Unmengen an Frauenhass und Sexismus) und eine diversere Repräsentation von verschieden Formen von Körperlichkeit in der Popkultur, die nicht zuletzt wiederum über Online-Aktivismus in sozialen Medien eingefordert wurde und wird. Aus den frühen Online-Selbsthilfegruppen der Fat Acceptance wurde dadurch das, was ich „**Popfeministische Body Positivity**" nenne – eine diverse Bewegung aus Aktivist*innen, Blogger*innen, Vlogger*innen, YouTuber*innen und Instagrammer*innen, die exklusive Vorstellungen von Schönheit kritisieren und gemeinsam gegen unrealistische, neoliberale Körperideale vorgehen.

Fat Acceptance ist noch immer ein zentraler Bestandteil von Body Positivity – das zeigt schon der durchschlagende Erfolg von Plus-Size-Models wie Ashley Graham und das vielfältigere (Online-) Angebot von Mode in größeren Größen –, bei Weitem aber nicht mehr der einzige. Die Body-Positivity-Bewegung hat sich in den letzten Jahren stark ausdifferenziert und inkludiert neben *Fat Activism* auch den Kampf um generelle Akzeptanz von Körpern in all ihrer Vielfalt. Dabei sind körperliche Behinderungen genauso ein Thema wie die körperlichen Veränderungen nach der Geburt eines Kindes, das Altern von Körpern, und ganz generell „körperliche Makel" wie Cellulite, Narben und Falten. Gleichermaßen gehören heute der Aktivismus rund um „Natural Black Hairstyles" und die Normalisierung von Körperbehaarung oder öffentliches Stillen („breastfeeding activism" oder „lactivism", eine Wortkreation aus Laktation und Aktivismus) genauso zu Body Positivity wie der Perioden-Aktivismus, der sich für die Enttabuisierung der Menstruation einsetzt und die gerechte Besteuerung von Periodenprodukten fordert beziehungsweise Periodenarmut und Stigmatisierung von Menstruierenden beenden will.

Die Body-Positivity-Bewegung hat also ihre Wurzeln im radikalen *Fat Activism* in den USA der 1960er und 70er Jahre und ist über die Fatosphere und ihre frühen Online-Foren via Social Media und Popkultur ein Mainstreamphänomen geworden, das einerseits Millionen von Menschen neue Perspektiven verschafft und Schönheitsdruck lindert, das aber gleichermaßen auch von globalen Großkonzernen der Schönheitsindustrie zu Vermarktungszwecken instrumentalisiert und seiner aktivistischen Wurzeln beraubt wird. „Popfeministische Body Positivity" ist also weder „gut" noch „schlecht" – weder nur radikal feministisch noch nur profitgetrieben, weder nur aktivistisch noch nur neue, minimal inklusivere Normen schaffend, sie oszilliert zwischen diesen Positionen und ist, wie wir anhand zahlreicher Beispiele sehen werden, oft beides gleichzeitig.

Dem Ursprung von Body Positivity auf der Spur

Doch woher kommt eigentlich der Begriff **„body positive"**? Eine der ersten Verwendungen des Begriffs lässt sich zurückführen auf *The Body Positive* (im Folgenden TBP), eine 1996 in Kalifornien von Connie Sobczak und Elizabeth Scott gestartete Selbstliebe-Kampagne.[46] Auf ihrer Homepage geben TBP an, dass sie „zusammen mit Deb Burgard [einer Mitbegründerin des *Health at Every Size*-Modells[47]] Mitte der 1990er Jahre begannen, den Begriff zu verwenden. Damals verwendeten bereits mehrere AIDS-Organisationen den Begriff ‚body positive', um Menschen zu unterstützen, die HIV-positiv waren." So bezog sich das Adjektiv „positiv" in den USA der 1990er Jahre in erster Linie darauf, eine bestimmte Krankheit zu haben; es wurde meist als Hinweis auf eine schwere Erkrankung mit einem enormen gesellschaftlichen Tabu verwendet. Die genannten AIDS-Organisationen versuchten, das gesellschaftliche Stigma um AIDS zu abzubauen und wollten Menschen helfen, die mit dem Virus leben, indem sie aktiv darauf hinarbeiteten, das negativ konnotierte „HIV-positiv" in die zweite, häufigere Bedeutung von positiv, also konstruktiv, optimistisch oder zuversichtlich umzudeuten. Diese Organisationen forderten das Ende sozialer Ausgrenzung von HIV-positiven Menschen, die als gefährlich und ekelhaft galten und ausgegrenzt wurden. Die Aktivist*innen standen physisch und metaphorisch Seite an Seite mit den Infizierten und versuchten eine Umdeutung des Begriffs „HIV-positiv" von Angst, Ekel und Stigma in Richtung Lebensfreude und Optimismus.

Während es natürlich einen wesentlichen Unterschied macht, ob man an einer potenziell tödlichen, ansteckenden Krankheit leidet oder sich für seinen „nicht-normativen" Körper schämt, griff TBP diese Logik des Versuchs auf, einen öffentlichen Diskurs bewusst neu zu definieren und „umzukehren", indem sie sich dafür einsetzen, ein positives Körpergefühl zu entwickeln, ganz gleich, wie der Körper aussehen mag, was ihn „unbändig" oder „eklig" machen könnte.

Zusammenfassend lässt sich also sagen, dass der Begriff „body positive" zwar auf den HIV/AIDS-Aktivismus ab Mitte der 1990er Jahre zurückgeführt werden kann, dass er jedoch begann, einen breiteren Bedeutungsbereich abzudecken und eine breitere Öffentlichkeit zu erreichen, als **The Body Positive** damit anfing, den Begriff für ihre Organisation zu verwenden, die sich für die (Selbst-) Akzeptanz aller Körper einsetzt, unabhängig von Geschlecht, Hautfarbe, Ethnizität, sexueller Orientierung, sozioökonomischem Status, Körpertyp und Gesundheitszustand. Das wachsende Interesse an Body Positivity, das ich unter anderem auf die mediale Empörung über Lena Dunhams body-positive, aber wenig diverse Arbeiten, insbesondere ihre HBO-Serie *Girls* zurückführe, geht jedoch einher mit einer kontinuierlichen, aber oft reduzierten und stark kommerzialisierten Verbreitung der Bewegung, die nicht von allen Aktivist*innen und Anhänger*innen unterstützt und mitgetragen wird.

Wiederholt wurde das Argument vorgebracht, dass „die radikale Bewegung vom Weg abgekommen"[48] sei sowie ihre „wahre und radikale Bedeutung"[49] verloren habe; dass Body Positivity mit zunehmender Popularität und Sichtbarkeit im Kern zur Ware geworden sei. Evette Dionne drückt es in ihrem *Bitch Media*-Artikel über „Die Zerbrechlichkeit der Body Positivity" so aus: „Die heutige Body-Positivity-Bewegung hat es versäumt, diese systemische Diskriminierung so anzugehen, wie es ihre Vorfahrinnen taten. Stattdessen hat sich die Bewegung auf Gefühle und Empowerment als Mittel konzentriert, um sie für alle zu öffnen, anstatt sich auf diejenigen zu konzentrieren, die noch immer grassierender Diskriminierung ausgesetzt sind. Ähnlich wie der Feminismus wurde die Body Positivity vom Kapitalismus und den Medien verzerrt, um Erfahrungen zu verkaufen, anstatt auf den Schutz von Menschen zu drängen, deren Körper marginalisiert werden."[50]

So ist die zeitgenössische Body Positivity auf „gesellschaftlich akzeptable" Body Positivity reduziert worden oder, noch drastischer ausgedrückt, zu einer „fettfeindlichen Bewegung geworden, die von Instagram-Models und Modelabels kooptiert wird, um Körper abzulehnen, die sie feiern sollte", wie Bethany Rutter in ihrem Artikel für das Magazin *Dazed* ausführt.[51] Ähnlich wie Dionne, die sich ebenfalls sehr kritisch über die Marginalisierung jener radikaleren Stimmen und Körper äußert, die die Bewegung überhaupt erst ins Leben gerufen haben, weist Rutter auf die problematische Tatsache hin, dass heute oft dünne, *weiße,* cisgeschlechtliche, heterosexuelle Plus-Size-Models wie Ashley Graham mit konventionell „schönen", wenn nicht sogar überragend begehrenswerten „kurvigen" Körpern als Postergirls der Bewegung verwendet werden. Nicht nur, dass (Schwarze, queere, behinderte, arme, usw.) dicke Frauenkörper aus der Bewegung gelöscht wurden, so Dionne weiter, sie würden „aktiv verunglimpft", da sie online zunehmend mit Hass und Trolling konfrontiert seien.

Abgesehen von der Auseinandersetzung mit den negativen Auswirkungen der zunehmenden Kommerzialisierung der Bewegung scheint Dionne implizit auch die Ausweitung der Bewegung zu kritisieren, indem sie z.B. Menstruationsaktivismus, Laktivismus (Versuche, das Stillen in der Öffentlichkeit zu normalisieren), Körperbehaarungsaktivismus und Ähnliches als Teil ihrer Argumentation dafür anführt, dass die Bewegung ihren Biss und ihre aktivistische Glaubwürdigkeit verloren habe. Rutter hingegen scheint auf einen neu belebten Aktivismus zu hoffen, indem sie diese Vielfalt als Teil von Formen des kollektiven Widerstands produktiv macht: „Eine radikale Bewegung, wie es Body Positivity ja sein sollte, wäre eine Gruppe von im Wesentlichen sozial unangepassten Körpern, die einen Ort finden, um ihre Existenz zu feiern, ihre Rechte durchzusetzen, da zu sein, sich zu solidarisieren und Frieden zu finden." Ich neige dazu, hoffnungsvollen (utopischen?) Positionen wie der von Rutter zuzustimmen, beziehe aber Kritiken wie die von Dionne in meine Argumentation mit ein, da sie das komplexe Wechselspiel von Sichtbarkeit und Verletzlichkeit ansprechen, indem sie auf Hass im Netz hinweisen und fragen, welche Körper es verdienen, als aktivistische Körper gesehen und beworben zu werden, und welche potenziellen Gefahren damit einhergehen.

Feminismus und die Popkultur – „Popfeministische Body Positivity" als Ergebnis einer spannungsreichen Beziehung

Das Verhältnis von Feminismus und Populärkultur war nicht immer einfach, und die Debatten darüber, wie „populär" und „Mainstream" Feminismus werden kann, bis er sein radikales Veränderungspotenzial verliert, dauern bis heute an: Andi Zeisler zerlegt beispielsweise in ihrem 2017 erschienenen Buch *Wir waren doch mal Feministinnen* den von ihr so genannten „**Marktplatz-Feminismus**" unserer Zeit.[52] In den 1960er und 1970er Jahren, während der von feministischen Historiker*innen so bezeichneten „**zweiten Welle**", verurteilten fast alle Feminist*innen die Populärkultur wegen deren Ausbeutung von Frauenkörpern und weiblicher Sexualität. Popkultur war der Feind, das Gegenteil zu ihren bahnbrechenden Kämpfen um „reproduktive Rechte, gleichen Lohn für gleiche Arbeit, gegen häusliche und sexuelle Gewalt und um die geschlechtsbasierte Teilung von Arbeit". Es ist ganz klar, dass „die

Frauenbewegung als eine soziale Bewegung gedacht war, die sich ‚außerhalb' der dominanten Kultur befand und häufig in Opposition zu ihr stand und daher ein alternatives Set von Ideologien anbot, die versuchten, die hegemonialen Vorstellungen über Geschlecht in Frage zu stellen."[53]

So weit, so gut. Feminismus und Popkultur hatten keinen einfachen Start miteinander, aber wie ist das heute? Sollte der Feminismus nicht so richtig populär sein? Maximaler Mainstream? In allen Fernsehsendungen und Filmen, in Musik, Politik und den Nachrichten überall präsent und allen zugänglich? Müsste die Popularisierung des Feminismus nicht das ultimative Ziel aller Feminist*innen sein? Nun ja – es kommt darauf an, welche Vorstellungen von Feminismus und Gleichstellung medientauglich werden.

„[I]n den späten 1970ern und bis in die 1980er Jahre begannen feministische Medien- und Kulturwissenschaften Formen femininer Populärkultur ernst zu nehmen".[54] Und spätestens seit der Entstehung der **Riot-Grrrl-Punk-Subkultur**[55] und dem Aufkommen dessen, was als „**dritte Welle**" des Feminismus bezeichnet wurde (etwa Ende der 1980er bis Anfang der 2000er Jahre), wird die Sphäre des Populären „als ein kritischer Ort für die Konstitution der Bedeutungen des Feminismus gesehen, als ein Ort, mit dem und gegen den die Inhalte und Bedeutungen des Feminismus produziert und verstanden werden."[56] Einer der wohl eindrücklichsten Momente in der zeitgenössischen feministischen Geschichte und der Auftakt für eine längere, nachhaltigere Periode des „**Celebrity Feminism**"[57] ist zweifelsohne der Auftritt von Beyoncé bei den MTV-Video-Awards 2014 vor einem riesigen, hell erleuchteten, funkelnden Schild mit der Aufschrift „FEMINIST". In dieser denkwürdigen Performance des Songs „Flawless" projizierte die Künstlerin den Begriff Feminismus samt seiner Definition durch die nigerianische Autorin Chimamanda Ngozi Adichie in Millionen nichtsahnende Haushalte rund um den ganzen Erdball:

„Feminist: the person who believes in the social, political, and economic equality of the sexes."

„Feminist*in: eine Person, die an die soziale, politische und ökonomische Gleichstellung der Geschlechter glaubt."

Die Populärkultur ist mittlerweile *der* Raum geworden, in dem (gerade junge) Menschen das erste Mal mit Feminismus in Berührung kommen; Feminismus in seiner populären Ausprägung (als Bekräftigung und Empowerment in sozialen Medien, in Serien, Filmen und Musik, vgl. auch die weite Verbreitung von Slogans wie „You go girl!", #Girlboss, etc.), aber auch mit all seiner vielfältigen Geschichte und seinen schwerer konsumierbaren Bemühungen um einen dauerhaften politischen Wandel in Richtung Gleichstellung. Heute, mit der Verbreitung (pop-)feministischer Accounts auf verschiedenen Social-Media-Plattformen und dem Aufkommen dessen, was mancherorts als eine (auf sozialen Medien basierende) **„vierte Welle"** des Feminismus bezeichnet wurde[58], sind lange bestehende Abgrenzungen noch brüchiger geworden, was eine klare Unterscheidung zwischen Kunst und Aktivismus, Hoch- und Popkultur, lokal vs. global, online oder offline, Theorie oder Praxis quasi unmöglich macht. Mit dem Terminus **„Popfeminismus"** versuche ich die komplexen, oft „chaotischen" Realitäten der Popkultur und des Feminismus/der Feminismen des 21. Jahrhunderts in all ihrer Widersprüchlichkeit anzuerkennen.[59]

Oft ist mittlerweile die Rede davon, dass all der **„Hashtag-Feminismus"**, dieser **Online-Aktivismus** doch nichts wert sei im Vergleich zu dem, was die Kämpfer*innen der zweiten Welle in den 1960er und 70er Jahren geleistet haben. Einige Forscher*innen sehen diesen Zugang jedoch zu Recht kritisch: Hester Baer bemerkt zum Beispiel, dass sich die Einteilung des feministischen Protests in Erfolg oder Misserfolg überlebt habe, da sie problematischerweise davon ausgehe, feministische Protestkulturen hätten im neoliberalen Zeitalter, Jahrzehnte nach der zweiten Welle in den 1960 und 1970er Jahren, gleich bleiben sollen oder können.[60] Daher ist es nicht produktiv, sich darauf zu konzentrieren, ob und wie der (Online-)Feminismus des 21. Jahrhunderts hinter dem politischen Protest der zweiten Welle zurückbleibt (falls er das überhaupt tut).

Vielmehr schlagen Smith-Prei und Stehle vor, zu diskutieren, was dieser neue, global agierende Feminismus bewirken kann, nämlich gesamtgesellschaftlich zentrale Diskussionen auszulösen und voranzutreiben, anstatt einfache Antworten anzubieten. Feministischer Protest ist auch heute noch von Bedeutung, weil er in der Lage ist, im Unübersichtlichen und Unbequemen zu verharren und dadurch „die Aufmerksamkeit auf die Fragen zu lenken, die noch unbeantwortet, politisch relevant und brisant sind".[61] Schönheitsideale und Körperpolitik gehören ganz sicher zu diesen Fragen – und damit stellt Body Positivity einen der zentralen Schauplätze des Online-Feminismus dar.

Allerdings: Wenn man den **Netz-Aktivismus** auf die konkreten Ergebnisse einer Petition oder durchgesetzte Gesetzesänderungen wie das Upskirting-Verbot oder die Herabsetzung der Mehrwertsteuer auf Menstruationsprodukte (so wichtig sie sind!) reduziert, unterschätzt man, was er darüber hinaus noch Bedeutsames leisten kann. Abseits vom Lostreten von öffentlichen Debatten (vgl. #aufschrei und #metoo zu Alltagssexismus und sexualisierter Gewalt, #metwo zu Alltagsrassismus, #AbleismTellsMe zu Diskriminierungserfahrungen von behinderten Menschen) ist er oft auch Anstoß zur „Schaffung eines öffentlichen Selbst, was wiederum der erste Schritt ist, sich als Bürger*in zu sehen", wie Jessalynn Keller in ihrem Artikel über die feministische Blogging-Praxis von Mädchen im Teenageralter argumentiert.[62] Entscheidend ist, dass man in diesem Prozess nicht nur lernt, sich selbst als politisches Subjekt zu verstehen, sondern auch, in Anlehnung an die bewusstseinsbildenden Gruppen der zweiten Welle, sich als Teil einer wirkmächtigen Gemeinschaft zu begreifen und die eigenen Probleme auf strukturelle Diskriminierung statt auf individuelles Versagen zurückzuführen.

Natürlich ist Online-Aktivismus ganz allgemein nicht unproblematisch: Die größten Plattformen Facebook/Instagram, Twitter und TikTok haben maximale Daten- und Profitakquise zum Ziel, nicht – wie ursprünglich von den cyberfeministischen Tech-Optimist*innen der 90er-Jahre gefordert – einen möglichst transparenten, egalitären Zugang zum Internet für alle. Nick Srnicek spricht deswegen - wie andere Expert*innen auch - von „**Platt-formkapitalismus**" als System: Nutzer*innendaten, deren Vorlieben und Konsumentscheidungen werden gesammelt und an die höchstbietenden Werbetreibenden verkauft.[63] Viel beachtet wird auch die Systemkritik von Shoshana Zuboff, Professor Emerita an der Harvard Business School, die in ihrem jüngsten Monumentalwerk das „**Zeitalter des Überwachungskapitalismus**" ausruft.[64] Menschliche Erfahrung wird zum Rohmaterial und, übersetzt in Verhaltensdaten, zur wertvollen Ware. Auf Basis dieser Daten werden, so Zuboff, „Vorhersageprodukte" erstellt, die auf verhaltensbezogenen Zukunftsmärkten gehandelt werden (User*in X wird mit hoher Wahrscheinlichkeit Produkt Y kaufen, wenn er*sie die passende Anzeige eingespielt bekommt). Zuboffs Abhandlung endet in einer düsteren Zukunftsprognose - kompletter Kontrollverlust über unsere Daten, Persönlichkeitsrechte eingeschränkt oder gänzlich dahin, Dauerüberwachung der Normalzustand.

Jeremy Gilbert, Professor für Kultur- und Politiktheorie an der University of East London, teilt Zuboffs Kritik an der uneingeschränkten Datenmacht der Monopolist*innen aus dem Silicon Valley, zieht aber gänzlich andere Schlüsse aus der Bestandsaufnahme seiner Kollegin. Die Strategie, den Widerstand gegen Plattformen auf Individuen abzuwälzen, etwa, indem man zum Boykott der Netzwerke oder mehr „Vorsicht" im Umgang mit Persönlichkeitsdaten aufruft, werde nicht funktionieren. Immerhin sind die digitalen Dienstleistungen, die sie anbieten, für viele mittlerweile unverzichtbar geworden. Vielmehr brauche es (über-)staatliche Regulierungsmaßnahmen von „Big Tech", die auf die soziale, vernetzte Natur des Menschen Rücksicht nehmen und allen ermöglichen, digital teilzuhaben.[65]

Wäre es also wünschenswert, dass feministischer Online-Aktivismus auf kollektiv geführten Plattformen stattfindet, die allen gratis zur Verfügung stehen, Vernetzung ermöglichen und nicht unsere Daten abschöpfen, um damit Profite zu machen? Ja, und wie! Genau so etwas brauchen wir! Aber: Solange wir solche Plattformen nicht haben, gilt es – allen Widersprüchen zum Trotz –, auf den bestehenden Plattformen so viel Wandel wie möglich zu erwirken. „[I]n der Abwesenheit von Alternativen zum globalen Kapitalismus und im Kontext der Individualisierung und Privatisierung von Politik durch den Neoliberalismus, seinem Umbau des kollektiven Widerstands in kommodifizierte private Mikrorebellionen, sind Aktivist*innen mit der Notwendigkeit konfrontiert, feministische Politik angesichts ihrer Unmöglichkeit zu betreiben", schreibt Hester Baer.[66] „Doing feminist politics in the face of its impossibility" ... ja, sie hat recht, denn was bleibt uns sonst übrig?

Body Positivity zwischen Politiken der Sichtbarkeit und Verletzlichkeit

Zu Beginn des dritten Jahrzehnts des 21. Jahrhunderts sind feministische Widerstandspraktiken nicht mehr nur eindeutig politisch, sondern Teil der Mainstream-Popkultur geworden, mit all den Konsequenzen, die diese Veränderung nach sich zieht.[67] Eine davon ist, dass diese Art von popfeministischem Unterhaltungsaktivismus untrennbar mit Sichtbarkeit verbunden ist, dem Zeigen von verletzlichen queeren oder Frauenkörpern, mithilfe derer Massen bewegt werden sollen. Problematisch ist, dass in diesen „**Ökonomien der Sichtbarkeit**" neoliberale Ermächtigungsrhetorik (etwa „You go, girl!", „Yasss, queen!") „oft durch eine Konzentration auf den sichtbaren Körper erreicht wird – genau einer der Aspekte des Patriarchats, gegen den der Feminismus seit Jahrhunderten kämpft. Der sichtbare Körper ist auch der kommodifizierbare Körper"[68], wie Sarah Banet-Weiser in ihrem Buch *Empowered* schreibt, und bestimmte Körper lassen sich leichter zu kommerziellen Zwecken verwenden als andere.

Was sind die Konsequenzen eines feministischen Aktivismus, der so untrennbar mit Sichtbarkeit verbunden ist? Wo manche Körper zu hypersichtbaren aktivistischen Körpern gemacht werden, während andere Körper immer noch unsichtbar bleiben, weil sie zu arm, zu Schwarz, zu dick, zu alt, zu behaart sind; weil ihre Körper „eklig" bleiben und nicht als begehrenswert übersetzt werden können? Bedeutet das, dass auch ihre Kämpfe ungehört und ungesehen bleiben? Und wie gehen Feminist*innen, die sich entscheiden, die herrschende Politik der Sichtbarkeit mitzuspielen, die ihr Gesicht und ihren Körper für aktivistische Zwecke nutzen, mit der Verwundbarkeit um, die mit genau dieser gesteigerten Sichtbarkeit einhergeht? Wie verarbeiten sie den Hass und die Angriffe, denen sie mit Sicherheit begegnen werden? Sind es meist privilegierte *weiße* Frauen, die body-positiven Aktivismus betreiben, weil sie die einzigen sind, die über genügend soziales, kulturelles und finanzielles Kapital und Schutz verfügen, um angesichts der Angriffe weiterkämpfen zu können (aber dadurch ihren dominanten Status noch weiter einzementieren, indem sie mehr Anhänger*innen und Kapital gewinnen als ihre nicht-*weißen,* weniger sichtbaren aktivistischen Schwestern, die es nicht riskieren können, sich für aktivistische und/oder kommerziellere Zwecke zu exponieren)?

Es ist an dieser Stelle unerlässlich zu erwähnen, dass **Sichtbarkeit** nicht für alle Körper dieselben Folgen hat. „Marginalisierte Subjekte, Subjekte der Differenz, werden genau dann bestraft und diszipliniert, wenn das Rampenlicht auf sie fällt", schreibt Banet-Weiser.[69] Je weniger privilegiert jemand ist, desto höher sind die Chancen, dass Sichtbarkeit dazu führt, dass er*sie mehr Überwachung, öffentliche Beschämungen und oft sogar Gewalt erfährt, anstatt gefeiert zu werden. Plus-Size-Model Ashley Graham wird für ihre Kurven gefeiert, Anna O'Brien, einem ebenfalls mehrgewichtigen Model, aber ohne normative Sanduhrfigur, wird nach einer Bikini-Kampagne für Rasierer-Hersteller Gillette der Tod gewünscht.[70] Kurz gesagt: Sichtbarkeit ist keine „neutrale" feministische Errungenschaft an sich. Der Erfolg und die große Reichweite des Popfeminismus haben in den letzten Jahren, sozusagen als Gegenbewegung, zu einer Zunahme von stärker vernetzten und oft schonungslos gewalttätigen Formen von Frauenfeindlichkeit geführt. Die Wurzeln dieser Misogynie liegen in einer fragilen *weißen* Männlichkeit, die sich selbst als Opfer des feministischen Fortschritts betrachtet und die in der Wahl des Ober-Frauenhassers Donald Trump zum Präsidenten der USA gipfelte.

In einem so widersprüchlichen öffentlichen Raum, der als zunehmend feministisch, gleichzeitig aber auch sexistisch wahrgenommen wird und der nicht nur eine vielfältigere Repräsentation von weiblichen, queeren Körpern durch Body Positivity ermöglicht, sondern auch von der öffentlichen Beschämung dieser verletzlichen Körper profitiert, dürfen wir nicht vergessen, dass nicht alle Körper gleich behandelt werden, insbesondere in zutiefst profitgetriebenen Werbekontexten. Die Debatten rund um Body Positivity werden im Allgemeinen oft entlang der Linien von Sichtbarkeit und Verletzlichkeit geführt. Wessen Körper sollten in der heutigen Ökonomie der Sichtbarkeit im Rampenlicht stehen? Doch wohl die der am meisten Unterdrückten und Unterrepräsentierten? Oder ist es nicht so offensichtlich?

Anu Koivunen, Katariina Kyrölä und Ingrid Ryberg stellen in der Einführung zu ihrem Sammelband *The Power of Vulnerability: Mobilising Affect in Feminist, Queer and Anti-Racist Media Cultures* die Frage, wie und ob wir „den Grad der **Verwundbarkeit** messen sollten" und „ob eine schwerere Verletzung oder Verwundbarkeit zu mehr Sichtbarkeit führen und daher mehr im Zentrum von Kampagnen stehen sollte".[71] Ist es nicht auch problematisch, so fragen sie, feministische Politik in einem Gefühl der gemeinsamen Opferrolle zu begründen? Und was bedeutet diese erhöhte Sichtbarkeit für die betreffenden Aktivist*innen? Oft viel Hass oder sogar körperliche Gewalt, aber eben auch das Potenzial von Gemeinschaftsbildung und Mobilisierung politischer Handlungsfähigkeit durch emotionsgeladenen Aktivismus und Schaffung wirkmächtiger Online-Communities. Während also Verwundbarkeit dieses Widerstandspotenzial in sich trägt, diese Hoffnung auf eine kritische, widerstandsfähige Gemeinschaft, die auf ähnlichen, gemeinsamen Erfahrungen von Verwundbarkeit, Schmerz und Opferstatus beruht, werden heutzutage sogar Verwundbarkeit und Trauma zum Geschäftsmodell, sind immer kurz davor, zur Ware gemacht zu werden.

Koivunen und ihre Kolleginnen betonen: „In der neoliberalen Medienkultur sind traumatische Narrative (aus einer Ich- oder Gruppen-Perspektive) weit verbreitet."[72] In den Buchläden (von (Auto-)Biografien, Sachbüchern bis hin zur Belletristik), aber auch im Digitalen, seien es Filme, Serien oder Selbstoffenbarungs-Postings in den sozialen Medien, finden sich unzählige Beispiele für Texte, in denen Autor*innen ihre intimsten Traumata teilen. Mit dem Teilen so schmerzhafter, persönlicher Erfahrungen, dem öffentlichen Erzählen des Erlebten werden Traumatisierte wieder zu den Protagonist*innen ihrer eigenen Geschichte. Teilen kann Heilen bedeuten. Und gleichzeitig macht man damit aus persönlicher Perspektive auf gesellschaftliche Missstände aufmerksam, wodurch man „sowohl kulturelle Sichtbarkeit als auch politische Vorteile erlangen" könne, so die Wissenschaftlerinnen. Viele Influencer*innen wurden erst durch das öffentliche Verarbeiten von Traumata weithin sichtbar und einflussreich, und auch Bewegungen wie #metoo oder Body Positivity wären ohne die geteilten Ausgrenzungs- und Gewalterfahrungen der Betroffenen undenkbar. Das ist weder „gut" noch „schlecht", sondern ein als solches festzustellendes Phänomen unserer Zeit, in der die Grenzen zwischen privat und öffentlich immer mehr verschwimmen. Gleichzeitig wirft diese Politik der Sichtbarkeit und Repräsentation auch die Frage auf, „wessen Verletzlichkeit als sozial und kulturell lesbar, anerkannt und des Mitgefühls würdig gilt". Während beispielsweise Autobiografien, in denen die Autorinnen schlimmste *Fat Shaming*-Erfahrungen teilen, immer mehr Sichtbarkeit bekommen und zunehmend gehört werden, bleiben die Lebensrealitäten anderer Stigmatisierter (wie beispielsweise jene von Menschen mit Fluchtgeschichte oder von Menschen mit Behinderungen) immer noch weitestgehend ungesehen. „Im Zeitalter kommerzialisierter Trauma-Erzählungen kann eine Rhetorik der Verwundbarkeit wie ein Wettbewerb zwischen benachteiligten Gruppen aussehen", so die Autorinnen. Im gegebenen profitgetriebenen System entstehen so Vergleiche, die es in der Form niemals geben sollte! Problematischerweise wird durch diesen von Logiken der maximalen Offenbarung getriebenen Markt

„Verwundbarkeit zu einer Art Kapital, einer Ressource oder einem Gut, das seinen Weg in den öffentlichen Diskurs findet."

Verwundbarkeit ist keine naturgegebene Größe, sie entsteht in soziopolitischen Zusammenhängen, in denen manche verletzlicher positioniert sind als andere. Wir dürfen, wie die Autorinnen argumentieren, die Macht der Verwundbarkeit jedoch nicht mit spaltender Identitätspolitik gleichsetzen oder Feminismus auf eine „Politik des Schmerzes" reduzieren. Auch wenn die Verführung groß ist, gerade jetzt Geschichten zu erzählen, die eine ermächtigende, aufbauende Entwicklung der Protagonist*innen von Trauma zu Resilienz nachzeichnen. In denen die einstigen Opfer nun Held*innen ihrer eigenen, widerständigen Geschichte sind, weil sich das gut verkauft. Denn so einfach ist die Welt nicht, dass Ausgegrenzte sich einfach durch gutes Zureden in eine sichere gesellschaftliche Position katapultieren könnten oder durch das Erzählen ihrer traumatischen Biografien reich würden. Wenn jene Beiträge in den sozialen Medien mit den dramatischsten Inhalten (sexualisierte Gewalt, überstandene Essstörungen, die einen linearen Weg von Heilung vermitteln) am erfolgreichsten sind, gerade auch weil sie Traumata präsentieren und dadurch starke Gefühle auslösen, dann bleibt der aktivistische Umgang mit Vulnerabilität, wie auch jener mit Sichtbarkeit, widersprüchlich, aber für eine differenzierte feministische Politik des 21. Jahrhunderts unverzichtbar.

MIT EKEL, TMI UND SOLIDARITÄT GEGEN BODY SHAMING UND DIE VERTREIBUNG AUS DEM ÖFFENTLICHEN RAUM

Der Erfolg von Online-Aktivismus basiert vor allem auf der Mobilisierung von **Affekten** (also der diffusen körperlichen Intensität, mit der wir Emotionen erleben) und starken, klar zu benennenden Gefühlen wie **Ekel und Scham**. Die meiste Sichtbarkeit erlangen oftmals stark polarisierende Inhalte – die einen hassen die sichtbaren Speckrollen oder Beinhaare, die anderen feiern sie vehement. Vorstellungswelten von dem, was richtig und gut ist, besonders in Bezug auf Weiblichkeiten und Geschlecht, prallen aufeinander – der Aufprall erzeugt Druckwellen der Sichtbarkeit und ein Posting geht viral. Doch wie funktionieren diese Strukturen genau? Und was meine ich mit dem widerständigen, aktivistischen Einsatz von Körperscham und Ekel?

Affektive Strukturen des Miteinander gegen Ausgrenzung und Vereinzelung – #RiotDontDiet

Zizi Papacharissi gehörte mit ihrer Arbeit[73] zu den Ersten, die untersucht und erklärt haben, wie das, was sie als „**affektive Öffentlichkeiten**" bezeichnet, in sozialen Medien entsteht. Während sich ihre Forschung hauptsächlich auf Twitter und die Verwendung von Hashtags in Zeiten politischer Umwälzungen wie des Arabischen Frühlings (#Egypt) oder der Occupy Wall Street-Bewegung (#ows) konzentriert, sind viele ihrer Erkenntnisse auch auf die Body Positivity-Bewegung übertragbar. Laut Papacharissi dienen Hashtags „als Rahmungselemente, die es ermöglichen, Menschenmengen in Öffentlichkeiten zu verwandeln; vernetzte Öffentlichkeiten, die ihre Geschichte gemeinsam und zu ihren eigenen Bedingungen erzählen wollen".[74] Während es vielleicht zu viel wäre, von Gemeinschaften in einem etablierten Allgemeinverständnis des Wortes zu sprechen, untersucht Papacharissi, was diese „vermittelten Gefühle der Verbundenheit für Politik und vernetzte Öffentlichkeiten im digitalen Zeitalter" bedeuten.[75] Wichtig für Body Positivity ist, dass Papacharissi in ihrer Forschung auch mit dem Begriff des kollaborativen, transmedialen Geschichtenerzählens („**Transmedia Storytelling**") arbeitet und mit der Idee, dass Plattformen wie Twitter „Öffentlichkeiten und Themen, die anderswo marginalisiert werden, Sichtbarkeit und Stimme verleihen". Endlich kommen auch die Widerspenstigen zu Wort und können sich gegenseitig unterstützen!

Die Ströme, die sich um Hashtags wie #bodypositive entwickeln, schaffen also Gemeinschaften von Menschen, die vor allem über affektive, also gefühlte (nicht etwa nur argumentativ-inhaltliche) Verbindungen miteinander in Kontakt bleiben. Papacharissi argumentiert, dass „soziale Medien dazu beitragen, latente Bindungen zu aktivieren und aufrechtzuerhalten, die für die Mobilisierung vernetzter Öffentlichkeiten von entscheidender Bedeutung sein können", und betont daher, dass es unsinnig sei, Online-Aktivismus von Offline-Aktivismus zu trennen oder soziale Medien als einen Raum zu behandeln, der vom Treiben alltäglicher sozialer Aktivitäten getrennt ist. Aus einer, wie ich finde, sehr optimistischen, hoffnungsvollen Position heraus, erläutert Papacharissi: „So können Online-Aktivitäten im Bereich alltäglicher politischer und sozialer Aktivitäten unorganisierte Menschenmengen verbinden und die Bildung vernetzter Öffentlichkeiten um tatsächliche und imaginierte Gemeinschaften herum ermöglichen. Diese Öffentlichkeiten werden durch Gefühle der Zugehörigkeit und Solidarität aktiviert und aufrechterhalten, wie flüchtig diese Gefühle auch sein mögen."

Solche tatsächlichen und empfundenen Online-Netzwerke der Solidarität und Verbundenheit können uns helfen, gemeinsam unsere Gesellschaft neu zu denken und neue Vorstellungen des guten Zusammenlebens zu entwickeln. Ein solches aktivistisches Selbstverständnis zu entwickeln, sich in einem Kollektiv Gleichgesinnter zu verorten und dort bestärkt zu werden statt abgewertet und ausgegrenzt, kann ein wichtiger erster Schritt sein, durch den Online-Aktivismus nahtlos in feministischen Protest im analogen Alltag übergeht und der eine Perspektive nachhaltigen sozialen Wandels erfahr- und erspürbar macht. Solche Veränderungen finden nicht von heute auf morgen statt, doch der oft hämisch als „Hashtag-Feminismus" verunglimpfte Online-Aktivismus vieler junger Mensch kann ein Stein des Anstoßes dafür sein.

Mit TMI und strategischem Ekel gegen die Beschämung von nicht-normschönen Körpern

Diese Vorstellung, dass verwundbare Individuen wirkmächtige feministische Widerstandsgemeinschaften finden und sich ihnen anschließen, gilt besonders für frühe Online-Gemeinschaften zur Fat Acceptance (die sogenannte „Fatosphere") und Body Positivity im Allgemeinen. Wie bereits festgestellt wurde, zielt Body Positivity darauf ab, kulturelle Tabus um (geschlechtsspezifische) Stigmas wie Menstruation, Laktation, Körperfett, Alterserscheinungen und Körperbehaarung herauszufordern und zu überwinden, damit letztlich alle Körper so akzeptiert werden, wie sie eben in all ihrer Vielfalt sind. Viele Künstler*innen und Aktivist*innen des 21. Jahrhunderts wurden erfolgreich, indem sie sich dieser Sache anschlossen und sich weigerten, sich durch „TMI"-Rufe pikierter User*innen zum Schweigen bringen zu lassen. **TMI** steht im Internet-Slang für „**Too Much Information**", also wörtlich „zu viel Information". Es meint, flapsig erklärt, „na, das war jetzt aber zu viel des Guten", und wird vorgebracht, wenn eine unsichtbare Grenze überschritten und vermeintlich zu private, eklige oder anrüchige Inhalte geteilt werden: Zum Beispiel, wenn jemand ungefragt vom Durchfall seiner Kinder erzählt, aber auch wenn Fat Activists Bilder von sich posten oder Menschen mit sichtbaren Behinderungen sich zu Sexualität äußern.

Die Menschen, die in den letzten Jahren in der Body-Positivity-Bewegung aktiv waren und dadurch zu einiger Sichtbarkeit und Erfolg kamen, wehren sich also dagegen, dass ihre Geschichten als „zu viel", „zu persönlich" oder „zu ekelhaft" angesehen werden. Im englischsprachigen Raum sind hier zum Beispiel Lena Dunham, Rupi Kaur, Megan Jayne Crabbe bekannt als @bodyposipanda, Melissa Blake oder Alok V. Menon zu nennen. Im deutschsprachigen Raum denken wohl viele sofort an Frauen wie Jaqueline Scheiber bekannt als @minusgold, die Miss Germany Kandidatin Jules Schönwild, Aktivist*innen und Autor*innen wie Laura Gehlhaar und Linus Giese. Meines Erachtens ist ihr Erfolg gerade darauf zurückzuführen, dass sie sich in verschiedensten Medien selbstbestimmt und öffentlich zu tabuisierten Aspekten des Alltagslebens und der Sexualität von Minderheiten zu Wort melden und sich nicht verdrängen lassen. Was anderen zu viel ist, ist ihre Erfolgsstrategie. Vielen geht es aber nicht nur um ego-zentrierte Selbstpositionierung am Markt. Im Sinne der Bewusstseinsbildung geht es auch darum aufzuzeigen, dass man mit vermeintlich peinlichen Erlebnissen nicht allein dasteht und dass das, was uns als peinlich, schambehaftet, unanständig und eklig vermittelt wurde, vielleicht nur auf eine Sozialisierung im Patriarchat zurückführen ist. Es geht den Aktivist*innen, Autor*innen und Blogger*innen also darum, den Ekel (vor Menstruationsblut, Speckrollen, Narben, Körperhaaren, Falten) zu nehmen und dem Patriarchat widerständig zurückzuwerfen und durch dieses mutige Teilen von Beschämungs- und Ausgrenzungserfahrungen kollektiv körperbezogene Demütigung zu überwinden und body-positive Gemeinschaften der Unterstützung und des Vertrauens aufzubauen, denn #sharingiscaring.

Wie Lena Dunham in einem Interview mit dem US-Radiosender NPR betont, kann man nämlich trefflich darüber streiten, was als „allzu persönlich oder drastisch" angesehen wird: „Der Begriff ‚**Oversharing**' ist deshalb so kompliziert, weil ich glaube, dass er wirklich geschlechtsspezifisch ist. Ich denke, wenn Männer ihre

Erfahrungen mitteilen, dann gilt das als mutig, und wenn Frauen ihre Erfahrungen mitteilen, dann sagen die Leute ‚TMI'. ‚Too much information', diese Phrase mochte ich nie, denn was genau macht zu viel Information aus? Es scheint viel damit zu tun zu haben, wer einem die Informationen gibt, und ich habe das Gefühl, dass die Gesellschaft weibliche Erfahrungen trivialisiert. Wenn man sie also mit anderen teilt, werden sie als weniger wichtig angesehen als die ihrer männlichen Kollegen, und das ist etwas, was ich immer von Grund auf abgelehnt habe."[76]

Popfeministische Body Positivity greift auf die affektiven Möglichkeiten sozialer Medien zurück und nutzt darüber hinaus das transformative Potenzial von Scham, das Sally Munt in ihrem herausragenden Buch *Queer Attachments* theoretisiert, um Ekelzuschreibungen „umzukehren" und dem Patriarchat den Kampf anzusagen.[77] Diese rebellischen Künstler*innen, Aktivist*innen und ihre Anhänger*innen fordern ihre widerspenstigen Körper zurück, sie lassen sich keine weiteren Makel von der Schönheitsindustrie einreden und positionieren sich in Opposition zu immer gleichen Normkörpern. Dadurch entstehen wirkmächtige Formen der Verbundenheit und Solidarität, des gegenseitigen Respekts und der Ermächtigung, die in einem zunehmend feindseligen politischen Klima als wichtige feministische Widerstandsmomente dienen.

Aber wie funktioniert das nun genau mit dem Ekel, der Scham und der feministischen Nutzung derselben? **Scham** ist eine zutiefst negative körperliche Erfahrung. Wer aufgrund seines Körpers beschämt wird, errötet, zittert, stottert, will im Boden versinken und das Objekt der Beschämung (im Fall von Body Shaming der eigene Körper) am liebsten unsichtbar machen. Solche Erfahrungen kennen alle Menschen. Sie belegen einerseits, dass Scham eine zwischenmenschliche Empfindung ist (darauf pochte schon Sartre) – denn ohne Gegenüber gibt es (mit der Ausnahme von internalisierter Selbstscham) kein Schamempfinden. In diesem Aufeinandertreffen, das wir als negativ wahrnehmen, passiert jedoch Essenzielles: Wir lernen uns selbst in unserer Individualität kennen. Die Grenzen unserer selbst werden offenbar und wir definieren vor uns und anderen, wer wir sind und sein wollen, wofür wir uns beschämen lassen und wofür nicht. Wer dem Impuls, aus einer Beschämungssituation zu entfliehen nicht nachgibt, leistet Widerstand. Dem Blick des Anderen standzuhalten, ihm zu trotzen und hartnäckig darauf zu bestehen, den eigenen Körper so anerkannt zu wissen, wie er ist, ihn trotz der Scham stolz zu zeigen und die unerreichbaren Ideale, die den abwertenden Kommentaren zugrunde liegen, in Frage zu stellen, kann dadurch zu einem Akt des Widerstands werden. Im Patriarchat ist ein solches Beharren auf dem eigenen Da- und Sosein ein feministischer Akt des Widerstands.

Die Verinnerlichung von disziplinierenden Blicken der Machthaber (meist *weiße* Männer) aus einer unterlegenen Position heraus nennen wir **Internalisierung**. Dadurch kommt es zu einer Unsichtbarmachung dieser Normen, ausgeprägter Selbstkontrolle und einer Definition des Selbst über in den Körper eingeschriebene Unterdrückungsstrukturen, die uns in unserer Entfaltungsfreiheit einschränken. Wer das nicht zulässt, widersetzt sich – und wenn es nur durch haarige Achseln oder unbekümmert zur Schau gestellte Fettpölster ist. Es dürfte keine Überraschung sein, wenn ich sage, dass Frauen und alle benachteiligten sozialen Gruppen im Patriarchat stärker unter Schamgefühlen leiden als *weiße* Männer (das wiederum wusste schon Simone de Beauvoir, die große feministische Philosophin und Lebenspartnerin von Jean-Paul Sartre, den sie für den blinden Fleck „Geschlecht" in seinen Theorien kritisierte). Daher verwenden sie auch mehr Zeit, Geld und Ressourcen darauf, der Norm zu entsprechen oder ihr zumindest näher zu kommen, um Beschämungserfahrungen aus dem Weg zu gehen. Viele cis Männer können sich das vielleicht nicht vorstellen, weil ihre Körper nie thematisiert werden und die unhinterfragte Norm darstellen, aber für sehr viele Menschen ist der eigene Körper eine ständige Quelle der Angst – dauernd könnte etwas falsch sein, man könnte ungepflegt wirken, dem „falschen" Geschlecht zugeschrieben werden, für inkompetent oder faul gehalten werden oder wegen des eigenen Körpers Gewalt ausgesetzt sein.

Doch wie Sally Munt in *Queer Attachments* argumentiert, müssen Beschämungen nicht nur negativ sein. Sie konzentriert sich auf das transformative Potenzial von Scham und hilft uns dabei zu erklären, wie die potenziell traumatischen Erfahrungen des Body Shaming durch das Erzählen der eigenen Scham-Geschichte überwunden werden können. Munt stellt die Theorie auf, dass Scham „von Einzelpersonen und Gruppen strategisch in Stolz umgewandelt werden [kann], um den Diskurs umzukehren", eine Widerstandsstrategie, die z.B. in der Gay-Pride-Bewegung, der Black-Power-Bewegung (Black is Beautiful), der Fat-Acceptance-Bewegung und der positiven Umdeutung des Begriffs „Schlampe" in den SlutWalks angewandt wurde. Munt erklärt weiter, dass Scham politisches Potenzial habe, weil die Ablehnung der Scham, einfach heruntergebrochen, die Karten neu mischt. Wer lange tradierte Zuschreibungen zurückweist und andeutet, dass es auch anders geht, macht die Tür zu Wandel auf, und sei es auch nur einen Spaltbreit. „Das Ergebnis kann radikal sein und soziale, politische und kulturelle Handlungsfähigkeit in den zuvor Entrechteten bewirken." Das Ablegen der Scham kann Euphorie und Freude hervorrufen – wenn man an die 1960er und 1970er denkt, wird eines klar: „kollektive Emotionen leiten sozialen Wandel ein".[78]

Scham, so Munt, „hat eine metaphysische Energie, sie kann Erniedrigung, Herabsetzung und seelenlose Verzweiflung erzeugen. Sie kann auch eine Energie stimulieren, die eine wiederherstellende, schöpferische Kraft hat, sie kann das Selbst und Gemeinschaften zu Akten trotziger Präsenz mobilisieren, in Zyklen der Loslösung und der Wiederverbindung" und dadurch „als Lösungsmittel oder Katalysator für Transformation" wirken.[79] Schöner könnte ich es nicht sagen. Frauen, queere Menschen, Schwarze Menschen, People of Color, dicke Menschen, Menschen mit Behinderungen und ältere Menschen sagen im Rahmen der Body Positivity Scham den Kampf an und bestehen darauf, dass sie so sein dürfen, wie sie eben sind. Daraus können sich ganze Bewegungen ergeben, die die Welt verändern. Dafür braucht es aber nicht nur eine ordentliche Portion Mut, sondern auch genügend Zorn, der es uns ermöglicht, damit aufzuhören, uns ständig entlang internalisierter, verletzender Normen selbst zu „optimieren" und auf unserem Existenzrecht zu bestehen!

Solche Widerstandsmomente passieren vor dem Hintergrund von Ekelzuschreibungen, denn Körperscham und Ekel funktionieren wie die zwei Seiten einer Medaille. Wer online aus der Norm fällt, wird sicher mit Adjektiven wie „eklig", „widerlich" oder „grauslich" versehen. Diese Zuschreibungen sollen ein tiefes Schamgefühl auslösen, die Angesprochenen zu als widerwärtig abgestempelten Objekten machen, sie zum Schweigen bringen und aus dem öffentlichen Raum verbannen. Gleichzeitig scheinen widerspenstige Körper aber auch eine gewisse Anziehungskraft und Faszination auf Trolle und andere Hater*innen auszuüben, die dann doch hinschauen und kommentieren müssen. Das ist insofern spannend, als dieses Hin und Her zwischen Attraktion und Abstoßung genau die Funktionsweise von Ekel ist, die die britische Kulturwissenschaftlerin Sara Ahmed in ihrem Standardwerk *The Cultural Politics of Emotion* beschreibt.[80]

Abgesehen von seiner biologischen Schutzfunktion (Ausspucken/Erbrechen und Distanzierung von Verdorbenem/Giftigem) dient der sozial angelernte Ekel genau wie Scham zur performativen Identitätsfindung. Was oder wen finden wir eklig? Wovon grenzen wir uns ab? Wer ist Objekt dieser Zuschreibungen und wer hat die Macht, als Subjekt wahrgenommen zu werden, das diese Ekel-Urteile fällt?

Ekel ist „ein zutiefst ambivalentes [Gefühl], das ein Begehren oder eine Anziehung gegenüber genau den Objekten beinhaltet, die als abstoßend empfunden werden".[81] Seine Anziehungskraft ist besonders stark, wenn das Abstoßende als transgressiv, also grenzüberschreitend, wahrgenommen wird[82], das heißt als „durch gesellschaftliche Tabus und Verbote geschaffen"[83], und auch dann, wenn es eine Art lüsternes Interesse auslöst.[84] Sara Ahmed argumentiert, dass es „bei Ekel um ein Objekt geht, so dass die eigenen Gefühle von Übelkeit dem Objekt zugeschrieben werden (,Mir ist schlecht, ihr habt mich krank gemacht, ihr macht mich krank.')".[85] Wenn das Objekt des Ekels nahe genug ist, um als grenzüberschreitend empfunden zu werden – und nach Ahmed stützt sich der Ekel auf „sinnliche Nähe" –, besteht die Gefahr, vom Ekel vereinnahmt zu werden, der „an dem haften bleibt, was in seiner Nähe ist; er ist klebrig", weshalb eine Distanzierung stattfindet und man vor dem zurückschreckt, was man ekelhaft findet. Ich würde argumentieren, dass diese „sinnliche Nähe" auch auf vermittelte, mediatisierte Weise über Close-ups in Filmen/Serien oder die manuelle Interaktion („Swiping") mit Smartphones oder Tablets gegeben ist, die die Finger extrem nahe an das heranbringen, was als ekelhaft empfunden wird.[86] Laut Ahmed ist Ekel in seiner Klebrigkeit performativ: „Der Sprechakt ‚Das ist ekelhaft!' erzeugt mehr als nur ein Subjekt und ein Objekt; er erzeugt auch eine Gemeinschaft derer, die durch die gemeinsame Verurteilung eines ekelerregenden Objekts oder Ereignisses miteinander verbunden sind oder sich, auf der anderen Seite, mit dem Ekel-Objekt solidarisieren, den Distanzierungsreflex überwinden und gegen diese Zuschreibung protestierten".[87]

Wir wollen diese Theorien nun an einem popkulturellen Beispiel zur Anwendung bringen, das zeigt, wie Ekel und Body Shaming online verhandelt werden: Die User*innen-Reaktionen auf den Trailer für die fünfte Staffel von Lena Dunhams Serie *Girls* auf YouTube. Wie es scheint, kann ein Video einer pummeligen jungen Frau, die ihren „unvollkommenen" Körper zur Schau stellt, einen Ausbruch unterschiedlicher Emotionen, Urteile und Meinungen hervorrufen. Wenn wir uns einige der negativen Kommentare genauer ansehen, können wir Ahmeds Hypothese von der gemeinschaftsbildenden Funktion des Ekels, von seiner „seltsamen Art der Geselligkeit"[88] überprüfen. Der Kommentar eines*r Nutzer*in („Ekelhaft. Sie als Person und ihre Show auch") illustriert perfekt Ahmeds Behauptung, dass der Körper eines Anderen klebrig werde, „wenn [er] zu einem Objekt des Ekels wird"[89], weswegen er dann von anderen gemieden werde. In diesem Kommentar wird Dunham zum Objekt des Ekels und zum absoluten Anderen, während die YouTube-Nutzer*innen die angeekelten Subjekte sind. Sowohl im Kommentar eines*r Anderen („Diese Sendung ärgert mich zu Tode, aber ich habe mir die ganze Serie in etwa zwei Wochen reingezogen") als auch in diesem Beitrag („Es war, als würde ich einen Unfall beobachten: eklig, aber ich habe trotzdem hingesehen") sehen wir die Zweideutigkeit des Ekels zwischen Anziehung und Abscheu.

Gleichzeitig entstehen aber auch jene Gemeinschaften von Menschen, die sich angesichts dieser Ekeläußerungen versammeln und beschließen, sich auf die Seite derer zu stellen, die zuvor als Objekte des Ekels konstruiert wurden, anstatt sich von ihnen zu distanzieren. Kommentare wie die folgenden (realen!) protestieren nicht nur offen gegen Body Shaming und Hasskommentare, sie bezeugen auch das Potenzial „ekelerregender" popkultureller „Texte" für (feministische) Solidarisierung (in den Kulturwissenschaften sind mit „Texten" auch Serien und Filme als Ausgangsmaterial für Analysen gemeint):

> „die leute können hassen, so viel sie wollen, aber ich persönlich liebe lena dunham und alles, wofür sie steht, wenn es darum geht, man selbst zu sein. es ist so erfrischend, etwas zu sehen, das über die immer selben ausgekotzten Sitcoms hinausgeht, die von anderen Netzwerken produziert werden. danke, HBO!"
> (71 Likes)

> „‚Girls' ist eine so gut geschriebene, gut produzierte Show. Es gibt so viele Menschen, die sich durch sie und das, was sie repräsentiert, bedroht fühlen. Es ist verrückt." (39 Likes)

> „Es bringt mich immer wieder zum Lachen, wie es alle Jungs in dieser Kommentarspalte mit ohnmächtiger Wut erfüllt, dass ein Mädchen mit einem plumpen Körper ihre eigene Show auf HBO hat, die seit fünf Staffeln läuft." (235 Likes)

In diesen Kommentaren mit ihren vielen Likes, die zahlenmäßig weit die negativen Kommentare überwiegen, werden zwischen den „Anhänger*innen" oder Fans des body-positiven Inhalts Bande der Solidarität geschaffen. Dieser Austausch wäre wohl in der Form nicht möglich ohne die negativen Kommentare der „Gegner*innen", da die unterstützenden Repliken alle in irgendeiner Weise den zuvor geposteten Hasskommentaren entgegenwirken. Es mögen auf den ersten Blick unscheinbare, alltägliche Aktivitäten wie das Teilen eines kritischen Artikels auf Facebook oder das Posten von Kommentaren unter einem YouTube-Video sein, in denen Menschen sich zum ersten Mal trauen, ihre Meinung zu sagen und mit anderen Nutzer*innen zu streiten. Anita Harris und Jessalynn Keller argumentieren, dass dies eben die ersten Schritte zur Schaffung einer öffentlichen Identität als kritische*r (feministische*r) Bürger*in sind.[90] Kommentarspalten, die sich zu zutiefst emotionalen Diskussionen über Körperpolitik, Ideale, Körperscham, Ekel und Feminismus entwickeln, könnten daher, wie ich argumentiere, zur Bildung von – wenn auch oft nur flüchtigen – (feministischen) Solidargemeinschaften beitragen. Sie eröffnen neue Perspektiven und schaffen Potenziale für Widerstand.

Das, was ich als „popfeministische Body Positivity" bezeichne, ist vielleicht nicht in der Lage, die Schönheitsindustrie an einem Tag zum Einsturz zu bringen, aber sie könnte eine wichtige Rolle dabei spielen, gerade Frauen dazu zu ermächtigen, repressive Botschaften zurückzuweisen, ihre Meinung durchzusetzen und ihre Wünsche zu äußern, als wichtige Gegenerzählung zu unmöglichen Szenarien der Perfektion. Gleichzeitig dürfen wir nicht vergessen, dass selbst die Wiederaneignung von Ekel, von Tabus und die Überwindung der Körperscham im gegenwärtigen kulturellen Klima an der Schwelle zur kapitalistischen Aneignung stehen. Sophie Elmhirst erinnert die Leser*innen in einem kürzlich erschienenen Zeitungsartikel über die Vergangenheit und Zukunft von Menstruationsprodukten daran, dass tabuisierte Themen zwar zunehmend von Aktivist*innen zurückerobert werden, aber dadurch auch von cleveren Marketing-Expert*innen zur Ware gemacht werden können: „Es ergibt Sinn, dass die einzigen Märkte, die übrig bleiben, diejenigen sind, über die wir in der Vergangenheit nur ungern gesprochen haben. ‚Seien wir ehrlich', sagte einmal ein Investor bei einem Treffen zu Parvizi-Wayne [Gründerin von Freda, einem sozialen Unternehmen, das ökologische, ethische Menstruationsprodukte verkauft]: ‚Tabus sind sexy geworden'. Ein Tabu ist, von einer anderen Seite besehen, nur ein einladend ungesättigter Markt."[91]

Mit Body Neutrality vom Sehen und Gesehen-Werden zum Fühlen und der echten Schönheitsrevolution

Einige von euch werden sich jetzt zu Recht fragen: Reicht uns das? Die gängigen Ideale ein bisschen zu erweitern, Tabus aufzubrechen und dadurch immer neue Bereiche zu öffnen, die als Märkte erschlossen werden können? Es muss festgehalten werden: Die radikale Bewegung der Fat Acceptance, die in den 1970ern in den USA begonnen hat, ist mittlerweile ziemlich verwässert, vereinheitlicht und werbetauglich geworden. Als Reaktion auf die immer stärkere Kommerzialisierung der Body-Positivity-Bewegung hat sich die Body-Neutrality-Bewegung herausgebildet. Body Positivity sagt, alle Körper sind gut und schön und hinterfragt, warum diese Körper als schön gelten und andere nicht. Hinter **Body Neutrality** steckt eine phänomenologische Idee: Man ist dem Körper dankbar, dass er einen durchs Leben trägt, aber man ist sehr viel mehr als dieser Körper. Gerade für Frauen wäre der ultimative Befreiungsschlag doch sicherlich der, sich ganz von dem jahrhundertealten Fokus auf ihr Äußeres zu lösen und sich darauf zu konzentrieren, was wirklich zählt: Das Empfinden, die Begegnungen und der Austausch mit anderen Menschen, das Miteinander. Einstweilen sind solche Zugänge, die den Körper als Tor zur Welt und Wahrnehmungsmaschine positionieren, abseits von Äußerlichkeiten und Leistungsanforderungen, noch utopisch, doch erste Ansätze dahin gibt es bereits.

Am Morgen des 25. Februar 2018, ihrem 32. Geburtstag, findet Jameela Jamil, englische Schauspielerin, Model, Radiomoderatorin und Anorexia-Überlebende, tausende Nachrichten in ihren diversen Posteingängen vor.[92] Unzählige Menschen, viele davon Frauen, teilen ihr darin ihre Unsicherheiten und Ausgrenzungserfahrungen mit und schreiben ihr, wie sehr sie es hassen, auf ihr Gewicht und ihr Aussehen reduziert zu werden. Jamil nennt diesen Tag in einem Blog-Eintrag den „best birthday I've ever had." Was ist passiert?

Einige Tage zuvor stößt Jamil auf Instagram auf ein Foto der Kardashians, auf dem jemand das Gewicht der Frauen vermerkt hatte. Jamil kommentiert, dass es gesellschaftlich ziemlich düster aussähe, wenn Kilogramm die einzige Einheit wären, in der Frauen lernen, ihren Wert zu bemessen. Sie ergänzt ihre Kritik mit einer Selfie-Story, in der sie sich mit jenen Dingen „aufwiegt", die sie abseits von „Fucking KG" ausmachen: „lovely relationship", „financially independent", „I laugh every day". Ohne es geplant zu haben, hat sie damit die **#iweigh-Bewegung** in Gang gesetzt, der heute auf Instagram mehr als eine Million Menschen folgen.

Jamils #iweigh-Aktivismus ist mittlerweile zu einem Aushängeschild der Body-Neutrality-Bewegung geworden, die eben schon dem Namen nach einen neutraleren Zugang zu Körperlichkeit fordert. Doch auch wenn Body Neutrality – gerade von feministischen Medien – schnell als „die neue, bessere" Body Positivity dargestellt wurde, so haben beide Bewegungen immer noch ihre Berechtigung. Solange Schönheit ein so hoher Wert zugeschrieben wird und „schöne" Menschen unzählige Vorteile im Leben genießen, braucht es radikale Body Positivity, die inklusivere Schönheitskonzepte entwirft und mehr Menschen Zugang zu dieser vorteilhaften Kategorie verschafft. Body Neutrality ergänzt diesen Ansatz, indem sie den Wert von Schönheit als solchen in Frage stellt und dazu aufruft, alle Körper, ungeachtet ihres Aussehens, in ihrem „Da- und Sosein" zu akzeptieren. Besonders für jene Menschen, die stark unter Schönheitsdruck leiden und mit Selbsthass zu kämpfen haben, weil ihre Körper gesellschaftlich als „hässlich" oder „eklig" stigmatisiert werden, kann neutrale Körperlichkeit erleichternd sein. Denn auch Body Positivity kann für eine neue Art Druck sorgen. Nur weil die Werbung sagt: „Jetzt fühl' dich schön!", ist am nächsten Tag nicht alles super. Die gesellschaftlichen Realitäten haben sich deswegen nicht verändert. Es ist immer noch ein kapitalistisches, patriarchales System, das gerade von Frauen eine bestimmte Optik verlangt und einen Markt schafft, der Geld mit Unsicherheit machen will. Engagierte Blogger*innen betonen diesen systematischen Druck – dass das ein gesellschaftliches Problem ist, das nicht individualisiert werden kann. In der Wissenschaft sprechen wir von einer **„Cult(ure) of Confidence"**[93]: In der neoliberalen Individualisierung ist man immer dann, wenn etwas nicht klappt, selbst schuld und soll das Problem selbst lösen. Ein schlichtes „Jetzt fühl' dich mal gut!" kann sich aber nicht alleine über das System hinwegsetzen.

Anstatt also neue Ideale auszurufen oder rund um die Uhr Selbstliebe praktizieren zu müssen, eröffnet Body Neutrality Räume für ein Hinnehmen von Körpern und ihren Veränderungen ohne Wertung. In gewisser Hinsicht nimmt sie den Druck raus, da wir viel mehr als unsere Körper und ihre Optik sind. Oder um es mit @minusgold zu sagen, die ein Mantra gegen die Schönheitsindustrie und ihre unerreichbaren Ideale liefert: „Have a body. Nothing more, nothing less."

DICK.

WIE WIR DICKENHASS VERBANNEN UND RAUM FÜR ALLE SCHAFFEN

„Ich war immer die Dicke. Ich war die Dickste von vier Schwestern, ich war die Dicke in der Verwandtschaft und ich war die Dicke im Kindergarten. Ich war immer dick. Das hat mich geprägt. Diskriminierungen und Beschimpfungen habe ich immer erwartet. Ich bin mir, seit ich denken kann, bewusst, dass ich dick bin und dass das alle sehen. Ich habe nicht darunter gelitten, zumindest habe ich das nie so empfunden. Ich habe es einfach internalisiert. Mir war klar, dass ich deswegen keine Hauptrolle bekommen kann, egal ob im Theaterstück oder im Musical, die wir in der Schule aufführten. Es war mir klar, dass die Dicke nicht die Freundin des coolen Jungen sein kann, das ist ja nicht glaubwürdig. Das haben mir irgendwie auch immer alle vermittelt. Ich war immer alles ‚für eine Dicke'... Ich hatte ein hübsches Gesicht (für eine Dicke). Ich hatte viele Freunde (für eine Dicke). Für eine Dicke hatte ich immer überdurchschnittlich viel Erfolg. Ich habe immer das Gefühl gehabt, dass für mich andere Maßstäbe gelten. Egal wobei. Das ist gar nicht so einfach in Worte zu fassen. Insofern passen die Formulierungen ‚dafür diskriminiert' oder ‚darauf reduziert' irgendwie nicht, und doch treffen sie absolut zu. [...] Manchmal war ich müde vom Dicksein, aber das ist eben nichts, was man einfach so ablegen oder verstecken kann."

Lena Jäger, @diejaegerin_l, Sprecherin der Bürger*innen-Initiative Frauen*Volksbegehren 2.0

„Ich galt und gelte über lange Zeiten meines Lebens als dicke Frau. Das hat schon in der Volksschule begonnen und fand seinen Höhepunkt im Jugendalter. Ich wurde als faul, als ungepflegt und als Außenseiterin betrachtet. Wenn ich versucht habe, mit Modeerscheinungen mitzuhalten (z. B. Hüfthosen Anfang der 2000er), erntete ich oft Gelächter.

Ich habe früh erkannt, dass ich mein Äußeres kompensieren muss. Besonders eloquent, witzig oder klug sein muss, um auszugleichen, was mein Erscheinungsbild vorwegnahm."

Jaqueline Scheiber, @minusgold, Sozialarbeiterin und Autorin

„Ich habe als fette homosexuelle Frau jeden Tag meines Lebens Diskriminierung erfahren. Wenn Menschen mich sehen, gehen sie davon aus, dass ich faul bin, inaktiv, mich gehen lasse, und machen daraus, dass ich weniger wert bin oder weniger Kompetenzen besitze."

Ina Holub, @inaholub, Fat Activism, Plus-Size Voguing und Vintage Fashion

VON THIN PRIVILEGE UND DICKEN-HASS – LEBEN IN EINEM DICKEN KÖRPER

Ein schlanker, physisch fitter Körper gilt heute unangefochten als erstrebenswertes Ideal. Es ist genau dieser Körpertyp – eigentlich einer von vielen möglichen, aber derjenige, der als Norm und Zielvorstellung ausgegeben wird –, der sich leicht vermarkten und konsumieren lässt, mit dem man Geschäfte machen kann. Ein dicker Körper bedeutet, wie Jaqueline und Ina in ihren Statements beschreiben, nicht nur auf einer ästhetischen Ebene zu versagen, sondern auch auf einer moralischen, intellektuellen und sozialen. Dicke Körper werden gesellschaftlich nicht nur als hässlich positioniert, sondern strukturell diskriminiert. Mehrgewichtige bekommen die schlechtere Gesundheitsversorgung, haben es schwerer am Arbeitsmarkt, beim Dating und beim Einkaufen (passende Kleidung ist schwer zu finden und/oder teuer). In der medialen Darstellung sind sie oft nur als „**Headless Fatties**"[94] (Charlotte Cooper) zu sehen, also als dicke Körper ohne Kopf, die Furcht einflößende Studien untermauern, vor denen gewarnt wird und die jeder Menschlichkeit beraubt werden. Die man selber wirklich nicht werden möchte.

Darüber hinaus gilt es als persönliches Scheitern, dick zu sein; als Versagen der eigenen Willenskraft und als Ablehnung des Dogmas produktiver Selbstoptimierung. Vorwürfe der Faulheit fließen schnell in Annahmen über die Inkompetenz, Dummheit und Rückständigkeit dicker Menschen. Eine der prägendsten Diskriminierungserfahrungen von Plus-Size-Trainerin Elisabeth Axmann-Marcinkowski, besser bekannt als @ellymagpie und Gründerin des ersten inklusiven, body-positiven Fitnessstudios in Wien, bestätigt das: „Ich war 14 Jahre alt und gerade auf die Handelsakademie gewechselt. Dieser Wechsel hätte eine spannende Zeit einleiten sollen, aber es waren die schlimmsten Jahre meiner Jugend. Ich kann mich noch genau daran erinnern, dass mir mein damaliger Professor in der zweiten Einheit des Englischunterrichts, im ersten Schuljahr, mitteilte: ‚Es ist kein Wunder, dass du nichts kannst. Dick und faul gehen doch immer einher.' Ich war unglaublich vor den Kopf gestoßen und konnte darauf gar nicht reagieren. Ich hatte seine Frage nicht verstanden und war zu schüchtern, um darum zu bitten, dass er diese wiederholt. Warum er mir dies vor versammelter Klasse sagen musste, weiß ich bis heute nicht. Sein Lachen und das meiner Mitschüler höre ich jedoch heute noch, als wäre es gestern gewesen."

Kein Wunder also, dass dicke Menschen sich aufgrund der vielen Ausgrenzungserfahrungen, die sie machen, oft aus dem öffentlichen Leben zurückziehen, und dass der Kampf gegen diese Strukturen daher nicht mit einem „Liebe dich selbst"-Posting erledigt ist. Wenn uns dauernd eingeredet wird, dass uns jedes einzelne Gramm „zu viel" zu einem weniger liebenswerten Menschen macht, können wir nicht einfach so tun, als ob Körper und Geist komplett getrennt voneinander wären und einen Körper feiern, von dem wir genau wissen, dass er als ablehnenswert konstruiert wird.

Sport ist ein gesellschaftlicher Bereich, in dem Dickenhass besonders verbreitet ist. Das klingt widersprüchlich, denn gerade dicken Menschen wird ja andauernd gesagt, sie sollen fitter werden und sich bewegen. Es sind die Blicke und Kommentare im Fitnessstudio, in der Umkleide und an den Geräten, in den Gruppenkursen und schon beim Anmelden, die dicke Menschen oft so sehr beschämen, sie wortwörtlich wegekeln, dass an eine Teilnahme nicht mehr zu denken ist. Ellys Widerstand gegen diese Strukturen besteht darin, sich diesen Raum trotzdem zu erkämpfen. Gerade weil er ihr strukturell verwehrt wird:

„Mit ungefähr 21 Jahren entdeckte ich den Sport für mich. Dies geschah nicht von heute auf morgen, aber es entstand eine richtige Liebe zum Thema Bewegung. Ich probiere immer wieder neue Sachen aus. Von Capoeira bis zu African Dance und landete irgendwann bei Crossfit. Aber alle Sportarten, die ich ausprobierte, hatten eine Gemeinsamkeit: Die meisten Trainer*innen waren mit meiner Statur überfordert oder sahen es eher als ‚anstrengend' an, da sie auf mich ‚Rücksicht' nehmen mussten. Dabei ist es doch das, was von allen Seiten immer gepredigt wurde: ‚Mach Sport!', ‚Beweg dich!' Fängt man jedoch damit an, wird man trotzdem von allen Seiten komisch angestarrt. Also könnte man in der Situation gar nichts richtig machen. Am besten wäre es wohl, wenn man sich in Luft auflöst. Das erste Mal passierte mir dies schon mit ungefähr acht Jahren. Meine Mutter wollte mir unbedingt helfen und hat gewusst, dass ich gerne tanze. In unserer Nähe gab es eine Ballettschule. Meine Mutter nahm mich somit eines Tages zu einer Ballettstunde mit und ich sah den jungen Mädchen bei ihren Übungen zu. Am Ende der Stunde kam die Ballettlehrerin zu meiner Mutter und sagte, dass ich ‚gerne' zu den Stunden kommen könne, aber sie als Lehrerin könne mir nicht wirklich Zeit widmen, da sie sich um die Leistung der anderen kümmern müsse und bei Aufführungen müsste sie sich überlegen, ob ich überhaupt mitmachen könnte. Man muss bedenken, ich hatte damals ein paar Kilo ‚zu viel'. Im Vergleich zu den anderen Mädchen war ich sicherlich um einiges fester, aber nicht das, was ich heute als ‚dick' bezeichnen würde, wenn ich mir die Bilder anschaue. Vermittelt wurde mir aber von allen Seiten, dass mein Körper ein einziges ‚Problem' sei. Ich weiß noch, wie schlecht ich mich danach fühlte und wie ich anfing, mich vor meinem eigenen Körper zu ekeln. Mit 21, als ich eben die Liebe zur Bewegung langsam entdeckte, beschloss ich, dass es mir egal sein musste, was andere denken. Ich ignorierte die Blicke derer, die sich beim Sport über mich lustig machten und gab nicht auf, nach Trainer*innen zu suchen, die mich unterstützten. Es war nicht einfach und es war ein langer Weg, aber es hat sich gelohnt und heute kann ich mir ein Leben ohne Bewegung, Kraftsport, Cardio, uvm. einfach nicht mehr vorstellen."

Jetzt ist sie selbst so eine Trainerin, die allen Menschen Bewegung in einem diskriminierungsfreien Raum ermöglicht. Weiter so, Elly!

Eine der kämpferischsten unter den von mir befragten Menschen ist Lena Jäger, Sprecherin der Bürger*innen-Initiative Frauen*Volksbegehren 2.0: „Ich leiste Widerstand. Ich habe das immer getan. Manchmal habe ich aus Widerstand extra nicht abgenommen. Aus Widerstand habe ich mich immer überall reinreklamiert, wo viele Menschen aus meiner Umwelt fanden, dass ich nicht hingehörte, und immer dann, wenn es besonders unangenehm war, habe ich das angesprochen. Ich habe Leuten ins Gesicht gesagt, dass sie mich gerade diskriminieren. Dass ich die Rolle wegen meiner Figur nicht bekommen habe. Ich bin Blicken auf der Straße nie ausgewichen, sondern habe sie erwidert. Ich habe bei Beschimpfungen und Demütigungen nie klein beigegeben, sondern noch eins draufgesetzt. Widerstand und Leistung waren und sind meine Markenzeichen. Auch das habe ich gelernt zu akzeptieren und damit umzugehen."

Dass Elly und Lena es geschafft haben, für sich einen Platz in unserer dickenfeindlichen Welt zu schaffen, ist wunderbar und wichtig. Wie wahnsinnig schwer es ist, sich mit Gleichgesinnten zusammenzutun und gegen dieses System der dünnen Tyrannei aufzulehnen, weiß auch @minusgold aus ihrer eigenen Biografie zu berichten: „Einen richtigen Widerstand konnte ich erst retrospektiv entwickeln, nachdem ich einiges an Gewicht verlor. Dafür schäme ich mich manchmal. Aber davor habe ich mich zu vulnerabel gefühlt, um mich gegen das System aufzulehnen. Das war ungefähr im Alter von 23-24 Jahren. Gewicht verloren habe ich durch eine Erkrankung und kurz darauf durch eine psychische Krise. Während es mir mit Abstand am schlechtesten ging, bekam ich laufend Komplimente für mein Aussehen."

Diese komplett absurde Erfahrung musste auch Medienpädagogin und Kunsttherapeutin Sissi Kaiser machen, die selbst Kurse zu Medienkompetenz und Body Shaming gibt: „Im Familienkreis erlebte ich es, dass es bei jedem Treffen kommentiert wurde, durch Blicke oder Sprüche, ob ich zugenommen hatte oder nicht. Das positivste Feedback erhielt ich, als ich mal die sogenannte ‚Mayr-Semmel-Kur' machte, bei der mir zwar die Haare ausfielen, aber auch die Kilos purzelten, was mich in deren Augen unglaublich fesch machte!" Sissi erinnert sich, als Marketingleiterin im Berufsleben auf ihr Frausein reduziert worden zu sein, was ihr die Teilnahme an Vernetzungstreffen unter Männern verunmöglichte. Gleichzeitig wurde sie eingesetzt als „Schmuckwerk eines Geschäftspartners (er damals Mitte 50, ich Ende 20)" und war als „D-Körbchen-Trägerin" schon früh sexualisierten Übergriffen ausgesetzt: „Einen großen Busen zu haben und schlank zu sein, führte auch zu allerhand Kommentaren auf der Straße von wildfremden Männern, bis hin zu Berührungen im Vorbeigehen von einem, der gerade aus dem Gasthaus bei uns ums Eck kam. Ich nahm danach für viele Wochen einen viel längeren Schulweg …" Sie erinnert sich daran, als Mutter diskriminiert worden zu sein, „der in manchen Gesellschaftskreisen die Eigenschaft schön zu sein mit der Mutterschaft ohnehin abgesprochen wird", und als Partnerin „weniger geliebt worden zu sein, weil der Partner dicke Körper unattraktiv findet". Die absurden, gefährlichen und tieftraurigen Realitäten eines Lebens als Frau im Patriarchat.

Und auch Ina Holub erinnert sich, dass sie lange nicht wusste, wie sie sich positionieren und schützen sollte gegen den sie allseits umgebenden Dickenhass. Doch bald wurde ihr klar, dass ein Aufbrechen dieser Strukturen nur gemeinsam gehen würde: „Widerstand war für mich erst durch Vernetzung möglich. Mich mit anderen Frauen auszutauschen, sich gegenseitig zu empowern und zu stärken hat mir überhaupt erst gezeigt, dass ich gar nicht schuld bin an der Art und Weise, wie die Gesellschaft mit mir umgeht, und das, obwohl ich *weiß,* cis und able-bodied, also privilegiert bin. Ich habe gemerkt, dass allen fetten Frauen und auch allen queeren Personen mehr oder weniger die gleichen Dinge vorgeworfen wurden und wir die gleichen Beleidigungen ertragen mussten. Das ist furchtbar, aber hat eines für mich ganz deutlich gemacht: Es fühlt sich persönlich an, aber die Diskriminierung ist ein strukturelles Problem. Diese Erkenntnis, der Austausch und das Offenlegen der schmerzhaften Erfahrungen haben dazu geführt, dass ich mich heute selbstbewusst zeigen kann. Genau das soll eben verhindert werden, wenn Mädchen bereits ganz früh eher eine Konkurrenz zueinander vermittelt wird. In dieser Vernetzung und Solidarisierung liegt das Potenzial einer Veränderung."

Ja! Ich möchte Inas Aussage gerne von allen Dächern hallen lassen! Statt Vereinzelung braucht es Zusammenhalt, statt kommerzialisierten Body-Positivity-Postings mit Models in Größe 34 einen gemeinsamen Kampf gegen diskriminierende Strukturen.

Was sagt die Wissenschaft? Und war unsere Gesellschaft immer schon so dickenfeindlich? Grundwissen für den Kampf gegen die Diätkultur

Wir leben in einer fettphobischen Welt, gekennzeichnet von aktivem, gesellschaftlich sanktioniertem **Dickenhass**. Gewichtsverlust wird selbst dann noch gelobt, wenn der Grund dafür persönliche Traumata sind, Selbstbewusstsein oft erst möglich, wenn der eigene Körper so weit geschrumpft ist, dass widerständige Sichtbarkeit überhaupt eine Option wird. Diese wortwörtliche Angst vor dem Dicksein ist so wirkmächtig, weil schließlich jede und jeder in Gefahr ist, selbst dick zu werden. Nicht einmal die Dünnen können sich in Sicherheit wiegen.

Aber: Die Welt ist für dünne Menschen gemacht – sie genießen das, was im englischen Sprachraum **Thin Privilege** genannt wird, „**Dünnenprivileg**". Das bedeutet nicht, dass nicht auch dünne Menschen unter einem negativen Körperbild und Schönheitsdruck leiden können – ganz im Gegenteil, es ist das Geheimnis der Schönheitsindustrie, dass sich alle potenziell angesprochen fühlen von ihren Versprechungen, denn wer ist schon schön, dünn, jung und fit genug? Das Dünnenprivileg drückt sich vielmehr in Unsichtbarkeit und reibungsloser Alltagserfahrung aus. Habt ihr schon einmal darüber nachgedacht, ob ihr auf einem Flug physische Schmerzen und öffentliche Beschämung werdet überstehen müssen? Seid ihr unsicher gewesen, ins Theater zu gehen, weil die Angst groß war, dass die Sessel zu eng sein könnten? Sind ihr mit ungutem Gefühl

Lebensmittel einkaufen gegangen, weil sich sicher wieder jemand bemüßigt fühlen würde, ungefragt vermeintlich ungesunde Lebensmittel aus eurem Einkaufswagen herauszunehmen? Habt ihr im Sommer beschlossen, lieber nicht rauszugehen, weil ihr auf der Straße mit schiefen Blicken und Beschimpfungen rechnen musstet? Oder euch nicht getraut, zu Ärzt*innen zu gehen, weil doch wieder alles auf euer Gewicht geschoben würde? Das alles sind die Lebensrealitäten von dicken Menschen – in einer fettphobischen Welt ist es das Privileg dünner Menschen, sich über diese grundlegenden Fragen keine Sorgen machen zu müssen, selbst wenn sie gerade mit ihrem Körperbild hadern. Die Welt stößt sie nicht ab, sie ist für sie gebaut.

Wir haben Körperfett und Muskeln aber, historisch betrachtet, nicht immer mit denselben Zuschreibungen versehen. Unsere Vorstellungen davon, was ein guter, schöner Körper ist, veränderten sich im Laufe der Jahrhunderte drastisch. Weil die Fat Studies im englischsprachigen Raum ihren Ursprung nahmen, stammen die meisten in die Tiefe gehenden Studien aus den USA oder Großbritannien. In groben Zügen sind die zentralen Annahmen und Entwicklungen aber durchaus auch auf unser kontinentaleuropäisches Lebensumfeld übertragbar, und zwar umso mehr, je näher wir an unsere zutiefst globalisierte Gegenwart kommen. In ihrem Klassiker *Unbearable Weight. Feminism, Western Culture, and the Body* von 1993 zeigt Susan Bordo eindrücklich die soziohistorische Gewordenheit unserer Ideale auf.[95] Während Mitte des 19. Jahrhunderts Geschäftsmänner und Politiker des Bürgertums noch stolz ihre dicken Bäuche als Zeichen von erwirtschaftetem Überfluss zur Schau stellten, stand der grazile Männerkörper für die Aristokratie, die es nicht nötig hatte, ihren Wohlstand und ihre Macht so ostentativ zu präsentieren. Dieses asketische Körperideal des bewussten Verzichts und der Kontrolle gewann im öffentlichen Diskurs immer mehr an Bedeutung und wurde als Gegenteil zur scheinbaren Willensschwäche dicker Menschen positioniert. Immer stärker wurde es in der Folge auch von der aufstrebenden Mittelschicht übernommen; und so wurde die schlanke Ehefrau zum vorzeigbaren Statussymbol. In *Unbearable Weight* wird also anschaulich der Weg von den ersten, die Mehrheitsgesellschaft betreffenden Einschränkungen der Kalorienzufuhr wegen ästhetischer Körperziele in der viktorianischen Ära Ende des 19. Jahrhunderts und dem beginnenden „Body-Management" als mittelständischer Beschäftigung bis hin zur fettphobischen Gegenwart mit straffen, glatten Idealkörpern nachgezeichnet.

Denn auch die Lesarten von muskulösen Körpern änderten sich drastisch: **Muskeln** entwickelten sich vom Symbol der gering geschätzten Arbeiter*innenklasse und Kennzeichnen der rassifizierten „Anderen" zum Ausdruck des normativen, kontrolliert sexuellen Modellkörpertypus für alle. Wer heute noch von „natürlicher physischer Überlegenheit Schwarzer Menschen" philosophiere, schreibt Alice Hasters in *Was weiße Menschen nicht über Rassismus hören wollen, aber wissen müssen,* der führe sportliche Höchstleistungen bei *weißen* Menschen auf ihre Leistung, ihr Training zurück, bei Schwarzen Menschen aber auf ihre vermeintliche Biologie.[96] Diese Argumentationsmuster dienten schon zur Rechtfertigung der Kolonisierung und des Sklav*innenhandels: Schwarze Menschen seien ja für schwere, harte Arbeit geschaffen. Mehr Körper und Natur als Geist und Kultur.

Die Geschichte der unterschiedlichen Bewertung des Körpergewichts hat also nicht nur mit Klasse und Geschlecht zu tun, sondern auch mit Race. Wie Amy Erdman Farrell in *Fat Shame. Stigma and the Fat Body in American Culture* schreibt, geht es gar um die Konstruktion von *Weißheit* als solcher.[97] Protestantische Ideale der viktorianischen Ära, die jede Form der Ausschweifung und des „Zuviel" zum absoluten Feindbild erklärten, trugen viel zu einem dünnen Körperideal bei. Gott verlange schließlich Zurückhaltung. Dementsprechend hielt man dünne Frauen schon in der zweiten Hälfte des 19. Jahrhunderts für moralisch überlegen, schließlich hatten sie mithilfe des Geistes ihre defizitäre, willensschwache weibliche Biologie besiegt. Ein dicker weiblicher Körper verstieß also klar gegen die Normen akzeptabler Femininität und wurde assoziiert mit Männlichkeit und männlichen Tätigkeitsfeldern, darunter am umstrittensten: Politik. Während *weiße*, bürgerliche Frauen also erste Freiheiten erkämpften (sie erstritten sich zu der Zeit im Rahmen der „ersten Welle" des Feminismus gerade das Wahlrecht und den Zugang zu Universitäten), wurden sie mit immer enger werdenden Ansprüchen an ihre Körper buchstäblich zugeschnürt.

Die Moderne brachte erstmals Formen von Überschuss, den es um jeden Preis einzuschränken galt. *Weiße* Protestanten hielten dicke Körper aber nicht nur für problematisch, weil diese Völlerei und Exzess für sie symbolisierten, sondern weil sie als nicht-*weiß* gelesen wurden. Darauf weist auch Sabrina Strings in *Fearing the Black Body: The Racial Origins of Fatphobia* hin, die argumentiert, dass neben Protestantismus auch der transatlantische Sklav*innenhandel (und das Stereotyp der „wilden, gierigen Afrikaner*innen") entscheidenden Einfluss auf die Entwicklung von Dickenhass hatte.[98] Dicksein bedeutete, minderwertig zu sein, und den damaligen – zutiefst rassistischen – Evolutionstheorien gemäß: weniger entwickelt, weniger zivilisiert. Darstellungen von dicken Menschen waren ganz oft auch gleichzeitig Darstellungen von Kriminellen, Migrant*innen, Indigenen, Schwarzen Menschen und People of Color. Zufälle sind diese Vermischungen nicht. Wie Erdman Farrell erklärt, bedeutete Dickwerden für britische und amerikanische bürgerliche, *weiße* Ehefrauen auch, in der Diskriminierungshierarchie eine oder mehrere Stufen hinunterzurutschen. Das galt es um jeden Preis zu vermeiden. Dass sich im 19. Jahrhundert auch die „Sanduhrfigur" zum Ideal entwickelte und die Verbreitung des Korsetts mit sich brachte, ist daher ebenfalls kein Zufall. Dass es heute im Model-Business noch immer Praktiken wie sogenanntes **Fat Padding** gibt, bei denen für Fotoshootings dünnere Frauen gecastet werden (die ein schlankes Gesicht und einen flachen Bauch haben), denen dann aber Busen und Hintern ausgestopft werden, um diese Sanduhr-Illusion zu kreieren, ist von diesen historischen Vorgängern nicht zu trennen.

Dicke Schwarze Frauenkörper galten aber auch schon damals – der ambivalenten Logik des Ekelbegriffs folgend – keinesfalls nur als abstoßend, sie waren auch Faszinosum und verbotenes Objekt der

Begierde. Aus dem englischen Sprachraum kennen wir Sarah Baartman, die „Hottentot Venus", die wegen ihres fülligen Hinterns auf Jahrmärkten wie ein Tier an der Leine ausgestellt und zum Begaffen und Begrapschen vorgeführt wurde. Das gab es aber bei Weitem nicht nur in Amerika. Alice Hasters spricht in *Was weiße Menschen nicht über Rassismus hören wollen, aber wissen müssen* über die „Völkerschauen" während der deutschen Kolonialzeit – „eine buchstäbliche Zurschaustellung verschiedener außereuropäischer Gruppen" – die gerne in Zoos abgehalten wurden, wahrhaftigen „Menschenzoos". Carl Hagenbeck, Namensgeber des Hamburger Zoos, war besonders dafür bekannt.

Patricia Hill Collins erklärt in ihrem Standardwerk *Black Feminist Thought,* dass der Schwarze weibliche Körper schon immer als Exzess und Abweichung von einer dünnen, *weißen,* bürgerlichen Norm-Frau dargestellt wurde.[99] Um diese „ausufernden" Schwarzen Frauenkörper zu kontrollieren, begann man, sie in stereotype Schubladen einzuordnen. Noch immer kennen wir Schwarze Frauen aus US-Filmen als „Mammies" (liebevolle, gehorsame Dienerinnen mit üppigen, asexuellen Körpern, siehe etwa den Film *The Help* von 2011), exzessiv arbeitende Matriarchinnen (die dabei ihre eigenen Kinder vernachlässigen), Sozialhilfe veruntreuende Mütter vieler Kinder (siehe etwa den Film *Precious* von 2009) oder „verruchte" Frauen (die aufgrund ihrer überbordenden Sexualität als gefährlich dargestellt werden).

Für alle feministisch interessierten Leser*innen wird es interessant sein, dass diese Vorurteile auch vor der Frauenbewegung nicht Halt machten. **Suffragetten**, also jene Frauen, die für das Wahlrecht kämpften, standen von allen Seiten unter Beschuss. Um jeden Preis wollten sie beweisen, dass sie zivilisiert und ihre Anliegen rational berechtigt waren. Amy Erdman Farrell kann durch die Analyse von Propaganda-Bildmaterial aus der Zeit zu Beginn des 20. Jahrhunderts belegen, dass die Vorkämpferinnen für das Wahlrecht als „hässlich und fett" diffamiert wurden, zu hässlich, um einen Mann zu finden. Unfassbarerweise wurden bekannte *weiße* Suffragetten in Karikaturen der Gegner gerne als dicke Schwarze

Frauen dargestellt, womit natürlich suggeriert wurde, dass der Kampf ums Wahlrecht auch *weiße* Frauen auf die niedrigst mögliche gesellschaftliche Position beförderte. Die Suffragetten beschlossen daraufhin, sich in ihren Info-Materialien als besonders zivilisiert zu präsentieren und das bedeutete: als besonders jung, *weiß* und verlockend dünn. Damit nützten sie nicht nur das Kapital ihrer normschönsten Mitstreiterinnen für politische Zwecke, sondern schrieben auch den Dickenhass in die Geschichte der feministischen Bewegung mit ein. Die ikonischen dünnen Frauen der Goldenen Zwanziger im „Flapper-Look" gingen also nicht nur auf von der Werbung geschaffene Ideale zurück. Die feministische Bewegung hatte dieses Ideal eigenhändig mitgeprägt.

In der „zweiten Welle" der feministischen Bewegung in den 1960er und 1970er Jahren kam es zu ganz ähnlichen Ausschlüssen, die ultimativ auf Lookismus und darauf basierenden strategischen Überlegungen beruhen. Die Serie *Mrs. America* (2020) zeigt deutlich, wie Gloria Steinem zum schlanken, fortschrittlichen, normschönen Aushängeschild einer Bewegung wurde und wie schwer es gerade für Schwarze Frauen war, gesehen und gehört zu werden. Heteropatriarchale, rassistische Schönheitsideale für politische Zwecke zu nützen, das scheint Teil der DNA der feministischen Bewegung zu sein. Dieser Geschichte gilt es sich zu stellen, genügend Aufarbeitung ist hier sicherlich noch nicht passiert. Auch heute noch suggeriert ein dünner, durchtrainierter Körper Fortschritt und Erfolg. Und er sichert Medienöffentlichkeit, während dicke Körper im Reality-TV (*The Biggest Loser,* etc.) herabgesetzt und verlacht werden.

Doch woher kommt all dieser Hass gegen dicke Menschen? Was ist das Problem, wenn Körper weicher, rundlicher sind und nicht stramm und durchtrainiert? Nun, abseits des neoliberalen Leistungsparadigmas, dem wir alle folgen sollen und dessen Gipfel der Körper von Profi-Athlet*innen ist, geht es beim Dicksein auch um Geschlechts- und sexuelle Identitäten. Ein Männerkörper ohne stahlharte Brust erscheint weiblicher, ein nicht-schlanker Frauenkörper, der nicht dem männlichen Blick Genüge tun will, wird als selbstbestimmt queer gelesen. Die kruden Stereotype der „dicken Lesbe" oder des „tuntigen", auf sein Aussehen bedachten schwulen Mannes bestätigen die Angst vor unsicheren Geschlechtsidentitäten und queerem, sexuellem Begehren in unserer binärgeschlechtlichen, heteronormativen Welt. Nicht umsonst geht in unseren kulturellen Texten mit der meisten Sichtbarkeit (Disney-Filme, romantische Komödien, Action-Helden-Sagas) obligatorische Schlankheit einher mit obligatorischer Heterosexualität.

Dicke Körper, Gesundheit und die „Adipositas-Epidemie"

„The only thing that anyone can diagnose, with any certainty, by looking at a fat person, is their own level of stereotype and prejudice toward fat people."

„Das Einzige, was irgendjemand mit Gewissheit feststellen kann, wenn er*sie eine dicke Person ansieht, ist der Grad seiner*ihrer eigenen Stereotype und Vorurteile gegenüber dicken Menschen."

Marilyn Wann, *Fat Activist* und Autorin

Seit einem Gipfel und Bericht der Weltgesundheitsorganisation über **„Fettleibigkeit/Adipositas"** im Jahr 2000 wird Adipositas diskursiv überwiegend als „globale Gesundheitskrise" oder „globale Epidemie" konstruiert. Sie wird dargestellt als scheinbar objektiv messbar durch den **Body Mass Index (BMI)**, welcher Menschen in die Kategorien „untergewichtig", „normalgewichtig", „übergewichtig" und „fettleibig" einteilt, obwohl, wie immer lauter werdende Kritik deutlich macht, dieses statistische Maß nichts über den Grad der Gesundheit einer Person auszusagen vermag und vor allem den Interessen der Diätindustrie dient. Wie mit der scheinbar objektiven (also ursprünglich *weißen,* männlichen) Norm des Body Mass Index umgegangen wird und wie sehr offizielle, öffentliche Gesundheitsinstitutionen tatsächlich über zu Rate gezogene, befangene Expert*innen von der Pharma- und Diätindustrie abhängig sind, bestätigt die Entscheidung der Weltgesundheitsorganisation aus dem Jahr 1995. Bis zur Publikation dieser neuen Diätrichtlinien galten Frauen bis zu einem BMI von 27,3 als „normalgewichtig", seit damals endet der Bereich des „Normalgewichts" schon bei 25. 1998 beschloss daraufhin das National Institute of Health der USA ohne nachvollziehbare Begründung die Absenkung des als „gesund" geltenden Normalgewichts für Frauen und machte damit über Nacht Millionen Menschen zu medizinisch diagnostizierten „Dicken" oder „Fettleibigen". Während sich am eigentlichen Gesundheitszustand der Betroffenen dadurch natürlich nichts änderte, fielen sie damit in institutionell zertifizierte, medizinisch pathologisierte Kategorien des Dickseins, die es ab diesem Zeitpunkt mit teuer zu erkaufenden institutionell verschriebenen Diät- und Medizinprodukten zu behandeln galt.

Faktisch ist klar: Gesundheit ist wesentlich komplexer als eine Zahl auf der Waage, und außerdem: Fast alle Diäten scheitern langfristig (mehr dazu weiter unten). Können wir den ganzen Diskurs rund um die „Adipositas-Epidemie" dann nicht einfach ignorieren? So einfach ist es nicht, denn er hat drastische Auswirkungen auf die Gesundheit – gerade auch die psychische – dicker Menschen. Seit der Jahrtausendwende und dem Wandel des medialen Diskurses in Richtung quantifizierbarer „Krise" und „Epidemie" werden dicke Menschen laut der australischen Forscherin und Kulturwissenschaftlerin Jackie Wykes als krankhaft konstruiert, „einerseits ‚krank' auf einer individuellen Ebene, andererseits parasitär auf einer gesellschaftlichen Ebene; als diejenigen, die Ressourcen des Gesundheitssystems monopolisieren, während sie ihre Verantwortung als gute neoliberale Bürger*innen nicht wahrnehmen – oder gar ablehnen –, ‚richtiges' Selbst-Management durch Gewichtsabnahme zu betreiben".[100]

Garreth Williams, der zu Diskriminierung dicker Menschen forscht, macht unmissverständlich klar, dass die gesellschaftliche Gleichbehandlung von (auch sehr) dicken Menschen und die Ermöglichung von deren Teilhabe am öffentlichen Leben nichts mit ihrem Gesundheitszustand und Gewicht zu tun haben dürfen.[101] Bedingungslosen Respekt und Begegnung auf Augenhöhe hat schließlich jeder Mensch verdient – und was sollen sich chronisch Kranke oder Menschen mit Behinderungen denken, wenn es dauernd heißt: „Na, dick ist nicht so schlimm, Hauptsache, du bist gesund"? Er zeigt aber auch auf, dass, wenn man sich auf Diskussionen rund um Gesundheit, Krankheit und Körpergewicht einlassen möchte, die Faktenlage bei Weitem nicht so klar ist, wie oft mit der Gleichsetzung der Eigenschaften dick und ungesund angenommen wird.

Wissenschaftliche Studien werden oft von der Diätindustrie gesponsert, und die Korrelation zwischen bestimmten Krankheitsbildern und hohem Körpergewicht bedeutet noch lange keine Kausalität von Übergewicht und Krankheit. Wie angenommen werden kann, sind das Stigma und die erfahrene Erniedrigung rund um Fatness für die betroffenen Menschen gesundheitlich schädlicher als ihr gesellschaftlich stigmatisierter, als „erhöht" einzustufender Körperfettanteil. In Sachen selbst verschuldetes hohes Körpergewicht fasst er die Sachlage, vergleichbar mit meinen obigen allgemeinen Schlussfolgerungen zu Schönheit, so zusammen: „Ein Individuum alleine kann unsere Sozial- und Wirtschaftssysteme nicht verändern, und die menschliche Physiologie ist bemerkenswert variabel. Energieaufnahme und -verbrauch, Appetitregulation, die Verstoffwechslung von Fetteinlagerungen und ihre Verwendung – all das sind äußerst komplexe Prozesse. Variationen dieser Mechanismen bedeuten, dass verschiedene Menschen unterschiedliche ‚Ausgangs-Gewichtswerte' [weight ‚set-points'] haben, einen relativ kleinen Bereich, außerhalb dessen es extrem schwierig ist, Gewicht zu verlieren (oder zuzunehmen)."[102]

„Die menschliche Physiologie ist bemerkenswert variabel." Das hat meine Oma auch schon so gesehen, aber ausgedrückt hat sie es so: „Es gibt dicke und dünne Leute, das is halt so in der Natur."

Recht hatte sie! Die einen sind aber nur mehr wert als die anderen, wenn wir weiterhin ein System akzeptieren, das Dünne bevorzugt und mit den Traumata und der Unterdrückung der Dicken Milliardengeschäfte macht. Die Anti-Diät-Diätologin Isabel Bersenkowitsch, die viele von Instagram vielleicht als @ernaehrungs.revolution kennen, spricht in einem Fachartikel zu „Intuitivem Essen"[103] davon, dass es einen Paradigmenwechsel in Richtung **Health at Every Size** (Deutsch etwa „Gesundheitsförderndes Verhalten, unabhängig vom Körpergewicht") brauche. Dass wir uns, ganz unabhängig von der Zahl auf der Waage, darauf konzentrieren sollten, gesundheitsförderndes Verhalten (Ernährung, Schlaf, Bewegung, psychische Gesundheit) zu unterstützen, denn – und große Überraschung ist das keine: Wer Zugang zu frischen, nährstoffreichen Nahrungsmitteln hat, sich viel bewegt, gut schläft, wenig Stress hat und ein gutes soziales Netzwerk pflegt, ist gesünder – unabhängig vom Körpergewicht, das für sich genommen gar nichts über die Gesundheit eines Menschen auszusagen vermag.[104]

Die Studienlage zu nachhaltigem Gewichtsverlust ist eindeutig: Nur moderate Verringerungen des Körpergewichts scheinen längerfristig ohne chirurgische Eingriffe möglich zu sein.[105] Isabel Bersenkowitsch erinnert uns daran: „95 % der Menschen, also 19 von 20, nehmen das verlorene Gewicht in zwei bis fünf Jahren wieder zu; bis zu zwei Drittel, also zwei von drei Menschen, nehmen mehr zu, als sie abgenommen haben." Diäten schlagen also weitestgehend fehl, was die längerfristige Reduktion des Körpergewichts betrifft, schaden aber gleichzeitig der Psyche der Betroffenen enorm. Fatalerweise führen anfängliche Erfolge, die manchen leichter fallen als anderen, zu einem Gefühl von Kontrolle und Selbstverantwortung über das eigene Körpergewicht. Unser Stoffwechsel passt sich aber der verringerten Kalorienzufuhr an und wird langsamer. Wenn es dann zu einem (höchst wahrscheinlichen) „Rückfall" kommt (man kann schließlich die Kalorienzufuhr nicht unbegrenzt noch weiter einschränken, hält einfach nicht ewig durch), wird also das auf den ersten Blick nachvollziehbare Argument mangelnder Selbstkontrolle schlagend. Es kommt schon nach ein paar „Rückfällen" (also ungezügelter Nahrungsaufnahme) zur Gewichtszunahme, der Körper ist ja noch auf weniger Kalorien eingestellt. Und dann ist man schon fest entschlossen, dass es Zeit wäre für die nächste Diät. Die genauen Details zur Psychologie hinter unserem Essverhalten und dem wirklich schädlichen Diät-Teufelskreis erklärt ganz wunderbar die Ernährungspsychologin Cornelia Fiechtl (@cornelia_fiechtl) in ihrem neuen Buch *Food Feelings. Wie Emotionen bestimmen, was wir essen.*

Die schmerzhaften Erfahrungen rund um Essen führen nicht selten zu sozialer Isolation, Depression und essgestörtem Verhalten. Das sind harte Realitäten: All die Diäten, denen wir uns in der Vergangenheit unterzogen haben – vorn vornherein zum Scheitern verurteilt. All die verschwendete Zeit, das Leiden, das dauernde Entsagen! Aber erst, wenn wir die Auswirkungen dieser Fakten zur Kenntnis genommen haben, können wir uns wirklich vom Diätwahn als Lebensmodell lösen. Wir haben so viel mehr verdient.

Abschließend dürfen in diesen Diskussionen im Sinne einer intersektionalen Betrachtung von Dicksein natürlich auch Mehrfachbenachteiligungen und sozioökonomische Rahmenbedingungen wie Einkommen, Verfügbarkeit von nährstoffreichen, frischen Nahrungsmitteln, Familienstand, Wohnsituation oder Tagesfreizeit nicht außer Acht gelassen werden: „Reichtum und Status geben den Menschen in der Regel mehr Kontrolle über diese Bedingungen. Benachteiligung schafft das Gegenteil", so Diskriminierungsforscher Williams. Das heißt: Reiche Hollywood-Stars haben durch ihre Personal Trainer, die perfekt auf ihre Bedürfnisse abgestimmte Ernährung und ihre freie Zeiteinteilung wesentlich realistischere Chancen, einen normschönen Körper zu haben, als sagen wir eine alleinerziehende Mutter, die sich mit mehreren Jobs über Wasser hält und auf nährstoffarme Fertigmahlzeiten voller Süßstoffe und Stärke angewiesen ist. Die Industrialisierung der Landwirtschaft, die Ausbeutung von Tieren und ihre Auswirkungen auf die Klimakrise können hier nur traurige und alarmierende Randnotiz bleiben.

Die gesellschaftlich weit verbreiteten und akzeptierten Rationalisierungen, also scheinbar faktisch begründbaren, „rationalen"

Argumentationsmuster für die Abwertung von dicken Körpern können in ihren psychologischen Wurzeln auf Gefühle von Ekel zurückgeführt werden.[106] Keine der vielen Lebensgeschichten von Menschen aus dem Fat Activism, von dicken Berühmtheiten oder weithin bekannten Plus-Size-Models kommen ohne die Gefühle Ekel und Scham aus. Je dicker die Menschen, die sich zu Wort melden, desto drastischer und gewaltvoller sind die Ausgrenzungs- und Diskriminierungserfahrungen, von denen sie berichten. Der Ekelforscher Lenny Vartanian konnte in zahlreichen Studien nicht nur belegen, dass dicke Körper auf einer emotionalen Ebene als „eklig" empfunden und daher abgelehnt und gemieden werden. Er konnte auch feststellen, dass Gefühle von Ekel in der Bewertung von „adipösen" Menschen noch stärker wiegen als vermeintlich rationale Narrative rund um Kontrollverlust und Eigenverantwortung – weswegen das soziale Stigma gegen (sehr) dicke Menschen besonders schwer zu bekämpfen zu sein scheint.[107] Es hat nichts mit rationalen Argumenten zu tun, wenn Menschen im Internet kommentieren, dass ein dicker Mensch sicher bald an Diabetes sterben werde, wenn er oder sie nicht sofort abnehme. Diese als Sorge um die Gesundheit der Beleidigten getarnten Hasskommentare bezeichnen wir als **„Concern Trolling"**. In Wahrheit geht es aber nicht darum, dicke Menschen „aus Sorge" derartig zu beschämen, dass sie „gesünderen" Verhaltensweisen nachgehen, vielmehr wird einem tief empfundenen Ekel Raum gegeben, der leicht in Aggression kippen kann.

Vor dem Hintergrund der oben besprochenen biologischen **„weight set-points"** (etwa „Ausgangs-Gewichtswerte"), über die hinaus es ohne chirurgische Eingriffe für die Mehrheit dicker Menschen so gut wie unmöglich ist, willentlich einen großen Gewichtsverlust herbeizuführen, erscheint folgendes Studienergebnis besonders perfide: Wenn Proband*innen wussten, dass die zu bewertenden dicken Menschen besonders viele Anstrengungen unternommen hatten, abzunehmen und „gesund zu leben", gingen die negativen Zuschreibungen und der selbst empfundene, sozial erlernte Ekel der Testpersonen gegenüber den Dicken zurück.[108]

Wie bereits im Kontext zu Schönheit ausgeführt, sind Konzeptionen von idealer Körperlichkeit, historisch betrachtet, einem erheblichen Wandel unterworfen. Kathleen LeBesco und Jana Braziel unternahmen mit ihrem einflussreichen Sammelband *Bodies Out of Bounds* „den Versuch, universalisierende, ahistorische und transkulturelle Konzeptionen von dick und Dicksein umzuwerfen".[109] Sie beschreiben Körperfett als ein „dehnbares Konstrukt, das dominanten ökonomischen und kulturellen Interessen dient". Im nordamerikanischen Kontext, den sie erforschen, fungiert der universalisierte, singuläre „dicke Körper" als kultureller Marker des „Anderen"; er steht für „rücksichtslosen Exzess, Verschwendungssucht, Schwäche, mangelnde Zurückhaltung, einen Verstoß gegen die Ordnung und den zugestandenen Raum, also Grenzüberschreitung".[110] Dünnen Menschen wird sozialer Aufstieg zugetraut[111], während man es sich bei dicken Menschen wegen der zugeschriebenen negativen Eigenschaften von Faulheit, fehlender Disziplin und Non-Konformismus, also einem scheiternden „unternehmerischen Selbst" nicht vorstellen kann, dass sie den sozialen Aufstieg schaffen.

Ein Blick auf die mediale Berichterstattung über dicke Körper in Europa genügt, um festzustellen, dass es auch auf dieser Seite des Atlantiks zu ähnlich abwertenden, kollektiven Zuschreibungen kommt. In gewisser Weise ist „der dicke Körper" gefangen zwischen Unsichtbarkeit und Hypersichtbarkeit – er ist unsichtbar in einem neutralen oder positiv konnotierten Kontext, aber hypersichtbar in einem negativen, wie etwa den „Vorher"-Bildern in Abnehm-Fernsehshows wie *The Biggest Loser,* Werbungen für Diätprodukte und Programmen zur Gewichtsreduktion oder im Kontext von Krankheit und Tod, womit „der dicke Körper" allein medial mit allen negativen Aspekten menschlicher Körperlichkeit besetzt ist.

Kein Wunder also, dass vor diesem Hintergrund **Fat Oppression**, also die gesellschaftliche Unterdrückung von dicken Menschen, und **Fatphobia**, also die Angst vor dem Dicksein und der daraus resultierende Hass auf dicke Menschen, nicht nur für „Gefühle von Demütigung und geringem Selbstwert bei korpulenten Menschen verantwortlich gemacht werden können, sondern auch für Anorexie, Bulimie, Bulimarexie und andere Essstörungen."[112] Richtig gehört: Wie jemand aussieht, sagt nichts über deren Verhältnis zu Essen aus, weswegen man ungefragte Kommentare zu den Körpern und Essweisen von Mitmenschen wirklich besser lassen sollte.

Im globalen Norden Europas und Nordamerikas, der auch im 21. Jahrhundert noch von lookistischer Diskriminierung, Dünnenprivilegien und Dickenhass gekennzeichnet ist, leben als attraktiv geltende Menschen mit beachtlichen Privilegien. Dicke Menschen werden – entlang einer Skala (je dicker, desto schlimmer) – marginalisiert und öffentlich beschämt für ihre Körper. Sie werden in kulturellen Texten ausgelöscht oder lächerlich gemacht. Dicksein gilt als Antithese zu Schönheit. Genau wie in generellen Fragen von Schönheit und Attraktivität gilt auch für den Diskurs rund um Dicksein, dass sich die Privilegien und die Formen der Unterdrückung, die sich aus diesen sozialen Hierarchien von schön/hässlich, attraktiv/abstoßend ergeben, noch weiter verschärfen, wenn eine Mehrfachbenachteiligung auf Basis von Race oder sozialer Klasse dazukommt. Eine arme dicke Frau oder ein gender-queerer Mensch mit dunkler Hautfarbe werden gesellschaftlich und in der medialen Repräsentation am weitesten weg von gängigen Schönheitsidealen positioniert. Oft werden sie erniedrigt und verdinglicht dargestellt, was in manchen drastischen Fällen sogar als Legitimation von Gewalt und Hass gegen dicke Menschen verwendet wird.

Bezugnehmend auf diese dominanten soziokulturellen Diskurse rund um Dicksein und die beschriebenen negativen gesellschaftlichen Zuschreibungen, mit denen dicke Menschen zu kämpfen haben, dürfte es nicht verwundern, dass die Gruppe dicker Frauen auch am Arbeitsplatz unter lookistischer, spezifisch fettphobischer und dicke Körper beschämender Diskriminierung leidet. Frauen sind von **Fat Shaming** und **Fat Discrimination**, also dem Verunglimpfen und Herabwürdigen dicker Körper nachweisich besonders stark betroffen.

Die US-amerikanische Autorin und Professorin Roxane Gay, die sich selbst als „fette, bisexuelle Person of Color" bezeichnet, beschreibt in ihrem Buch *Hunger. A Memoir of (My) Body* von 2017 eindrücklich, wie sich das Leben in einem sehr dicken, queeren Körper mit dunkler Hautfarbe anfühlt.[113] In einem beruflichen Umfeld bedeutet es fast immer Unsichtbarmachung und Absprechen von Kompetenzen: Die meiste Angst vor dem ersten Unterrichten an der Universität hatte Gay nicht etwa wegen der Präsentation von komplexen Inhalten oder wegen didaktischer Fragen, sondern weil sie fürchten musste, als sehr dicke, Schwarze Frau von den Studierenden nicht als Vortragende ernst genommen zu werden. Auch mit zunehmender Berühmtheit passiert es ihr immer wieder, dass sie nicht als Hauptrednerin bei Konferenzen und Tagungen wahrgenommen und als solche respektiert wird, denn ein (!) Keynote-Speaker sieht der weit verbreiteten Vorstellung nach anders aus.

Ganz ähnlich ging es einer deutschen Rechtsanwältin, die in der Wochenzeitung *Die Zeit* ihre Erfahrungen mit Dicken-Diskriminierung darlegt. Neben Ausgrenzungserfahrungen und Hass-Bekundungen der Chefin („Würdest du nicht so viel fressen, hättest du keine Salmonellenvergiftung") im hochkompetitiven Arbeitsalltag war schon der Weg zum Erlangen ihres Jobs ein Spießrutenlauf: „Ich habe nach dem zweiten Staatsexamen 120 Bewerbungen mit Foto verschickt, und keine davon wurde beantwortet. Zeitgleich hatte die Arbeitsagentur mein Portfolio ohne Bild versendet und sofort 14 Rückmeldungen bekommen. Die haben gesehen, dass ich topqualifiziert bin, ein Einser-Abitur und hohen Arbeitseifer mitbringe. Zwölf der Arbeitgeber haben meinen Lebenslauf inklusive Foto bekommen und sich danach nicht mehr gemeldet. Und das, obwohl ich auf meinem Foto gar nicht schlecht aussehe. Aber man sieht halt, dass ich einen Doppelkinnansatz und gut gepolsterte Schultern habe. Man sieht, dass ich dick bin."[114]

Ihr Fall zeigt, dass selbst eine *weiße* cis Frau aus der Mehrheitsgesellschaft mit einem hohen Maß an formaler Bildung, in einer privilegierten gesellschaftlichen Stellung und einem angesehenen Beruf mit hohem Einkommen nicht vor Diskriminierung gefeit ist. Auch in den Medien aufgegriffene Studien belegen, dass die Erfahrungen der jungen Anwältin keineswegs ein Einzelfall, sondern Ausdruck systematischer Diskriminierung dicker Menschen sind. Und diese hat, wie eine 2019 veröffentlichte Harvard-Langzeit-Studie (2007–2016) von Tessa Charlesworth und Mahzarin Banaji für den US-amerikanischen Raum zeigt, bei gleichzeitigem Rückgang anderer Formen von Diskriminierung in den letzten Jahren sogar noch leicht zugenommen und ist (weitestgehend noch) nicht gesetzlich verboten.[115]

WARUM WIR DICKE DISNEY-PRINZESSINNEN BRAUCHEN

Der bisherige Befund ist mehr als ernüchternd – dicke Körper werden beschämt, man ekelt sich vor ihnen (oder in internalisierter Form: wir vor uns selbst), gesteht ihnen den Platz, den sie brauchen, nicht zu und macht mit ihnen über Diätprodukte und andere Versprechungen der Schönheitsindustrie Geschäfte in Milliardenhöhe. Die gute Nachricht ist: Das muss so nicht sein! Und die Bewegungen **Fat Acceptance**, **Fat Liberation** oder **Fat Justice** (dringende Lese-Empfehlung für *What We Don't Talk About When We Talk About Fat* von Aubrey Gordon bekannt als @YrFatFriend, *Happy Fat* von der dänischen Komikerin Sofie Hagen und *Fattily Ever After* von Stephanie Yeboah[116]) tun, was sie können, um die Stellung von dicken Menschen in der Gesellschaft zu verändern. Sie verfolgen einen ähnlichen Ansatz wie ich in diesem Buch und fordern einen Perspektivenwechsel. Statt der alleinigen Einkehr und Optimierung des Selbstbildes (sich annehmen, wie man ist, sich selbst lieben), wie es in blumigen, leicht konsumierbaren Postings der Body-Positivity-Bewegung gepredigt wird, weisen sie auf die wahren Schuldigen hin: Patriarchat, Kapitalismus und Rassismus.

Um eine so tiefgreifende Veränderung in Richtung Akzeptanz wirklich aller Körper zu erreichen, müssen wir alle zusammenhalten: Dünne Menschen müssen zuhören und dicken Menschen glauben, wenn sie von ihren Diskriminierungserfahrungen erzählen. Das wird wehtun, man wird die Ausmaße der Beleidigungen und Übergriffe auf sichtbar dicke Menschen nicht glauben können, und – sind die Augen erst einmal geöffnet – plötzlich überall Dickenhass begegnen. Doch wer Diskriminierung erst einmal sieht, kann Teil der Lösung werden und anfangen, dagegen vorzugehen.

Nutzen wir die Möglichkeiten, die uns soziale Medien geben und fordern wir ein, was uns zusteht: Repräsentation für alle Körper!

Seien wir gemeinsam laut und lassen uns nicht mehr einreden, dass nur junge, dünne, *weiße,* cis Frauen Protagonist*innen sein dürfen, dass nur ihre Geschichten es wert sind, erzählt zu werden. Wir müssen gemeinsam Sehgewohnheiten verändern – warum sollen dicke Schauspieler*innen immer nur der lustige, tollpatschige Side-Kick (*The Heat,* 2013) oder die beste Freundin (Sookie St. James in *Gilmore Girls,* 2000-2007) sein? Warum war es noch im Jahr 2019 notwendig, dass in einer Filmversion von *Cats* schon im Trailer die dicke Katze hinfällt, während sich alle anderen geschmeidig durch den Raum bewegen!? Warum heiraten immer nur dünne, *weiße* Prinzessinnen den Prinzen? Und wann gibt es endlich queere Disney-Prinzessinnen? #GiveElsaAGirlfriend! Fordern wir ein, dass die Geschichten dicker Menschen mit derselben Komplexität und Hingabe erzählt werden wie jene dünner Menschen. Fordern wir ein Ende der widerlichen Vorher-Nachher-Logik und befördern wir Sendungen wie *The Biggest Loser* oder „Fat Monica" in *Friends* dorthin, wo sie hingehören – auf Nimmerwiedersehen ins Nirvana einer fettphobischen Vergangenheit, in der es okay war, dicke Menschen für Einschaltquoten vorzuführen und sich über ihre Körper lustig zu machen.

Wir brauchen noch viel mehr Formate wie die wunderbare Serie *Shrill* (seit 2017) mit Aidy Bryant, in der dicke Körperlichkeit in all ihrer Komplexität sein darf – da gibt es erfüllende, nicht ungewollt fetischisierende sexuelle Begegnungen genauso wie Diskriminierungserfahrungen (die „Pille danach" wirkt beispielsweise, wie die Protagonistin in *Shrill* in der Apotheke erfährt, nur bis zu 80 kg Körpergewicht, gewarnt wird davor auf der Packung jedoch nicht). Momente der Selbstakzeptanz und Freude (sich endlich zu trauen, bei einer Pool-Party mit lauter dünnen Menschen auch ins Wasser zu springen!) stehen neben jenen der Verzweiflung und der Ablehnung des eigenen Körpers. Wie auch Anorexia-Überlebende Megan Jayne Crabbe, besser bekannt als @bodyposipanda, in ihrem Buch *Body Posi Power*[117] und auf ihrem Instagram-Account klarmacht: Recovery, also echte Genesung, das Ablegen von toxischen Essweisen und Dünnheit als Ideal, ist keine Einbahnstraße und passiert nicht von heute auf morgen. Es wird Rückschläge geben, an manchen Tagen wird man sich besser, an anderen schlechter fühlen, und gerade in Zeiten des Lockdowns, wo soziale Kontakte unterbunden werden und man oft auf sich allein zurückgeworfen ist, vielleicht zunimmt, ist es besonders schwer, gut zu sich zu sein, seinen Körper einfach sein zu lassen. Aber gerade in schweren Zeiten ist es eben diese Utopie einer Welt der Body Neutrality, die vielleicht helfen kann. Fühlen und Erfahren stehen dabei über Sehen und Gesehenwerden.

Lena Jägers Vision zu Körpern und Schönheit lässt sich gut in diesen Kontext der Body Neutrality einordnen: „Ich finde, dass wir Schönheit viel relativer und vielfältiger sehen sollten. Ich wünsche mir, dass wir alle mehr auf unsere Empfindungen achten, statt so wahnsinnig visuell fixiert zu sein. Ich kann das Sensitive von Schönheit aber ebenso gut wahrnehmen und ich bin froh, dass es in meinem Alltag so viel Schönes gibt. So viele schöne Augenblicke, so viele schöne Menschen, so viele schöne Gedanken. Das hat etwas mit meiner Offenheit zu tun. Davon würde ich mir mehr in der Gesellschaft wünschen. Heute finde ich auch hängende Brüste und Körperfalten schön. Sie fühlen sich verdammt gut an. Aber auch visuell braucht es Vielfalt. Ich will Menschen wie mich sehen. Überall. Im Fernsehen, auf Plakaten. Und zwar nicht als Dicke, sondern als Frauen, als Menschen. Als Stars. Als Schauspieler*innen. Als Preisträger*innen. Als Moderator*innen. Als Chef*innen. Als Künstler*innen. Als Politiker*innen. Nichts macht mich stolzer und erfüllt mich mehr mit tiefer Freude, als wenn mir andere Dicke schreiben, wie sehr ich ihnen Mut mache. Einfach weil ich sichtbar bin und das eben nicht normal ist."

Jaqueline Scheiber (@minusgold) formuliert eine ähnliche persönliche Utopie: „Meine Utopie ist, dass Körper aller Formen existieren dürfen. Schönheit ist ein Gefühl und soll auch als dieses transportiert werden. Es soll nicht einer gewissen Gruppe vorbehalten sein, Schönheit auszuleben. Ich wünsche mir, dass wir neutral mit unseren Körpern umgehen können und sie gleichzeitig, wenn uns danach ist, zelebrieren, darstellen, inszenieren oder hinnehmen." Jaqueline schließt sich also unserem Aufstand der widerspenstigen, feministischen Körper an, weil „die Reduktion auf Aussehen eine große psychische Belastung darstellt und im Laufe vieler Leben Gelegenheiten verwehrt. Unsere Biografien wären ganz anders verlaufen, hätten wir die Möglichkeit bekommen, uns auf etwas anderes zu konzentrieren, als eine Diät nach der anderen zu machen. Der Fokus ist falsch."

Gemeinsam setzen wir ihn wieder richtig – im Zentrum stehen dabei die Stimmen und Körper jener Menschen, denen viel zu selten zugehört wird und die nicht den Platz bekommen, der ihnen zusteht.

SCHWARZ.

WIE WIR EXOTISIERUNG, OTHERING UND RASSISMUS EIN FÜR ALLE MAL LOSWERDEN

„Wurden mir aufgrund des Äußeren Kompetenzen abgesprochen, negative Eigenschaften zugeschrieben? Natürlich."

Christiana Krivan, @iamchristlclear, Lifestyle-Bloggerin, Aktivistin und Autorin

VON WHITE PRIVILEGE ZU MISOGYNOIR: GRUNDBEGRIFFE DER ANTI-RASSISMUS-ARBEIT

Für Schwarze Menschen und People of Color in Österreich ist Diskriminierung aufgrund ihres Äußeren so selbstverständlich, dass die Schwarze Lifestyle Bloggerin ChristlClear auf die Frage, ob ihr aufgrund ihres Aussehens Kompetenzen abgesprochen oder negative Eigenschaften zugeschrieben wurden, als Erstes ein Wort einfällt: „Natürlich." Das ist ihre Lebensrealität. Eine Konstante zieht sich durch dieses Buch: *weiße* cis Männer sind die unausgesprochene Norm unserer Gesellschaft, nach der sich alles richtet. Wer nicht-*weiß* oder nicht-männlich ist, wird übersehen, als Abweichung betrachtet, mit Skepsis beäugt und oft ausgegrenzt. Es handelt sich um systemische Ungleichbehandlung. Dass Schwarzen Frauen wie ChristlClear „natürlich" Kompetenzen abgesprochen werden – aufgrund ihres Aussehens, ihrer Hautfarbe und ihres Geschlechts –, ist nur in einem System möglich, das nach patriarchalen und kolonialen Mustern organisiert ist.

„Es gibt keine ‚Rassen', aber Rassismus."

Rassismus ist, wie Franziska Wallner im *Mosaik-Blog* präzise formuliert, eine Ideologie, „die Differenz als unveränderlich konstruierte Eigenschaften bestimmter Gruppen festschreibt. Als gesellschaftliches Verhältnis produziert er Unterschiede und schreibt diese auf körperliche Erscheinung, Sprache, religiöse Praxen etc. fest. Es werden also Unterschiede konstruiert, die nicht bestehen, aber trotzdem ganz konkrete Konsequenzen für die Betroffenen haben."[118] Unterschiedliche „Rassen" von Menschen gibt es nicht – das ist wissenschaftlich schon lange bewiesen, es gibt dafür keine Grundlage: „Die biologischen Unterschiede zwischen allen heute lebenden Menschen sind winzig, das haben weltweit angelegte, genetische Studien gezeigt. Äußere Merkmale wie die Haut- oder Augenfarbe, die häufig als Beispiel für angeblich große Unterschiede herhalten müssen, sind nur eine oberflächliche und leicht wandelbare biologische Anpassung an die jeweiligen örtlichen Gegebenheiten. Die Hautfarbe hat sich auch in Europa mehrfach verändert, weil diese auch von der Sonneneinstrahlung oder Ernährungsweise abhängt. Eine stammesgeschichtliche Abstammung oder verwandtschaftliche Nähe oder Entfernung lässt sich daran nicht festmachen."[119]

Was es aber auch heute noch gibt, sind die ideologischen Konsequenzen aus diesen noch immer kursierenden menschenfeindlichen Annahmen. Geschichtlich wurden und werden mit ihnen Kolonialismus, Sklaverei und bis heute bestehende Ausbeutungs-, Unterdrückungs- und Herrschaftsstrukturen begründet und gerechtfertigt. „Vier Jahrhunderte lang rechtfertige Rassismus die Versklavung von Millionen Afrikaner*innen und den Tod von Millionen versklavter Menschen in Amerika. Er lieferte und liefert die Rechtfertigung, um Völker zu vernichten, Kulturen auszulöschen und Kontinente zu plündern. Er liefert(e) die moralische und ideologische Basis für die institutionelle und strukturelle Bereicherung Europas", so Tupoka Ogette in ihrem Buch *exit RACISM*.[120]

Das ist die unangenehme Wahrheit. *Weiße* Menschen profitieren noch immer von den vor 500 Jahren etablierten Ausgrenzungsstrukturen gegen BIPoC (Schwarze, Indigene und People of Color).

Besonders jene, die im industrialisierten Globalen Norden Europas und Nordamerikas leben. Sie genießen **White Privilege**. Das heißt nicht, dass es *weißen* Menschen immer gut geht und sie nicht mit Problemen zu kämpfen haben – als Frau, als Mensch mit Behinderung, als queere Person – aber ein riesiges, ihr ganzes Leben durchziehendes Problem haben sie nicht: Rassismus. „Alles, was die Diskussion um *weiße* Privilegien sagt, ist, dass *Weißsein* nicht das Hindernis war, aufgrund dessen Du bestimmte Hürden überwinden musstest oder dir Dinge verwehrt wurden," erklärt Tupoka Ogette.[121] In „White Privilege: Den unsichtbaren Rucksack auspacken" hat Peggy McIntosh schon 1989 50 Punkte aufgelistet, über die sich *weiße* Menschen nie Gedanken machen müssen, Schwarze und People of Color jedoch andauernd.[122]

Sara Ahmed versteht Privilegien dementsprechend als „energy-saving device", also eine Art Energiespar-Vorrichtung für Privilegierte. Während sich die einen unbehindert durch den Raum bewegen, brennen die anderen aus.[123]

Abgesehen von ihren Privilegien im Alltag werden *weiße* Menschen – ob sie das wollen oder nicht – seit dem Beginn der Rassentheorien im 17. Jahrhundert[124] als absolute Norm und Krone der Schöpfung konstruiert, von der alle anderen nur abweichen können. Dieses Privileg beginnt beim reibungslosen Bewegen durch ihren Alltag und Institutionen, betrifft global ungleich verteilte Ressourcen und Kapital und endet bei der Klimakrise, die arme Menschen und im Globalen Süden Lebende ungleich stärker betrifft. *Weiß* schreibe ich in diesem Buch konsequent kursiv, Schwarz hingegen konsequent groß. Bei den Begriffen Schwarz und *weiß* handelt es sich um politische Positionierungen und Selbstbezeichnungen, nicht etwa Farben. Die Gruppenzugehörigkeiten ergeben sich vielmehr durch gemeinsame Diskriminierungserfahrungen und ähnliche, mehr oder weniger machtvolle, privilegierte Lebensrealitäten. Die auffallende Schreibweise ist bewusst politisch. Sie stört den Text und lädt dadurch zum Innehalten, Reflektieren und Hinterfragen von Annahmen, gesellschaftlichen Zuschreibungen und eigenen Vorurteilen ein.

Jetzt fragen einige vielleicht: Wie jetzt? *Weiß* und Schwarz sind Konstrukte? Aber es gibt doch unterschiedliche **Hautfarben**. Die Unterschiede sind doch offensichtlich. Alice Hasters erklärt in *Was weiße Menschen nicht über Rassismus hören wollen, aber wissen sollten* aus einer ganz persönlichen Perspektive, warum es ein bisschen schwieriger ist, als auf den ersten Blick von *Weißen* angenommen: „Denn wo ziehen wir die Grenze zwischen Schwarz und *weiß*? Nicht unbedingt bei der Farbe der Haut. Farbenmäßig haben Schwarze Menschen ein weitaus breiteres Spektrum als *weiße*. Genetisch gesehen bin ich zu einem größeren Teil *weiß* als Schwarz, weil es im Stammbaum meiner Mutter schon *weiße* Menschen gab, auf der Seite meines Vaters aber, soweit ich weiß, keine Schwarzen. Aber *Weißsein* ist wie ein exklusiver Club, da kommt man nicht einfach so rein. Meine Schwester zum Beispiel hat so helle Haut wie viele *weiße* Menschen auch. Doch sie wird genauso oft nach ihrer Herkunft gefragt wie ich, wegen ihrer lockigen Haare, ihrer braunen Augen und vollen Lippen. Es gibt Schwarze Menschen mit schmalen Lippen, glatten Haaren oder blauen Augen. Was also macht einen Schwarz? Wie muss man aussehen, wo muss man herkommen, um Schwarz zu sein?"[125]

Es sind Diskriminierungserfahrungen, die eine*n Schwarz machen und der Wegfall derselben, der eine*n *weiß* macht. Menschen gehören nicht bestimmten „Rassen" an, sie werden aufgrund körperlicher Merkmale rassifiziert und damit als „Andere" positioniert, stereotypisiert und ausgegrenzt. **Othering** nennen wir diesen Prozess, oder „diskursive Fremdmachung" wie Judith Kohlenberger es in ihrem Buch *Wir* erklärt. Sehr anschaulich führt sie aus: „In unserer Gegenwart äußert sich Othering durch einen permanenten Akt der Grenzziehung, durch die man sich selbst und seinen Status hervorhebt und überordnet, indem man bestimmte (Gruppen von) Menschen als andersartig, ‚fremd' bis hin zu abartig klassifiziert und damit ihre Unterlegenheit ‚belegt' und ihre Ungleichbehandlung in der Realität und vor dem Gesetz rechtfertigt. Ganz im Sinne Beauvoirs werden die Anderen also zuerst zu Anderen gemacht."[126]

Rassismus ist keinesfalls nur ein Problem von Nazis, ein „individueller, bewusster Fehltritt der Anderen"[127], sondern tief in uns allen und in den uns umgebenden Strukturen verwurzelt. Bis wir uns dem schwer fassbaren Fakt stellen, dass Rassismen uns ständig umgeben, Teil von unserer Umwelt und uns selbst sind, leben *weiße* Menschen, so Ogette, in „**Happyland**." Rassismus ist im Happyland klar verortbar, reduzierbar auf vorsätzliche Hassverbrechen und wird von Rechtsradikalen begangen. „Damit man etwas rassistisch nennen kann, muss es mit Absicht gesagt oder getan worden sein."[128] So einfach ist es aber leider nicht. Rassismus verlernen, die eigene rassistische Sozialisierung und Privilegien zu reflektieren, Lernbereitschaft an den Tag zu legen statt einer Abwehrhaltung und Defensivverhalten (auch **White Fragility** genannt), antirassistisch und wirklich inklusiv denken zu lernen, ist eine echte Lebensaufgabe und niemals abgeschlossen. Der Prozess ist herausfordernd und nicht immer einfach. Er beinhaltet Schuld- und Schamgefühle. Es passieren Fehler und Rückschritte, der Prozess verlangt uns emotional einiges ab, trotzdem ist er unabdingbar auf unserem Weg zu einer wirklich inklusiven Gesellschaft.

Um die Lebensrealitäten von Schwarzen Menschen und People of Color und die Ausmaße von Rassismen auch für *Weiße* im „Happyland" verständlich zu machen, muss auch ich mich für dieses Buch mit dem in der Einleitung des ZARA-Rassismus-Reports 2019 zitierten „**antirassistischen Dilemma**" auseinandersetzen: Manchmal erscheint es notwendig, „Rassismen zu reproduzieren, um Rassismus sichtbar und somit bekämpfbar zu machen".[129] Die Menschen, die in diesem Kapitel zu Wort kommen, sind sehr viel mehr als die Merkmale, auf die sie reduziert werden. Immer wieder teilen sie ihre Erfahrungen, ihre traumatisierenden, entmenschlichenden Erlebnisse, damit sich endlich etwas ändert. Doch wie lange soll das noch dauern? Haben wir nicht längst genug Geschichten, um anzuerkennen, was Fakt ist: Schwarze Menschen und People of Color werden auf allen Ebenen der Gesellschaft diskriminiert. Das „Happyland" gibt es nicht. Hören wir zu und ändern wir gemeinsam, was schon längst hätte geändert werden müssen!

Die Bandbreite rassistischer Diskriminierung reicht von Alltagsrassismen und mangelnder kultureller Repräsentation über strukturellen Rassismus bis hin zu rassistischen Gewalttaten. Im Alltag sind BIPoC vor allem von so genannten **„Mikroaggressionen"** betroffen, das sind „subtile, übergriffige ‚Äußerungen' in der alltäglichen Kommunikation und im alltäglichen Handeln".[130] Hierbei handelt es sich beispielsweise um Situationen, in denen Schwarze Menschen unaufhörlich gefragt werden, woher sie denn wirklich kommen (Wien oder Köln beispielsweise sind hier „falsche" Antworten, „exotische", warme Orte, die an Urlaub erinnern, die „richtige"), dass ihnen jedenfalls ein Migrationshintergrund unterstellt wird oder Menschen sich in öffentlichen Verkehrsmitteln wegsetzen bzw. die Straßenseite wechseln. Auch ChristlClear berichtet: „Menschen sind oft erstaunt, wie gut ich mich auf Deutsch artikulieren kann, dass ich auch noch journalistische Arbeit gemacht habe", und erinnert sich bei einem gemeinsamen Mittagessen an eine Szene aus dem Schulunterricht, als ein Lehrer mit dem Sager: „Es ist, als würdest du einem N***[131] eine Zentralheizung verkaufen" wie selbstverständlich einen Sachverhalt versinnbildlichen wollte. Christiana hatte auch damals schon eine Crew an Leuten um sich, die „irgendwie anders und immer supportive" waren. Auch wenn Christl durch ihr Unterstützungsnetzwerk an Freund*innen nicht zu tief von rassistischen Mikroaggressionen getroffen war, „sehr wirkmächtig als auch schmerzhaft"[132] sind diese in ihrer erschlagenden Häufigkeit trotzdem.

Die nächste Ebene, auf der BIPoC diskriminiert werden, ist der Mangel an vielfältiger Repräsentation in den Medien, vor und hinter den Kameras. In Mainstream-Filmen und Serien gibt es Schwarze Menschen in einem positiven Kontext, mit komplexen Lebensverläufen, deren Geschichten als erzählenswert eingeschätzt werden, vermehrt erst in den letzten zehn Jahren. Denn wie kennen wir Schwarze Körper? Inszeniert als diffuse Bedrohung und Kriminelle auf den Werbeplakaten rechter Parteien, als übersexualisierte Frauen oder als ausgemergelte, unterernährte Kinder, deren traurige Augen zu mildtätigen Spenden motivieren sollen.

Wenn wir wirklich so anti-rassistisch sind, wie wir uns oft selbst verstehen, wo sind dann all die BIPoC-Protagonist*innen, die Chef-Redakteur*innen, Vorstandsvorsitzenden und Entscheider*innen? Die Professor*innen, die diese Kulturgüter analysieren und mit ihren Studien um zusätzliches kulturelles Kapital anreichern, die, frei nach Pierre Bourdieu, Schwarzen Texten also Wertigkeit zusprechen, indem sie sie akademisch behandeln? Auch wenn sich besonders bei beliebten amerikanischen Streaming-Diensten einiges tut und Schwarze Sängerinnen wie Lizzo rund um die Welt gefeiert werden, sieht es im deutschsprachigen Mainstream immer noch schlecht aus. Wo ist die Schwarze Tatort-Kommissarin, die Schwarze Hauptrolle im Theater oder Newsroom oder der nicht-*weiße* Epidemiologe, in den sich alle Zusehenden verlieben?

Misogynoir – Rassifizierter Sexismus gegen Women of Color

Doch nicht alle sind von Rassismus gleich betroffen. Dafür gibt es sogar einen Begriff: „**Misogynoir**". Ursprünglich entwickelt von Moya Bailey, bezeichnet er Sexismus, gerichtet spezifisch gegen nicht-*weiße* Frauen, also rassifizierten Sexismus. Schwarzen Frauen wird wegen dieser Mehrfachungleichbehandlung – innerhalb und außerhalb ihrer Communities – die Möglichkeit genommen, sich frei zu entfalten. Vielmehr werden sie noch immer, und die meisten Theoriekonzepte stammen hier aus einem US-amerikanischen Kontext, auf einschränkende Stereotype reduziert. Laut Soziologin und Journalistin Kesiena Boom bestimmen folgende stereotype Zuschreibungen auch noch heute die Darstellung von Schwarzen Frauen in den Medien: Die freche Schwarze Frau („**The Sassy Black Woman**"), die hypersexuelle, „verruchte" Verführerin („**The Hypersexual Jezebel**"), die wütende Schwarze Frau („**The Angry Black Woman**") und die starke Schwarze Frau („**The Strong Black Woman**").[133] Während das Bild der frechen, schlagfertigen Frau oft als humorvoll gerechtfertigt wird, führt es doch dazu, dass

Women of Color nicht die Hauptrollen in Filmen bekommen. Sie stehen neben der *(weißen)* Protagonistin und dürfen schnippische Kommentare abgeben. Komplexität in der Entwicklung ihrer Charaktere ist nicht drin. Es braucht sie ja als unterhaltsame Sidekicks, die dann auch noch mit „Black magic" (also Unmengen emotionaler Arbeit und Einsatz) die Protagonistin vor einer Katastrophe retten (zuletzt die Figur der Jolene in der populären, feministisch gelesenen Netflix-Serie *The Queen's Gambit*[134]). Auch dauernd mit **Hypersexualität** assoziiert zu werden, ist verletzend und letztendlich gefährlich: Wer nur als williges Objekt betrachtet wird, hat kaum Rechte und Grenzüberschreitungen gehören zum Alltag. Zudem setzt eine solche Zuschreibung die rassistische Unterscheidung in reines, unschuldiges *Weißsein* und gefährliche, schmutzige Schwarze Körper fort. Boom erklärt, dass mit der unterstellten Hypersexualität Schwarzer Frauen die zahllosen Vergewaltigungen an ihnen während der Zeit der Sklaverei gerechtfertigt wurden. Dieses „sie wollten es ja so" ist wohl eines der ersten Beispiele von systematischer Täter-Opfer-Umkehr. Besonders schmerzhaft auch die dritte Zuschreibung: Wenn Schwarze Frauen bei all der erfahrenen Ungleichbehandlung die Kraft aufbringen, Rassismus anzusprechen, werden sie als hysterische „Angry Black Woman" verunglimpft und zum Schweigen gebracht. Schwarze Frauen gelten – noch mehr als *weiße* – als irrational, ihre Wut und ihr Zorn werden ihnen als schlechte Charaktereigenschaften ausgelegt, obwohl diese Emotionen doch eine absolut verständliche Reaktion auf gesellschaftliche Marginalisierung darstellen. Auch das stereotype Bild der starken Schwarzen Frau, die kein Schicksalsschlag umhauen kann, ist problematisch. Anstatt Schwarzen Frauen den Raum zu geben, die erfahrenen Traumata zu verarbeiten, wird erwartet, dass diese runtergeschluckt und nicht thematisiert werden. Wenn Schwarze Frauen sich nach Hilfe in Bezug auf ihre psychische Gesundheit umsehen, wird ihnen daher oft nicht geglaubt.[135]

Schwarze Menschen und People of Color, die es trotz all dieser Hürden in die öffentliche Wahrnehmung schaffen, müssen noch immer mit enormer Diskriminierung rechnen. Auch und gerade im deutschsprachigen Raum. Stefan Lenglinger, ein junger Moderator im Österreichischen Rundfunk, musste noch im Februar 2020 bei seinem „ZIB 20"-Moderations-Debüt unzählige rassistische Beschimpfungen über sich ergehen lassen, denen in diesem Fall Gott sei Dank mit einem weitaus stärkeren Sturm der Solidarität gekontert wurde. Einzelfall ist das keiner. Wie Nina Brnada in der Wiener Stadtzeitung *Falter* schreibt, bekam die Moderatorin Arabella Kiesbauer in den 90er-Jahren vom Attentäter Franz Fuchs Briefbomben zugeschickt. „Oder man denke an die Morddrohungen, die die irakischstämmige deutsche ZDF-Journalistin Dunja Hayali in jüngster Vergangenheit bekommen hat", fügt sie hinzu.[136] Hayali lässt sich aber trotz dem ihr regelmäßig widerfahrenden Hass nicht kleinkriegen, wird für ihr Engagement gegen Rassismus ausgezeichnet und meint in einem Interview: „Ich weiß keine Alternative, als immer weiter dagegen vorzugehen, aufzuklären, Menschen zu sensibilisieren, sie mitzunehmen. Aber bei allem Bemühen und Fortschritten, die es bei uns gibt, ist eines auch klar: Wir werden mit Rassisten und Faschisten immer leben müssen, aber sie kleinzuhalten sollte die Aufgabe jedes Demokraten sein. Denn wir alle sind von Hass, Ausgrenzung und Rassismus betroffen – direkt oder indirekt. Es sickert in unsere Gesellschaft ein und wirkt wie Gift."[137]

Auf einer strukturellen Ebene sind Schwarze Menschen am Wohnungs- und Arbeitsmarkt sowie im Bildungs- und Gesundheitssystem systemisch benachteiligt. Viele Menschen haben vielleicht davon gehört, als die weltbekannte Tennis-Spielerin Serena Williams bei der Geburt ihres ersten Kindes fast gestorben wäre, weil sie selbst als wohlhabender globaler Superstar nicht ernst genommen wurde, als sie auf ihre Schmerzen hinwies, die sich als lebensbedrohliche Lungenembolie herausstellten. Oder dass Krankheitsbilder auf der Haut Schwarzer Menschen anders aussehen als auf der *weißer* und diese Tatsache kaum anerkannt ist und in den Lehrplänen angehender Mediziner*innen nicht vorkommt.[138]

Im Bildungssystem kann die Diskriminierung sowohl rassistische Lehrinhalte als auch Ungleichbehandlung seitens Lehrender oder von Mitschüler*innen betreffen. Emmeraude Banda vom Black-

Voices-Volksbegehren in Wien erzählt: „In der Mittelschule war ich ein Junge mit einer schmächtigen Statur. Zwei Klassenkollegen sagten mir: ‚Hey! Ein Schwarzer Mann sollte muskulös sein und nicht so dünn wie du.' Ich wurde auf die Stereotype meiner Hautfarbe reduziert und dazu aufgefordert, mich anzupassen. Diese Aussagen belasteten massiv meine Psyche in meiner frühen Jugend." Männlichkeitsnormen und Vorstellungen davon, wie Schwarze Menschen sich zu verhalten oder auszusehen haben, verschmelzen in diesem Beispiel zu einem toxischen Vorurteilscocktail.

Am 25. Mai 2020 wurde George Floyd in den USA vor laufenden Kameras auf brutalste Art und Weise von Polizisten erstickt. Diese krasse Form von Polizeigewalt erschütterte viele, doch wie Österreich, Deutschland oder die Schweiz davon betroffen sein sollten, war den meisten nicht klar. Eine Frau, die half, diese Übersetzung in den deutschsprachigen Raum zu leisten, war ChristlClear. Und sie hatte das nicht einmal geplant. Im Gespräch mit mir sagt sie nonchalant: „Ich wollt' nur kurz erklären, worum's geht." Mit dem spontan aufgenommenen Video hat sie auf Instagram mittlerweile schon fast 300.000 Menschen erreicht. In dem Video verweist die Schwarze Bloggerin und Aktivistin nicht nur auf österreichische Fälle von Polizeigewalt (etwa den des Asylwerbers Marcus Omofuma, 1999 während seiner Abschiebung getötet) und den „**Racial Profiling**"-Vorfall rund um Rapper T-Ser (der samt seinen Freunden 2018 willkürlich und ohne jeden Verdacht von der Polizei herausgegriffen und kontrolliert wurde, nur weil sie eben alle nicht-*weiß* waren), sondern ermöglicht ein Mitfühlen: Wer hätte in ihrer Position nicht auch Angst um die eigenen zwei Schwarzen Brüder, die Onkel oder Cousins. Gleichzeitig ist ihr Video voller Hoffnung – es weist einen Weg aus der Rassismus-Krise, der nur über Zuhören, bereitwilliges Lernen und Aufklären führen kann.[139] Dass am 4. Juni 2020 rund 50.000 Menschen bei der Anti-Rassismus-Demo unter dem Motto **#BlackLivesMatter** in Wien dabei waren, ist auch auf die Mobilisierungs- und Aufklärungsarbeit von Menschen wie Christiana zurückzuführen.

Blackfishing, Colorismus und Exotisierung in der Schönheitsindustrie

Rassismus ist ein System, das Menschen aufgrund ihres Aussehens und willkürlich damit verbundenen Zuschreibungen auf allen Ebenen Rechte aberkennt. Das ist auch in der Schönheitsindustrie nicht anders, die lange Zeit Schwarze Menschen und People of Color gar nicht als Konsument*innen anerkannte. Es gab kein Make-up, keine Unterwäsche, Strumpfhosen oder Pflaster in „hautfarben" (also nicht-*weiß*) für sie. Die berühmte Theoretikerin Eve Kosofsky Sedgwick nannte das einmal „a primal denial of subjectivity under capitalism", was auf Deutsch ungefähr so viel heißt wie: Es gibt hier nichts, wofür du dein Geld ausgeben kannst, ergo gibt es dich gar nicht.[140]

Das beginnt sich aber langsam zu ändern. Schönheitsideale befinden sich immer im Wandel. Derzeit kann eine Entwicklung festgestellt werden, die Forscher*innen und Aktivist*innen unter dem Begriff „**Blackfishing**" zusammenfassen. Dabei eignen sich *weiße* Menschen die Schönheitsideale von Schwarzen und People of Color an, weil sie gerade „trendy" sind. Die Popsängerin Ariana Grande hat zum Beispiel über die Jahre einen viel dunkleren Teint bekommen. Bilder von früher belegen das im Vergleich zum heutigen Auftreten deutlich. Solche Richtungsvorgaben von Prominenten können durchaus Katalysatoren für Veränderungen sein. Die heute größere Bandbreite an Produkten für nicht-*weiße* Menschen beweist das. Aber: Solche minimalen Verschiebungen innerhalb der Schönheitsindustrie ändern nichts am strukturellen Rassismus, mit dem nicht-*weiße* Menschen tagtäglich konfrontiert sind. Wenn Ariana Grande keine Lust mehr auf diesen „exotischen Look" hat, wäscht sie ihn wieder ab. Schwarze, Indigene und People of Color können das nicht.

Jia Tolentino, die für die Wochenzeitung *The New Yorker* schreibt, und sich für ihren Artikel „The Age of Instagram Face" das aktuelle amerikanische Schönheitsideal genauer angesehen hat, berichtet nach einem Gespräch mit dem Promi-Make-up-Artist Colby Smith ähnliches: „Der *racial* Aspekt von Instagram Face hatte, wie gesagt, etwas Seltsames an sich – es war, als hätte die algorithmische Tendenz, alles zu einer Zusammenstellung von Greatest Hits zu verflachen, zu einem Schönheitsideal geführt, das *weiße* Frauen begünstigte, die in der Lage waren, ein Aussehen von ‚wurzelloser Exotik' zu erzeugen. ‚Auf jeden Fall', sagte Smith. ‚Wir sprechen von einem übermäßig gebräunten Hautton, einem südasiatischen Einfluss bei den Brauen und der Augenform, einem afroamerikanischen Einfluss bei den Lippen, einem kaukasischen Einfluss bei der Nase, einer Wangenstruktur, die überwiegend Native American und orientalisch geprägt ist.'"[141]

Diese globalen Beauty-Trends erreichen natürlich auch Europa. ChristlClear bestätigt zum Beispiel, dass Hintern noch nie so eine große Rolle gespielt hätten wie heute. Kim Kardashian ist dabei nur einer von vielen zentralen Bezugspunkten der Popkultur. Das *weiße* Schönheitsideal scheint also momentan erweiterbar um als optional und „trendy" wahrgenommene Elemente Schwarzer Schönheitskonzeptionen – ein dunklerer, nicht aber zu dunkler Teint, lockige, aber nicht „krause" Haare, kurvige Hüften, ausladende Gesäße, füllige Oberschenkel und Lippen. „Blackfishing", also die kurzfristige, unreflektierte Aneignung von nicht-*weißen* Schönheitsattributen von – oftmals sehr privilegierten – *weißen* Frauen wird – basierend auf der historisch gewachsenen Positionierung von Schwarzen Frauen als übersexualisiert und gleichzeitig strukturell benachteiligt – zu Recht als oberflächliche „**kulturelle Aneignung**" (engl. **Cultural Appropriation**) kritisiert.[142]

Doch nicht alle „exotischen Looks" sind gleich „in" wie andere. Unangetastet bleibt die unausgesprochen, stillschweigend angenommene *weiße* Norm. Jetzt auch „erlaubt", gerade in Werbezusammenhängen, scheinen „sexy" Frauen mit „karamelligen", „milchschokoladigen" Hauttönen. Abgesehen von den sexualisierten Untertönen des „Konsumiertwerdens" als Stück Schokolade, die solche Zuschreibungen stets unreflektiert mittransportieren, werden mit dem Casting von Women of Color oft Werbekampagnen exotisiert, also Assoziationen von Wildheit, Freiheit und Natur hergestellt. Zutiefst rassistisch natürlich, denn kompetent und qualifiziert zu sein traut die Mehrheit diesen Frauen höchstwahrscheinlich nicht zu, aber die Entscheider*innen kümmert das nicht, solange sich die damit beworbenen Produkte verkaufen. Noch immer gibt es aber Hauttöne, die als „zu dunkel" angesehen werden. Es entsteht ein Eindruck von: Na das ist jetzt aber zu viel des Guten, das ist zu weit weg von dem, was wir unausgesprochen noch immer als Norm ansehen: *Weißsein*.

Die Bewertung von Menschen aufgrund ihres Hauttons nennen wir in der Forschung „**Colorismus**". Der Begriff geht zurück auf die Schwarze US-amerikanische Autorin Alice Walker, die ihn schon 1982 prägte. Kulturelle Aufmerksamkeit bekommt das Phänomen bei uns aber erst jetzt. Alice Hasters übersetzt Walkers Definition in ihrem Buch so: Colorismus ist die „ungleiche Behandlung aufgrund von Hautfarbe zwischen gleich-rassifizierten Menschen". Das heißt: Hautfarbe und soziales Kapital (bei Pierre Bourdieu meint das Einfluss, Bestehen von Netzwerken und gesellschaftliche Gestaltungsmacht) stehen in direktem Zusammenhang. Colorismus führt auch innerhalb von BIPoC Communities zu Ungleichbehandlung und Konkurrenz. Hasters erklärt: „Auch unter Schwarzen gibt es eine Hierarchie. Je näher man dem eurozentrischen Schönheitsideal kommt, desto größer werden die Aufstiegschancen, desto mehr Repräsentation in den Medien, als desto begehrenswerter gilt man." BIPoC mit helleren Hauttönen gelten – und das belegen empirische Studien – als attraktiver und bekommen sogar nachweislich weniger harte Gefängnisstrafen.[143] Und das dürfte Leser*innen dieses Buchs nun wirklich nicht mehr überraschen: Auch Colorismus wird kapitalistisch ausgenützt, so gut es geht – Bleichcremes und Hautaufheller, die oft verheerende gesundheitliche Folgen haben, sind ein Milliardengeschäft und boomen rund um den Globus. Kein Wunder, denn der Kolonialismus hat ein eurozentrisches, *weißes* Schönheitsideal beinahe überall hingetragen.

Immer und immer wieder wird Colorismus kulturell fortgeschrieben. 2017 entschuldigten sich die Verantwortlichen der zum Unilever-Konzern gehörenden Marke Dove beispielsweise für die

Bewerbung eines Duschgels, bei der sich eine Schwarze Frau durch dessen Verwendung in eine *weiße* Frau zu verwandeln schien. Endlich sauber, endlich *weiß*.[144] Eine gewisse Abweichung von der unausgesprochenen *weißen* Norm scheint mittlerweile erlaubt, „zu dunkel" ist ein Problem. Fabienne Sand ruft uns in einem Online-Artikel in Erinnerung, dass diese spezifische Form der Stigmatisierung ihren „Ursprung unter anderem im aufkommenden Rassismus des 18. Jahrhunderts und in der US-amerikanischen Sklaverei des 19. Jahrhunderts hat. Menschen mit hellem Phänotyp waren hier für Arbeiten rund ums Haus vorgesehen. Sie galten als vorzeigbar, ihre Haare als besser zu bändigen, Kinder aus ‚Interracial'-Beziehungen entsprachen einem *weißeren* Schönheitsideal und hatten ‚weißere', ‚amerikanischere' Gesichtszüge. Dunklere Phänotypen waren für niedere Arbeiten bestimmt. Sie galten als ungezähmter und charakterlich wilder, ja afrikanischer."[145] Heute suggeriert für die Autorin der Umstand, dass sie sich in Medien abgebildet sieht und Produkte für sich kaufen kann, folgendes: „Ich persönlich finde zum Beispiel immer den Make-up-Ton *sand-beige* im Drogeriemarkt, aber das kann sicherlich nicht jede Woman of Colour von sich behaupten. Was ich aus diesem Umstand mitnehme, ist die scheinbare Erkenntnis, dass ich, so wie ich aussehe, noch irgendwie ‚vorzeigbar' bin. Frauen, die wie ich ‚mixed' sind, ‚halfcast' oder ‚halbschwarz', sind mittlerweile schon aufgrund der unausgesprochenen Quote in Werbungen oder Hollywoodproduktionen zu sehen – entsprechen sie doch einem eher westlichen Schönheitsideal, mit dieser leicht gebräunten Haut, die durch eine Prise Afrika verfeinert wird. Bravo."

In einem Instagram-Posting berichtet die Wiener Politikerin, Aktivistin und Ärztin Mireille Ngosso von ihren Erfahrungen vom anderen Ende des Colorismus-Spektrums:

„‚Du bist zu schwarz' oder ‚Geh nicht in die Sonne, du bist schon schwarz genug.' ‚Du bist, Du bist, Du bist…' Das sind Sätze, die mich in meiner Jugend sehr geprägt haben. African Features, nie wirklich schlank – als Schwarze Frau, die sehr dunkel ist, habe ich Features, die immer noch nicht so akzeptiert sind. Ich bin mit dem Bewusstsein aufgewachsen, nicht schön genug zu sein. ‚Caro light', ‚skin light' wie alle diese Bleaching-Cremes heißen, waren lang meine Begleiter, denn all die Frauen, die ich in Filmen, Büchern und der Werbung sah, waren *weiß* oder so hell, dass man kaum sah, dass sie überhaupt Schwarz waren. 2006 bin ich das erste Mal nach Kinshasa geflogen. Das erste Mal in meinem Leben in einer Stadt, wo fast alle so aussehen wie ich. Hell, dunkel, kinky oder coily Haare. Frauen mit Afro, Frauen mit Zöpfen, Frauen mit Weaves. Das war der erste Moment, wo ich mich wiedergefunden habe. Ich habe erkannt, dass ich mir von der Gesellschaft ein verzerrtes Bild von ‚was ist schön' und ‚was ist nicht schön' aufdrücken habe lassen. Dieses Bild konnte ich Stück für Stück, Jahr für Jahr, mit harter Arbeit an mir selbst wieder geraderücken. Obwohl die Schönheit in der Vielfalt liegt, werden meist immer noch helle Schwarze Frauen als das Ideal dargestellt – Colorism nennt sich das. Ein Begriff, den ich nicht immer kannte, aber immer spürte."

In fast wortgleicher Formulierung reflektiert auch Noomi Anyanwu, eine der Sprecher*innen des Black-Voices-Volksbegehrens, über Colorismus: „Erst vor Kurzem habe ich darüber nachgedacht, wieso ich nicht so gerne in die Sonne gehe. Früher wurde mir immer gesagt, dass ich so dunkel im Sommer werde. Die meisten fragten zudem: ‚Kannst du eigentlich auch noch brauner werden im Sommer?' Meine Reaktion darauf war, dass ich eher im Schatten geblieben bin, um nicht in so eine Diskussion geraten zu müssen und eigentlich auch, um mich schöner zu finden. Colorism ist nicht nur ein Druck von außen, sondern auch oft innerhalb von Communities."

Wie die Wissenschaftlerin Maisha-Maureen Auma in einem *Zeit*-Interview unterstreicht, ist Colorismus im Alltag überall vorzufinden: „Colorism wirkt vielschichtig. Die Default-Einstellung von Infrarotsensoren an Seifenspendern oder Wasserhähnen ist *weiß*normiert. Sie erkennt *weiße* Haut automatisch als menschliche Haut. Es gibt Vorwürfe, dass Snapchat ein ähnliches Problem hat. Ihre Programmierung erkennt helle Haut als menschlich. Dunkle Haut wird regelmäßig von Filtern nicht als Bestandteil eines menschlichen Körpers anerkannt. Die Beispiele sind endlos. Vieles erzählt die gleiche Geschichte: ‚Helle Haut gleich vollständige Menschen.' Die Botschaft darin ist sehr subtil: Diese Räume sind nicht für ‚uns' gemacht. Einige sagen, das System ist gegen uns gebaut. Ich hielt das früher für übertrieben, inzwischen bin ich nicht mehr so sicher. Das scheint doch die gewollte Funktionsweise des Systems zu sein, hierarchisch zu positionieren, zu marginalisieren und auszuschließen." Auch wenn es um Gesichtserkennung geht, sind Algorithmen keinesfalls inklusiv. Dagegen kämpft die Algorithmic Justice League an, deren Film *Coded Bias* ich allen empfehle, die sich noch nie Gedanken dazu gemacht haben, wie eine hochtechnologische Welt der Zukunft inklusiv sein soll, wenn sie doch auf Datensets der Vergangenheit mit heftigen Schieflagen basiert.

Die Auswirkungen dieser subtilen Form der Diskriminierung sind laut Auma vielschichtig: „Wir werden an ein permanentes Kommentieren unseres Erscheinungsbildes gewöhnt. Das alles verhindert, dass ich ein positives Verhältnis zu mir selbst und zu meinem Körper aufbauen kann. Wenn ich nicht als vollständig menschlich anerkannt werde, greift das in meine Fähigkeit, mich schön zu finden und einen positiven Selbst- und Weltbezug aufzubauen." Dazu kommt, dass gerade im deutschsprachigen Raum belastbare Daten fehlen, um die Ausmaße der Diskriminierung überhaupt benennen zu können: „Es gibt keine Black Studies, keinen Wissenschaftsansatz in Deutschland [oder Österreich, Anm.], der über die Ressourcen verfügt, um Anti-*Blackness* und Colorism detailliert zu erforschen, deshalb gibt es auch kaum Studien dazu. Rassismusforschung wird jetzt erst etabliert."[146]

Obendrein schürt Colorismus auch innerhalb der Schwarzen Community Konkurrenz und reißt weitere Wunden, über die im öffentlichen Diskurs viel zu wenig gesprochen wird. Auma dazu: „Sich diesen Logiken zu unterwerfen, schadet uns innerhalb der Schwarzen Community. Ich will dieser durch Kolonialität geprägten Logik keinen großen Raum in meinem Leben geben. Ich entziehe mich, dekolonial, der Logik dort, wo ich sie entdecke, und ansonsten leiste ich gemeinsam mit anderen Trauerarbeit. Über Colorism zu sprechen ist nämlich maßgeblich Trauerarbeit. Wir bearbeiten

Wunden, die sehr tief sitzen. Ich betrauere mit anderen Schwarzen Menschen, dass ich mich überhaupt in diesem toxischen Rahmen betrachten muss. Und dass ich nur zu diesen Bedingungen ein Selbstverhältnis und ein positives Verhältnis zu meinem Körper aufbauen kann."

Tressie McMillan Cottom nennt das in ihrem Buch „Thick" genauso wie Maisha-Maureen Auma **„kulturelle oder epistemische Gewalt"** und meint damit die schmerzhafte Erfahrung, dass alle Formen von Erkenntnis, Wissen und kultureller Produktion Schwarzer Menschen an unsichtbaren und ewig unerreichbaren *weißen* Normen gemessen werden. Dass Schwarze Menschen sich immer durch die Linse der Darstellung *weißer* Menschen, in Filmen oder Serien durch deren exotisierenden Blick auf sie sehen müssen, dass ihre Stimmen unsichtbar gemacht und als „unterentwickelt" abgewertet werden im Vergleich zum Kanon *weißen* Wissens, dass ihnen beigebracht wurde, ihre eigene Körperlichkeit immer nur in Abgrenzung von einem *weißen* Ideal zu betrachten und zu bewerten – all das ist wahrhaftig eine Erfahrung kolonialer Gewaltstrukturen am eigenen Leib, denn wer Schwarz ist, kann immer nur Versagen im Rennen um Schönheit, wenn die unausgesprochene Norm *Weißsein* ist.

EXOTISIERUNG, OTHERING, ANTIASIATISCHER UND ANTI-MUSLIMISCHER RASSISMUS

Rassismus betrifft aber nicht nur Schwarze Menschen und People of Color. Wie auch? Wir haben ja schon festgehalten, dass die Hautfarbe allein nicht Erklärungsgrundlage genug ist. Wer als rassifiziert gelesen und für nichtzugehörig erklärt wird, wird damit zum Anderen, ohne welches die *weiße* gesellschaftliche Norm nicht funktionieren würde. Rassismus kann also auch ausgelöst werden von einem Namen mit Zeichen/Lauten aus anderen Sprachen und von Kleidungsstücken. Der britische Kulturwissenschaftler Stuart Hall spricht in diesem Zusammenhang von **„kulturellem Rassismus"**.[147] Nicht etwa nur die Körper von Menschen werden abgelehnt, nein, ihre ganze Lebensweise, Religion und Kultur. Doch immer noch wird ihre Ungleichbehandlung an Äußerlichkeiten festgemacht.

Oft werden nicht-*weiße* Frauen gesellschaftlich noch akzeptiert, solange sie ungeliebte Arbeiten wie Reinigungstätigkeiten oder die Pflege alter Menschen übernehmen oder als sexualisiertes, erotisches Beiwerk dienen. Sie sind die eine „exotische" Ausnahme, die man - auch, um den eigenen Anti-Rassismus zu verdeutlichen - in Medienformate aufnimmt. Das trifft auch auf bisher noch nicht explizit erwähnte asiatisch gelesene Frauen zu. Sobald Women of Color sich aber widerständig positionieren oder etwa nicht von hetero-männlichen *weißen* Blicken sexualisiert werden wollen, entlädt sich über sie oft unkontrollierter Hass. Gerade muslimisch lesbare Frauen mit Hijab (dem „Kopftuch") werden mit Terrorismen und Gefahr in Verbindung gebracht. An ihnen katalysieren sich all die Angst, Unsicherheit und die Folgen politischer Versäumnisse, die das Leben in globalisierten Zeiten der Klimakrise mit sich bringen. Sie werden zum ultimativen Sündenbock für alles. In Österreich werden „Ausländer" sogar für die Coronakrise verantwortlich gemacht, die sich vom Ski-Tourismus-Ort Ischgl aus im März 2020 nach ganz Europa verbreitete. Und auch in Deutschland muss *Zeit*-Autorin Nhi Le im April 2020 den Artikel „ICH.BIN.KEIN.VIRUS" schreiben, weil es im Zug aufgrund ihres Aussehens heißt: „Da kommt Corona, schnell aussteigen."[148] Ein (nun ehemaliger) US-Präsident, der sinnbefreit vom „China-Virus" schwadroniert, hilft mit, solche diskriminierenden Zuschreibungen zu verfestigen. Und auch Anti-Rassismus-Expertinnen wie Nhi Le verletzt das: „Wenn du aufgrund der eigenen Ethnizität für eine weltweite Pandemie verantwortlich gemacht wirst, dann wird dich das immer erschüttern – völlig egal, wie stark das Bewusstsein für Rassismus ist." Mit der Kampagne #IchBinKeinVirus setzt sich die Asian Community zur Wehr gegen diesen spezifisch anti-asiatischen Rassismus.

Während man also eigentlich Armut, Wohnungsnot und Ungleichbehandlung im Schulsystem bekämpfen müsste, sind Migrant*innen oder als migrantisch/nicht zugehörig gelesene Menschen, besonders Frauen, an allem schuld – und zwar ganz unabhängig davon, ob sie hier geboren sind, Deutsch ihre Muttersprache ist und sie einen österreichischen Pass haben. Ihre Diskriminierung betrifft stereotype Darstellungen in Medien und Kultur, genauso wie Benachteiligung am Job[149]- und Wohnungsmarkt.[150] Aufgrund dieser stereotypen Darstellung gerade muslimischer Frauen als unselbstständig und unterdrückt werden sogar AfD- und FPÖ-Politiker*innen zu vermeintlichen „Feminist*innen". Ihre Verteidigung der aus ihrer Sicht angegriffenen Rechte *weißer*, autochthoner Frauen und ihre perfide Kooptierung des Feminismus nennt Sara de Farris in ihrem Buch *In the Name of Women's Rights* „**Femonationalismus**". Dieser Rechtspopulismus bleibt aber auch dann zutiefst rassistisch und ablehnenswert, wenn er sich feministisch nennt. Doch wie erleben Betroffene diese Ausgrenzung?

Betül Tomakin schreibt an ihrer Masterarbeit in Politikwissenschaft, arbeitet als Lehrerin an einer Polytechnischen Schule, die vom „Teach for Austria"-Programm für bildungsbenachteiligte Kinder begleitet wird, und ist unabhängige Trainerin für Anti-Rassismus, Demokratie und Themen wie Medienkompetenz und Body Positivity. Außerdem trägt sie seit dem Abschluss der Hauptschule, also seit sie 14 Jahre alt ist, ein Kopftuch. In unserem coronabedingt digitalen Austausch erzählt sie von ihrer Kindheit als „das mollige, plumpe, kleine Mädchen mit dunkelbraunen Haaren und Sommersprossen", das mit seiner blonden, schlanken, zierlichen Schwester nicht mithalten konnte, aber immer schmerzhaft mit ihr verglichen wurde. Außerdem erinnert sie sich, dass sie in der Schule „zusätzlich aufgrund meiner asiatisch-türkischen Züge sowie meiner fehlenden weiblichen Kurven gehänselt" wurde. Aus der Zeit der Unterstufe (10–14 Jahre) erzählt sie: „Grundsätzlich hat mich einfach ALLES an mir selbst gestört: mein ‚zu krummes' Lächeln, meine ‚zu kleinen' mandelförmigen Augen, mein ‚zu dicker' Bauch, meine ‚zu kleinen' Brüste, meine ‚zu vollen' Lippen (dass meine Lippen angeblich zu dick waren, war mir zuvor nie aufgefallen, bis mich ein Junge aus meiner Klasse N***-Lippe nannte...), meine ‚zu dicken' Oberschenkel, meine ‚zu würsteligen' Finger, und so weiter." Kompensiert hat sie das wahrgenommene Schönheitsdefizit mit extra viel Leistung und Fleiß, „um endlich gesehen zu werden. Anerkennung, Aufmerksamkeit und Wertschätzung bekam ich durch Leistungsnachweise. Richtig problematisch", wie sie rückblickend sagt.

Ein Wendepunkt kam mit 14 Jahren: „Mit dem Abschluss der Hauptschule habe ich beschlossen, einen **Hijab** (islam. Kopftuch, Anm.) zu tragen. Es war ein langes, innerliches Hin und Her. Ich wusste, dass es nicht einfach sein würde. Ich wusste, ich würde auf viel Ablehnung, Anfeindungen und sogar Hass stoßen, aber ich wollte es einfach primär aus religiöser Überzeugung durchziehen. Dabei war meine größte Angst, meine bestehenden Freunde zu verlieren, weil sie mich so, wie ich sein wollte, höchstwahrscheinlich nicht akzeptieren würden." Auch die Eltern waren besorgt über Betüls Entscheidung, ließen sie aber gewähren. Betül erinnert sich an ihre Beweggründe, wie sie als Teenager kurz vor einem Schulwechsel solch eine folgenreiche Entscheidung traf: „Ich wollte den Start in meine neue Schule auch mit einem neuen, selbstsicheren, mutigen und integren Ich starten. Ich wollte mich selbst definieren und Diversestes ausprobieren. Ich wollte mich nicht mehr nach den Erwartungen und Idealen der Gesellschaft richten. Ich wollte keine Angst mehr davor haben, was andere über mich denken würden, und mich ihrem Ermessen anpassen. Ich wollte mich nicht mehr verstellen und verstecken. Ich wollte mutig sein und das tun, worauf ich Lust hatte, auch wenn mir der Gedanke, wie andere auf mich reagieren würden, große Angst bereitete. Die Schule sollte mein ersehnter Neuanfang sein, und jeder Mensch sollte mich gleich mit Hijab kennenlernen. Selbst wenn ich neue Freundschaften schließen würde, wüsste ich dann klar und deutlich, dass mein Hijab keine Problematik darstellen würde."

Ich möchte im Folgenden Betüls Reflexion darüber Raum geben, wie sich ihr Verhältnis zu ihrem Körper verändert hat, seit sie sich entschloss, ein Kopftuch zu tragen. Logischerweise können nämlich nur muslimische Frauen selbst erklären, wie sie sich selbstbestimmt in einer rassistischen Gesellschaft positionieren. Und es wird Zeit, dass wir ihnen endlich zuhören!

Betül erzählt: „Ich hatte neue Freunde, mein Verhältnis zu meinem Körper wurde besser und die kritische Stimme in meinem Kopf wurde mit der Zeit leiser. Ich fühlte mich gut und mir selbst treu. Ein Gefühl, das ich in dieser Form zuvor nie wahrgenommen hatte. Bis ich mit anderen gesellschaftlichen Denkbildern konfrontiert wurde. Denn seitdem ich meinen Hijab trug, veränderte sich die Fremdwahrnehmung von mir als Frau unverzüglich. Automatisch wurde ich trotz meiner Selbstzufriedenheit und meiner guten Noten als dümmlich, schüchtern, verschlossen, unterdrückt und konservativ betrachtet. Bevor mein Leben überhaupt begonnen hatte, schien es für viele längst vorbei zu sein und würde schließlich damit enden, dass ich als unglückliche Mutter mit unzähligen Kindern, zwangsverheiratet mit einem Sexisten, ohne jeglichen Schulabschluss und unfähig, für mich selbst zu sorgen, ins Gras beißen würde. Folglich wurde mein äußerliches Erscheinungsbild nicht nur auf meine körperlichen Attribute beschränkt, sondern nahm neue Dimensionen an. Nun war ich nicht nur ‚zu mollig', ‚zu asiatisch', ‚zu klein', sondern ‚zu dumm', ‚zu unterdrückt', ‚zu fremd' – einfach zu viel und einfach nicht passend."

Die Rassismuserfahrungen, die Betül mit mir teilt, passieren ihr auch im erwachsenen Alter noch tagtäglich. Sie fielen ihr aber im Kontext meiner Fragen zu Diskriminierung aufgrund des Äußeren gar nicht als erstes ein, wahrscheinlich, weil sie ihr so schrecklich „natürlich" und gar nicht der Rede wert vorkommen und sie als junge Frau schon mit Sexismus genug zu tun hat in ihrem Alltag. „Als ich über deine Fragen reflektiert habe, ist mir dann doch all der Rassismus in den Sinn gekommen, den ich aufgrund meines Aussehens erlebt habe. Von ‚Hä!?! Du hast doch eh so hübsche Haare, wieso trägst du das Kopftuch denn überhaupt?' bis ‚Du scheiß grindige Kopftuchschlampe – Kopftuchmafia – Fetzenschädel.' Außerdem wurde mir meine Sexualität aufgrund meines Kopftuchs immer abgesprochen ... ich sei nicht ‚dateable'. Gleichzeitig wurde ich aber auch exotisiert, und mir wurden speziell von *white* dudes Fantasien erzählt, wie es wohl für sie wäre mit meinem Hijab, wenn sie mich ‚auspacken' würden ... und das war nur das Shaming außerhalb der Community. Auch innerhalb der Community gibt es viele Erwartungen und Ideale, von Dresscodes bis hin zu Verhaltensweisen, aber das ist ‚Shaming on a different level'."

Schon in der Schule, mit gerade einmal 15 Jahren, begriff Betül: „Egal wie ich aussah, den ‚richtigen' Look würde ich nie erreichen. Und für einen Moment schien es, als hätte ich da wieder kein Wort mitzureden. Aber dieses Mal nicht. Dieses Mal wollte ich mir von diesen Idealen und Erwartungen mein Leben nicht diktieren lassen. Diese gesellschaftlichen Zuschreibungen haben sich zwar im Laufe der Zeit nur marginal geändert, aber sobald ich diese Festschreibungen nicht für mich annehme und mich in meiner individuellen und vollständigen Unvollständigkeit sehe, können mir diese Denkbilder nichts anhaben. Daher lautet mein Motto: ‚Your idea of me is not my responsibility to live up to!' (dt. Es ist nicht meine Verantwortung, deiner Vorstellung von mir zu entsprechen.)" Diese widerständige Positioniertheit gegen gesellschaftliche Zuschreibungen mündet in einer inklusiven Zukunftsvision abseits von Schönheitsdruck: „In meiner utopischen Welt wäre Schönheit konstruktlos. Auch wenn Vieles auf Konstrukten basiert, würde es Schönheit nicht. Mein Körper wäre einfach da, ohne jegliche Wertung und Kategorisierung."

Ich kann der Autorin und Philosophin Amani Abuzahra nur zustimmen, die im Interview mit dem Magazin *Neue Narrative* folgenden Weg zu einer inklusiven Gesellschaft vorschlägt: „Ich glaube, wir müssen hin zu einer Welt, in der Vielfalt gelebte Realität ist. Es braucht Diversität als Normalität. Je mehr wir Marginalisierte auf allen Ebenen sehen, je mehr Präsenz sie haben, desto mehr kommen wir in einer Welt an, in der sich diese Menschen nicht mehr fragen müssen, ob sie so etwas überhaupt jemals erreichen könnten, sondern in der sie ihre Potenziale ausschöpfen können."[151] Wie wir die vielen strukturellen Barrieren niederreißen und dabei noch gut zu uns selbst sind, dafür hat Betül in einem weiteren Nachtrag noch eine Empfehlung, die ich zum Abschluss dieses Kapitels mit allen Leser*innen teilen möchte: „Als von Lookismus und jeglichen Formen von Shaming betroffene Personen müssen wir uns vorerst selbst Empathie schenken. Wir dürfen unseren Selbstwert nicht anhand unserer äußerlichen Eigenschaften festlegen. Wir sind so viel mehr als unser Erscheinungsbild. So individuell, facettenreich und komplex, so viel mehr als das, was unser Look über uns zu sagen scheint. Einem toxischen Konstrukt hinterherzujagen, nur damit wir dem fremddefinierten Ideal entsprechen können, ist uns selbst gegenüber nicht fair. Sei mutig, du selbst zu sein, oder in den Worten von the one and only Queen B [Sängerin Beyoncé, Anm.]: Your self-worth is determined by you. You don't have to depend on someone telling you who you are. (dt. Deinen Selbstwert bestimmst du selbst. Du bist nicht darauf angewiesen, dir von anderen sagen zu lassen, wer du bist.) Wenn das erst einmal gegeben ist, kann der Kapitalismus aus unseren Unsicherheiten keinen Profit mehr schlagen and booom! Hahahaha."

HAARIG.

WARUM KÖRPERBEHAARUNG UND FRISUREN POLITISCH SIND

„Meine Haare waren natürlich auch immer Top-Thema. Sie haben schon alles erlebt: glatt, gelockt, Afro oder auch kaputt. Mit ca. 14 habe ich mich zum ersten Mal mit meinem Afro in die Schule getraut, das war für mich ein Befreiungsmoment. Spätestens da habe ich verstanden, dass mein Afro meine Krone ist."

Noomi Anyanwu, @thisisnoomi, Sprecherin der antirassistischen Bürger*innen-Initiative Black-Voices-Volksbegehren

„Bei mir ist meine Körperbehaarung am öftesten Thema. Ich trage einen Moustache und betone ihn gerne mit Make-up. Ich habe auch lange Achsel- und Beinhaare, die ich gerne sichtbar mache. Wegen dieser Sichtbarmachung und des „stolzen" Tragens eines Barts (als Person, die als Frau gelesen wird) bekomme ich Hasskommentare online oder Gelächter und unangenehme Blicke in der Straßenbahn.
Kompetenz wird mir als FLINT* Person[152] sowieso regelmäßig abgesprochen, ich kann nicht sagen, ob da meine Haare ein zusätzlicher Grund wären."

Kem, @kerosin95, nicht-binäre Musiker*in

KÖRPERBEHAARUNG IST GRENZÜBERSCHREITUNG

Wie aus den beiden Eingangsstatements klar wird, kann man die politische Bedeutung von Körperbehaarung nur verstehen, wenn man Körperpolitiken intersektional denkt. Noomi wird diskriminiert, weil sie Schwarz und eine Frau ist, Kem, weil deren Auftreten binäre Geschlechterzuschreibungen sprengt. Normalerweise wird Körperbehaarung – gerade an Frauenkörpern – auf zweierlei Arten verhandelt: entweder als absolute Monstrosität totgeschwiegen oder als viel zu banales Thema belächelt, das doch wirklich nicht der Rede wert sei. Dass Körperhaarentfernung heute aber quasi kulturell unausweichlich und ein riesiges Geschäftsfeld ist, fällt dabei unter den Tisch. Diese Praktiken – all das Zupfen, Rasieren, Lasern und Waxen – formen unsere geschlechtliche und sexuelle Identität in einer heteronormativen Welt, sie befördern die Profite der Schönheitsindustrie (was es alles braucht an Cremes, Tuben und Tools!) und schreiben – gerade im Dienstleistungssektor – Ungleichheitsstrukturen fort, denn wer entfernt die Haare privilegierter *weißer* Frauen unter tagtäglichem Einfluss gesundheitsschädlicher Chemikalien? Oft Women of Color und migrantische Frauen.

Vergewaltigungs- und Morddrohungen für ein behaartes Bein? Klingt wie aus einer schrecklichen dystopischen Zukunft? Leider nicht ganz. Dass die Entfernung unliebsamer Körperbehaarung oft gar nicht so sehr zur Wahl steht, wie es oft dargestellt wird („Ich mache das für mich", „Ich fühle mich so wohler"), bestätigen die Sanktionen, die haarige Frauen zu erwarten haben. Nachdem das schwedische Model Arvida Byström 2017 ein Foto eines ansonsten völlig durchschnittlichen, coolen Modeshootings für eine neue Serie von Sneakern mit unrasiertem Bein auf Instagram gepostet hatte, bekam die junge Frau nicht nur „eine Menge böser Kommentare", sondern sogar Vergewaltigungs- und Morddrohungen.[153] Die Kombination eines ausdrücklich feminin konnotierten Outfits (ein seidig glänzendes rosa Hemd, das sie unter einem cremefarbenen, mit Rüschen besetzten Korsagenkleid trägt) mit einer selbstbewussten, maskulinen Pose und ihren zentral zur Schau gestellten Beinhaaren wurde als eine enorme Überschreitung der Grenzen normativer Weiblichkeit empfunden. Solche Hasskommentare sind für viele Menschen, die in irgendeiner Form in Online-Räumen sichtbar werden, zur alltäglichen Realität geworden, und noch dramatischer für diejenigen, die nicht *weiß*, schön, cis-geschlechtlich und able-bodied sind, wie Byström selbst in der Bildbeschreibung ihres Posts feststellt. Dieses bitterböse Zurückschlagen des Patriarchats kann in gewisser Hinsicht auch als Reaktion auf die Verbreitung, Popularisierung und Durchschlagskraft zeitgenössischer Feminismen gelesen werden.

Diskriminierung aufgrund von Körperbehaarung beschränkt sich aber bei Weitem nicht auf den digitalen Raum. Eine Person aus dem Umfeld des Black-Voices-Volksbegehrens in Wien, die lieber anonym bleiben möchte, berichtet: „Als ich noch ein Kind war, wurde ich sehr oft wegen meiner Gesichtsbehaarung gehänselt. Ich hatte sehr buschige Augenbrauen und einen Oberlippenbart. Oft haben mich Mitschüler*innen ausgelacht. Eine Bully-Gruppe im Schulbus schenkte mir mal in aller Öffentlichkeit einen Rasierer, damit ich meinen ‚Damenbart' in den Griff kriege. Auch in den Umkleidekabinen der Schule war meine starke Achsel- und Beinbehaarung ein Thema. Eine Mitschülerin hat mich deshalb mal als ungepflegt und ekelhaft bezeichnet." Was solche Situationen mit dem Selbstbewusstsein junger Menschen machen, kann man sich vorstellen.

Es verwundert also nicht, dass gerade Frauen und queere Menschen, zunehmend aber auch Männer alles tun, was in ihrer Macht steht, um solchen Situationen zu entgehen. Eine Studie aus dem Jahr 2008 kam zu dem Ergebnis, dass Amerikaner*innen, die sich rasieren (noch eine relativ billige Art der Depilation), im Lauf ihres Lebens mehr als 10.000 Dollar für Haarentfernung ausgeben und ganze zwei Monate ihre Lebens mit dem Management ungewollter

Haare beschäftigt sind. Frauen, die den Haaren mit Wachs zu Leibe rücken, geben laut der Studie über 23.000 Dollar für den Kampf gegen die eigene Körperbehaarung aus.[154]

Auch die kulturelle Repräsentation von Körperbehaarung hilft – abseits feministischer Kreise – nicht gerade dabei, die eigenen Haare akzeptieren oder gar lieben zu lernen. In allseits beliebten Film-Klassikern wie *Pretty Woman* mit Julia Roberts, *Ungeküsst* mit Drew Barrymore, *Miss Undercover* mit Sandra Bullock oder *Plötzlich Prinzessin* und *Der Teufel trägt Prada* mit Anne Hathaway ist das Management von störrischen Haaren und die Entfernung jedweder Körperbehaarung auf Gesicht, Achseln und Beinen absolut zentral für ein gelungenes „Makeover", also einen glänzenden Auftritt als normschöne Frau. Wie wir oben schon gesehen haben, gelten unrasierte Frauen als dreckig und eklig, weniger attraktiv, weniger intelligent, asozial, unglücklich und negativ. All das belegen soziologische Studien.[155]

Ein intersektionaler Blick auf haarige Körper

Der Druck, der haarlosen Norm nahezukommen, ist für Women of Color noch viel größer als für *weiße* Frauen, weil sie durch Rassismus bereits als „Andere" positioniert werden. Zusätzliche Stigmatisierung durch als exzessiv gelesene Körperbehaarung können sie sich oft nicht leisten. Das gilt für alle marginalisierten Gruppen. Breanne Fahs ist im anglophonen Raum die absolute Expertin, wenn es um die Erforschung von Ekelzuschreibungen rund um weibliche Körper, deren Menstruation und Behaarung geht. In einem ihrer Seminare an der Uni sollten die Teilnehmer*innen als Experiment zehn Wochen lang all ihre Körperbehaarung ungehindert wachsen lassen.[156] Heterosexuelle Frauen wurden dabei oft mit der Forderung ihrer Partner konfrontiert, sie mögen doch bitte um Erlaubnis fragen, bevor sie so ein Projekt starten. Queere und bisexuelle Frauen hingegen taten sich schwer mit der Aufgabe, weil sie befürchteten, sich durch stärkere Behaarung noch stärker zu „outen". Wir reden hier von an Körperbehaarung ablesbarer sexueller Identität. Sind unsere Zuschreibungen nicht absurd willkürlich, wenn man sie einmal in Zweifel stellt und hinterfragt? Schwarze Frauen, Women of Color und jene aus sozial schwächer gestellten Familien trafen auf besonders viel Gegenwind aus den eigenen sozialen Kreisen, weil Freund*innen und Familien fürchteten, ihre Lieben würden es aufgrund ihres haarigeren Erscheinungsbilds mit noch mehr Rassismus, Klassismus und Ausgrenzung zu tun bekommen.[157] Die arme Frau, die nicht auf sich schaut. Die „wilde" Schwarze Frau mit ihrer ungezähmten Körperbehaarung.

Gerade weil BIPoC einem eurozentrischen Ideal nicht nachkommen können, das Gepflegtheit und Schönheit auf lange, glatte, seidige und im Idealfall blonde Haare bei ansonsten komplett entfernter Körperbehaarung festlegt, braucht es Bewusstseinsbildung und den Schutz Betroffener. In Kalifornien gibt es seit 2019 ein Gesetz, das Diskriminierung aufgrund „natürlicher Haartracht" (engl. natural hairstyles) verbietet, weil beispielsweise Schwarze Kinder teilweise nicht mit ihren natürlichen Frisuren in die Schule gehen durften. New York hat 2020 nachgezogen und das Gesetz auch ratifiziert. Dass BIPoC aufgrund ihrer Afros oder Braids (Flechtfrisuren) auch im deutschsprachigen Raum etwa bei einem Vorstellungsgespräch diskriminiert werden, liegt auf der Hand. Studien gibt es darüber viel zu wenige. Wie schon im vorigen Kapitel festgehalten, steckt die Anti-Rassismus-Forschung in unseren Breiten noch in den Kinderschuhen.

Umso wichtiger, dass das **Natural Hair Movement**, das auf die Black-Power-Bewegung in den USA während der Bürger*innenrechtsbewegung in den 1960er Jahren zurückgeht, umso sichtbarer wird. Legendär aus diesen Tagen ist bis heute der nun immer grauer werdende Afro von Angela Davis, der berühmten US-amerikanischen Aktivistin und Theoretikerin. In den 1960ern hätte man sich wahrscheinlich nicht vorstellen können, dass ein Film zu Natural Hairstyles einen Oscar gewinnen könnte. Doch so war es Anfang 2020, als der animierte Kurzfilm *Hair Love*, gesprochen von Issa Rae (Protagonistin und Regisseurin der Serie *Insecure)*, ausgezeichnet wurde, in dem ein liebevoller Schwarzer Vater lernt, wie er die Haare seiner Tochter am besten pflegt und stylt.

Auch Issa Raes Autobiografie *The Misadventures of Awkward Black Girl* behandelt das Thema Haare in vielschichtiger Art und Weise. Sie erklärt: „Gemäß der Haar-Hierarchie bewerten wir Haare nach ihrer Länge und Textur. Je länger, seidiger, und europäischer, desto höher dein Wert. Ist dein Haar kurz, gekräuselt und Afrikanisch? Bring dich um."[158] Und gibt humorvolle Tipps, wie man mit übergriffigem Verhalten am besten umgeht:

„Frage: Darf ich es anfassen? Die gefürchtete Frage, die viele mit ‚ethnisch ausladendem' Haar schon unzählige Male gehört haben. Ein einfaches ‚Sind deine Hände sauber?' infantilisiert nicht nur die Frage, sondern sendet auch die Botschaft, dass dein Haar nicht das Schafsexponat im Streichelzoo ist. Solltest du dich entscheiden, die Bitte abzulehnen, sollte ein höfliches ‚Mir wäre es lieber, du würdest das nicht tun' genügen. Wenn du bemerkst, dass der*die Fragende ganz niedergeschlagen ist, und solltest du dich geneigt fühlen, ihn*sie zu trösten, qualifiziere deine Ablehnung einfach mit ‚Mein Kopf ist *sehr* zart besaitet.'"[159]

Und eines muss an dieser Stelle ganz explizit gesagt werden: Niemals, in keinem Kontext, auf gar keinen Fall ist es jemals in Ordnung, Schwarzen Menschen und People of Color ungefragt in die Haare zu fassen, weil man als *weißer* Mensch gerade Lust dazu hat. Das ist eine absolute Grenzüberschreitung. Solange singt nicht umsonst „Don't Touch My Hair" in einem ihrer bekanntesten Songs. Es ist auch nicht in Ordnung, ungefragt zu kommentieren, dass so krause Haare aber schwer zu bändigen sein müssen oder, am anderen Ende der Skala, dass man sich auch dringend so schöne Locken wünsche. Ein weiteres Mal gilt: Ungefragte Kommentare zum Äußeren von Mitmenschen, vor allem jenen, die man gar nicht persönlich kennt, sollten schön langsam wirklich unterlassen werden.

„Black is beautiful" – und niemand mit Afro-Haar sollte sich wegen unerreichbarer eurozentrischer Schönheits- und Professionalitätsvorstellungen die Haare durch chemisches Glätten ruinieren müssen. Wirklich niemand. Alice Hasters schreibt in ihrem Buch *Was weiße Menschen über Rassismus wissen sollten, aber nicht hören wollen*: „Afroamerikaner*innen geben durchschnittlich neunmal so viel für Haarprodukte aus wie *weiße* Amerikaner*innen. Das Geld fließt zum großen Teil in künstliches Haar und chemische Glättungsmittel, auch **Relaxer** genannt. Es ist eine Paste, die so aggressiv ist, dass sie bei falscher Anwendung Verbrennungen der Kopfhaut oder Haarausfall verursachen kann. Trotzdem: Dass Schwarze Frauen ihre Haare glatt tragen, ist keine Ausnahme, es ist die Norm – nicht nur in den USA, sondern weltweit. Ihnen wird, sehr erfolgreich, die Idee verkauft, dass sie mit ihren glatten Haaren attraktiver seien." Alle sollten mit ihren Haaren machen können, wonach immer ihnen ist. Wenn das Glätten ist, wunderbar. Wenn Glätten aber sein muss, um als professionell wahrgenommen zu werden, ist das absolut unhaltbar. Dass man das überhaupt noch fordern muss, ist für mich absurd. Anwerbungsprozesse in Unternehmen müssen solange auf rassistische blinde Flecken überprüft werden, bis wirklich auch der letzte Verantwortliche verstanden hat: Kompetenz steckt nicht in den Haaren, sie kommt aus Herz und Hirn.

Leider haben wir hier keinen Platz, detailliert auf die Geschichte von Black Natural Hairstyles einzugehen, zu der beispielsweise auch gehört, dass Schwarze Frauen Samen oder Reiskörner in ihre Frisuren miteinflochten. Ein „protective style" in doppeltem Sinne – Schutz vor Austrocknung, zu dem Schwarzes Haar neigt (leicht zu findende Produkte dafür gibt es im deutschsprachigen Raum erst seit Kurzem, wenn überhaupt) und Schutz vor dem Verhungern in den schrecklichen Lebensrealitäten des Kolonialismus und der Sklaverei. Oder dass Sklav*innen bei der Ankunft in Amerika ihre Haare abgeschnitten wurden. Wie Alice Hasters erklärt, stellte dies einen unglaublichen Identitätsverlust dar, denn: In vielen afrikanischen (wie ja auch in europäischen) Kulturen wurden damals über Frisuren sozialer Status, ethnische Zugehörigkeit, Alter oder Familienstand vermittelt. Über präkoloniale afrikanische Stile und Haarkulturen wissen wir im Globalen Norden aufgrund von völliger kolonialer Ignoranz und Auslöschung fast gar nichts, und auch beim Thema Haare zeigen sich erneut die Auswirkungen epistemischer Gewalt.[160] Die britische Historikerin Emma Dabiri schreibt in ihrem wunderbaren Buch *Don't Touch My Hair,* dass Schwarze

Menschen gar kein Vokabular für ihre Haare haben, das nicht nach Defizit klingt: Wörter wie „widerspenstig", „wild", „borstig", „unzähmbar" und so weiter lassen es gar nicht zu, einen positiven Zugang zu den eigenen Haaren zu finden. Je näher am eurozentrischen Ideal, desto akzeptabler. Locker fallende Locken gelten als schöner als kleingelocktes Haar. Gerade auch der Vergleich von Afro-Haar mit wilden Tieren und ihrem Fell, der immer wieder gezogen wurde und leider noch wird, schreibt Rassismen und unhaltbare Behauptungen fort, indem er BIPoC als nicht ganz menschlich positioniert.

Wie eingangs schon erwähnt, sind Haare nicht nur für Schwarze Frauen politisch. Man denke an die Auseinandersetzungen in den 1970er Jahren, in denen langhaarige männliche Hippies gegen den Vietnam-Krieg protestierten oder Haartrachtvorschriften im Kontext von Religion. Der Islam, der in diesem Kontext im Zuge von „Kopftuch-Debatten" immer und immer wieder genannt und exotisiert wird, steht hier aber keineswegs allein da. Auch im Christentum bedecken Nonnen ihre Haare, in der slawisch-orthodoxen Kirche tragen Priester immer lange Bärte, und orthodoxe Jüdinnen rasieren bei der Hochzeit ihren Kopf und tragen fortan Perücken oder bedecken ihren Kopf in der Öffentlichkeit mit Tüchern. Auch orthodoxe Juden haben strengen Regeln zu folgen, was Rasur und Schläfenlocken betrifft.[161] Und wenn wir schon beim Bart, der Gesichtsbehaarung sind: Auch die ist politisch. Bärte signalisieren, so wie jede Form von Schönheitsarbeit, nach außen hin Zugehörigkeiten, Abgrenzungen und Wiedererkennung (vgl. heute die intensiv gepflegten Hipster-Bärte oder historisch die ikonischen Bärte von Salvador Dalí oder Karl Marx). Mit Bärten wird mittlerweile sogar für gute Zwecke Aufmerksamkeit geschaffen. Im „Movember" (Wortschöpfung aus moustache, engl. für Schnurrbart, und November) wird durch wachsende Bärte auf oft vernachlässigte Männergesundheit aufmerksam gemacht. Und wenn Frauen einen Bart haben, ja, das kommt vor, müssen sie wie die Vollbartträgerin Harnaam Kaur aus Großbritannien mit schlimmster Diskriminierung rechnen.

Denn was passiert in so einem Fall? Harnaam überschreitet die Grenzen dessen, was in unserer hetero-patriarchalen Gesellschaft als akzeptable, ja begehrenswerte Feminität gilt. Frau mit Bart? Das geht nicht. Frau mit ruhig dahinwachsender Körperbehaarung? Das geht nicht und das lernen wir, wie Margarete Stokowski in *Untenrum Frei* ausführt, schon als Jugendliche: „Spätestens bei der Enthaarungsfrage beginnt das gelegentliche Hübschmachen, das in der Kindheit noch spielerisch war, zu Arbeit zu werden. Mein Körper wird zu einer wandelnden To-Do-Liste. Natürlich ist der faktische Aufwand nicht besonders groß, nachdem ich mich irgendwann für eine Methode entschieden habe; dann dauert es kürzer als Zähneputzen. Aber es ist eben auch kein Rumprobieren und kein ‚als ob' mehr, sondern alltägliche Notwendigkeit, zumindest empfundene Notwendigkeit. Ich habe das Gefühl, es ist meine heilige Pflicht, dafür zu sorgen, dass niemand meine Körperhaare sehen kann, vor allem die in den Achselhöhlen." In einer präzisen Reflexion fügt sie hinzu: „Würde mich jemand fragen, warum ich das mache, würde ich sagen: Weil ich es schöner finde und weil es sauberer aussieht. Oder: Weil die anderen das auch machen. Was ich bestimmt nicht sagen würde: Weil diese Gesellschaft den weiblichen Körper kontrolliert, und zwar viel stärker als den männlichen Körper, und weil ich die Ideale und Zwänge, die für weibliche Körper gelten, schon so sehr internalisiert habe, dass es mir nicht mal mehr auffällt, dass sie von außen kommen."[162]

Boykott der Schönheitsindustrie durch unkontrollierten Haarwuchs

Abgesehen vom Überschreiten strikter Geschlechtergrenzen stellt das Einstellen des Kampfes gegen die eigene Körperbehaarung auch noch eine andere Form von Widerstand dar: den Boykott all der Produkte, die man zur Haarentfernung braucht. Widersetzung durch Kauf-Stopp in einem kapitalistischen System. Das muss man, oder eher frau, sich erst einmal trauen! Gerade deswegen scheint sich das Klischee der haarigen, hässlichen Feministin so hartnäckig zu halten. Vor dieser Challenge von Weiblichkeit als kapitalistischem Konstrukt, als Arbeit, wie Laurie Penny das in *Fleischmarkt* formuliert, haben Männer wie Frauen Angst, weil radikale Politik die sexuelle und geschlechtliche Identität von Frauen, wie wir sie kennen, zu zerstören droht. Aber vielleicht ist das doch eine gute Sache. Einschränkende Normgitter zerbrechen und aus den Scherben eine neue Vielfalt erwachsen lassen. Oft heißt es, wenn man sich mit Körperpolitiken, und ganz besonders mit dem „oberflächlichen" Thema Körperbehaarung beschäftigt, auch aus feministischen Kreisen, dass es wohl Wichtigeres zu besprechen gebe. Was ist mit der ungleich verteilten Sorgearbeit, mit Altersarmut von Frauen und mit den zutiefst geschlechtsspezifischen Auswirkungen der Klimakrise? Ich halte es hier abermals mit Margarete Stokowski, die in ihrem zweiten Buch *Die letzten Tage des Patriarchats* schreibt: „Über Körper zu sprechen schließt es nicht aus, über Macht und Politik zu sprechen. Manchmal ist es, im Gegenteil, der Anfang einer solchen Diskussion."[163]

In einer Studie aus dem Jahr 2017 konnte Helena Darwin empirisch bestätigen, was aufmerksame Beobachter*innen der Body-Positivity-Bewegung zuvor schon ahnten: Auch innerhalb jener Bewegung, die sich für die Akzeptanz jedweder Form körperlicher Diversität einsetzt, gibt es Hierarchien. Eine davon ist, dass dicke Frauen bedeutend mehr Sichtbarkeit in der Bewegung haben als haarige Frauen, die auch grauenvoller Diskriminierung ausgesetzt sind. Das kann einerseits damit zu tun haben, dass die Body-Positivity-Bewegung aus der Fat-Acceptance-Bewegung hervorgangen ist. Andererseits spricht es aber auch dafür, dass selbst in diesem Rahmen eben nicht alle Körper als herzeigbar gelten. Auf Basis einer Analyse von unzähligen Kommentaren argumentiert Darwin, dass dicke Frauen Menschen vor allem in Bezug auf Vorstellungen von Gesundheit vor den Kopf stoßen, während Körperbehaarung Geschlechtsideologien unterwandere, was wiederum noch deutlicher mit Feminismus assoziiert werde.

Die Geschichte der Haarentfernung in aberwitzigen Schlaglichtern

Abschließend möchte ich euch noch einen kurzen Abriss der Geschichte der Haarentfernung mitgeben, die leider, abermals, nur für einen amerikanischen Kontext vorliegt und nicht vollständig auf den europäischen Raum übertragbar ist. Die Highlights aus Rebecca Herzigs wunderbarem Buch *Plucked: A History of Hair Removal* müssen aber dennoch erwähnt werden, weil sie die absurden, außergewöhnlichen Mühen illustrieren, die Menschen auf sich nehmen und auf sich genommen haben, um ihre unerwünschte Körperbehaarung loszuwerden. Auch Herzig weist in ihrer historischen Aufarbeitung des Themas auf die rassistischen Komponenten von Haarpolitiken hin. Ab der zweiten Hälfte des 19. Jahrhunderts begann nicht nur der dünne Körper für evolutionäre Fitness und Fortschritt zu stehen, sondern spezifischer der enthaarte, fitte Körper. Bärtige Frauen wie Julia Pastrana (1834–1860) oder Krao Farini (1876–1926) wurden genauso in Käfigen ausgestellt wie ihre Schwarzen dicken Schwestern, deren Hintern und Brüste von *weißen* Menschen zu deren Belustigung begafft und begrapscht wurden. Pastrana wurde für ein Hybrid aus Mensch und Orang-Utan gehalten. Menschenzoos, wortwörtlich und abscheulich. Nach dem durchschlagenden Erfolg von Darwins Theorien schien eines klar: Männer haben Körperbehaarung, Frauen nicht. Um 1900 waren seine rassistischen Evolutionstheorien gesellschaftlich so weit anerkannt und im Mainstream angekommen, dass haarige weibliche Körper nicht nur als unzulänglich, weniger zivilisiert (bis hin zu kriminell) und als für die Reproduktion ungeeignet galten, sondern dass sie auch für ihre geschlechtliche Ambivalenz gefürchtet wurden. Man hielt sie für psychisch krank und schauderhaft sexuell, so Herzig.

Herzigs Buch enthält nicht nur historische Berichte über horrende Entstellungen oder gar Tode durch neuartige Enthaarungscremes, die spannenderweise mit dem Aufstieg der Diätkultur zusammenfielen, sondern stellt eine Verbindung her zwischen der Erfindung solcher Cremes und der gleichzeitigen Entstehung der industriellen Fleischverarbeitung, die im großen Stil die Häutung von vielen toten Tieren erfordert. Sie denkt die Haarentfernung als erlernte kulturelle Praxis, die man früher im erweiterten Familienkreis kennenlernte, zusammen mit der Industrialisierung und Urbanisierung Amerikas. Informationen über Körperpflege bezogen in Städten lebende Menschen von nun an auch aus Zeitungen, Werbetexten und Magazinen. Schon zu Beginn des 20. Jahrhunderts war Körperbehaarung stark stigmatisiert und eine Kultur der Enthaarung unter Frauen etabliert. Das hing einerseits mit dem schnellen Wachstum von Printwerbung zusammen, andererseits aber auch mit immer freizügiger werdenden Kleidungsstilen (zuvor hatte man die zu enthaarenden Körperstellen unter langen Röcken und Ärmeln ja gar nicht sehen können!) und sich verändernden Geschlechterrollen, also Frauen, die auf Selbstbestimmung pochten. Ähnlich der strategischen Entscheidung der Suffragetten, sich als Antwort auf Anfeindungen als besonders zivilisiert, also schön, *weiß* und dünn, zu positionieren, gingen sie natürlich mit dem Fortschritt und zeigten sich auch haarlos. Unfassbarerweise wurden Haare bereits Anfang des 20. Jahrhunderts mit Techniken wie Hormontherapie, Elektrolyse, Hochfrequenz-Wärmetherapie („Diathermie") und Röntgen-Strahlung entfernt! Die moderne, emanzipierte Frau war bereit, neue Technologien am eigenen Leib auszuprobieren und sich dabei ungeahnten Risiken auszusetzen.

Wenn Haarentfernung so eng verknüpft ist mit Vorstellungen von Weiblichkeit und nach wie vor als gängige, ja notwendige kulturelle Praxis anerkannt ist, die alle tagtäglich in ihre Körper einschreiben, verwundert es kaum, dass der Verzicht auf Haarentfernung der Feminist*innen der Zweiten Frauenbewegung auf so viel Widerspruch stieß. Auch Künstlerinnen der feministischen Avantgarde wie Penny Slinger („Bride and Groom – Ceremonial Cutting of the Cake", 1973) oder Martha Rosler („Semiotics of the Kitchen", 1975) setzten sich in ihren Werken gegen enge Rollenklischees und Objektifizierung zur Wehr und etablierten damit in Hinblick auf Körperbehaarung eine haarige feministische Norm. In einem österreichischen Kontext unvergessen ist Valie Export mit ihrem „Tapp- und Tastkino" (1968) oder ihrer Performance „Aktionshose: Genitalpanik" (1969). Mit einer im Schritt ausgeschnittenen schwarzen Lederhose, die ihren behaarten Intimbereich sichtbar machte, einer Löwenmähne von Haaren und einem Maschinengewehr im Anschlag marschierte sie durch die Menge. Sie widersprach mit diesem Auftritt nicht nur allen Vorstellungen von dem, was sich geziemte als Frau, sondern sagte sinnbildlich auch ganz klar: Nur ich bestimme, was mit meinem Körper passiert. My body, my choice.

FEMINISTISCHE DEBATTEN ÜBER INTIMBEHAARUNG

Apropos Intimbehaarung. Ja, Intimbehaarung, nicht „Schambehaarung", wie sie gemeinhin oft bezeichnet wurde und immer noch wird. Intimbehaarung, die ab der Pubertät auf Vulvalippen wächst, ist ein Politikum. Die Debatten beginnen bereits bei der Bezeichnung. Während Burschen lernen, ihre Geschlechtsteile akkurat zu benennen, bleibt für Mädchen vieles im Verborgenen und Unsagbaren. Und dass nicht alle Menschen eindeutig männliche oder weibliche Genitalien aufweisen, oder dass manche im Laufe ihres Lebens eine Transition zu einem anderen Geschlecht durchlaufen, darüber gibt es noch weniger Bewusstsein. Feminist*innen und Pädagog*innen sprechen bewusst nicht mehr von „Schamlippen", denn unsere Vulven und Vaginen, unseren Intimbereich, lassen wir uns sicher nicht länger beschämen.

Worum geht es also in feministischen Debatten um Intimbehaarung? Andi Zeisler fasst es so zusammen: „Das zentrale Argument rund um Intimbehaarung, das im Mainstream-Feminismus seit mehr als einem Jahrzehnt wütet, ist, dass Intimbehaarung entweder eine Kapitulation vor patriarchalen, pornografisierten Schönheitsstandards ist oder, im Gegensatz dazu, eine kühne Deklaration der feministischen Freiheit selbst zu bestimmen."[164] Natürlich ist es problematisch, wenn gerade in einem pornografischen Kontext nur komplett enthaarte Vulven zu sehen sind, weil damit suggeriert wird, dass weibliche Sexualität nur in einem vorpubertären, noch nicht voll entwickelten (und damit auch leichter zu kontrollierenden) Stadium akzeptabel ist. Doch die Diskussion muss definitiv über einfache Pro oder Contra-Argumente hinausgehen.

Zeisler weist darauf hin, dass Debatten um Intimbehaarung nur in einer privilegierten Sphäre so polarisiert geführt würden, in der „individuelle Selbstverwirklichung über kollektiver Arbeit steht."[165]

„My body, my choice!", ja, dein Körper, deine Entscheidung! Aber sollte es nicht eigentlich heißen: „Our bodies, together, against patriarchy?" Wir alle gemeinsam gegen das Patriarchat, die Schönheitsindustrie und ihre zutiefst kolonial geprägten Geschäftsmodelle? Das erscheint mir eine fundiertere ideologische Basis für einen gestärkten, solidarischen Feminismus zu sein als die eigenen Körperpflegepraktiken. Nehmen wir die Diskussionen um Intimbehaarung zum Ausgangspunkt, daran zu erinnern, dass, wie Laurie Penny es ausdrückt, „für Frauen das Persönliche politisch ist, genau weil unsere Körper kollektive Schauplätze der materiellen Produktion sind; daraus folgt, dass wir, wenn wir uns für befreit erklären wollen, kollektiv die Unterwerfung unter den kapitalistischen Körperkult verweigern müssen."[166]

Im Gegensatz zu den 1990ern und 2000ern, in denen „Venus Angels" in Rasierer-Werbungen ihre ewigglatten, langen, ohnehin schon enthaarten Beine rasierten, trauen sich heute erste Rasierer-Marken wie Billie mit ihrem #ProjectBodyHair schön langsam zu zeigen, wofür ihre Produkte da sind, nämlich zum Entfernen von Haaren an *behaarten* Körperstellen. Das Kampagnen-Video zu den Klängen von Princess Nokias „Tomboy" empfehle ich allen.[167] Dass dadurch auch Formen von Aktivismus kommerzialisiert werden, ist die Kehrseite dieser Medaille der Massen-Sichtbarkeit. Trotz ersten merklichen Fortschritten in der Repräsentation gerade von weiblicher, queerer Körperbehaarung in der Popkultur empfinden viele der Menschen, mit denen ich für dieses Buch gesprochen habe, ihre Körperhaare als politisch. Zum Thema Körperbehaarung erzählt mir Kem von My Ugly Clementine und kerosin95: „Widerstandsmomente sind für mich die Momente, in denen mir bewusst ist, dass mich Menschen für meine Behaarung shamen und ich meine Haare trotzdem schön finde. Widerstand spielt sich auch viel in meinem Kopf ab und mit mir selbst." Auch in diesem Kapitel zeigt sich: Für eine echte Schönheitsrevolution, die zu einem individuellen Verständnis von Schönheit führt, das potenziell alle Menschen inkludiert und nicht auf Ungleichheitsstrukturen wie Rassismus und Sexismus basiert, wird es einen langen Atem brauchen. Noomi Anyanwu meint, um diese Utopie in die Tat umzusetzen, „müssen wir das System revolutionieren und damit unsere Köpfe. Wie Shirley Chisholm, eine großartige Schwarze Frau, mal sagte: ‚Women must become revolutionary. This cannot be evolution but revolution.'"

QUEER.

KÖRPER, IHRE GESCHLECHTER, IHR BEGEHREN.

WIE QUEERE KÖRPER VON SCHÖNHEITSDRUCK BETROFFEN SIND

„Queer: the moment you realize what you did not have to be."

Sara Ahmed, *Living a Feminist Life*

SOMEWHERE OVER THE RAINBOW: DIE BASICS RUND UM GESCHLECHT UND SEXUALITÄT

In meinem Instagram-Feed finden sich Menschen aller Geschlechter. Denn die Body-Positivity-Bewegung besteht nicht nur aus jungen, *weißen,* fitten cis-Frauen, auch wenn es problematischerweise oft so erscheinen mag. Viel mehr ist sie getragen von der diversen Queer-Community auf der ganzen Welt. Doch wer ist das genau?

Was heißt eigentlich „queer"?

„Queer" (sprich: „kwia(r)") war früher eigentlich ein Schimpfwort. Der Duden übersetzt die ursprüngliche Bedeutung des englischen Wortes als „sonderbar, merkwürdig, andersartig" und stellt Verbindungen zum deutschen Wort „verquer" her. Alles keine schönen Assoziationen. Warum würde sich eine ganze Bewegung so benennen? Nun, Aktivist*innen haben das Wort im Rahmen ihrer Arbeit für sich zurückerobert („**reclaimed**"). Queer- und Gay Pride-Regenbogenparaden sind das sichtbarste Zeichen dafür, dass man sich von den negativen Zuschreibungen der Wörter nicht mehr definieren lässt und jetzt selbst bestimmt, was es bedeutet, ein queeres Leben zu führen. Queer kann für diverse Geschlechts- und sexuelle Identitäten verwendet werden und ist deshalb ein beliebter Sammelbegriff.

Weil nicht alle Menschen Gender Studies studieren oder sich in sozialen Medien bewegen, wo sie Zugang haben zur Gratis-Bildungsarbeit queerer Menschen, die jeden Tag unter anderem meinen Horizont erweitern, möchte ich kurz den aktuellen Wissensstand zu Geschlecht und Sexualität zusammenfassen. Sätze, die viele von uns nur allzu gut von Familienfeiern kennen, wie: „Das ist mir alles zu kompliziert! LGBTQ, wie bitte? Cis, trans, pan, inter, schwul, lesbisch, bi, queer. Wer soll sich da noch auskennen!?", sollten lieber heute als morgen bereits der queer-feindlichen Vergangenheit angehören. Ich möchte hier einen kurzen Einblick in Geschlechterfragen geben, der helfen soll, in aktuellen Debatten mitzuhalten. Alle sollen verstehen, warum es absolut unhaltbar ist, wenn die weltbekannte *Harry Potter*-Autorin J.K. Rowling sich vor ihrer Twitter-Gefolgschaft von 14,2 Millionen Menschen transfeindlich äußert. Warum abwertende, stereotype Bemerkungen gegen ohnehin schon stark marginalisierte Menschen keine Randnotiz bleiben dürfen.

Jede*r soll nachvollziehen können, dass die Lebensrealitäten von queeren Menschen weder kompliziert sind noch ein „neuartiges Luxusproblem". Es gab queere Menschen nämlich schon immer, in all ihrer Vielfalt – sie wurden nur von einer Kultur der Heteronormativität unsichtbar gemacht, ausgegrenzt und verfolgt. Wir beginnen in der queeren Geschichtsforschung erst langsam aufzuarbeiten, was homo-/bisexuellen und genderqueeren Menschen im Lauf der Geschichte angetan wurde und wie sehr sie rund um den Globus noch immer strukturell diskriminiert werden.

Was heißt „binärgeschlechtlich"?

In unserer Gesellschaft wird Geschlecht fast ausnahmslos **„binär"** gedacht. Das bedeutet, es wird von zwei klar unterscheid- und abgrenzbaren Geschlechtern – dem Männlichen und Weiblichen – ausgegangen. Das ist die Norm, auf der unsere Gesellschaft in allen Lebensbereichen aufbaut. Dass unsere Lebensrealität ganz oft binärgeschlechtlich organisiert ist – vom Sport bis hin zu Toiletten –, ist so tief in uns und unserer Umwelt verankert, dass es uns nicht einmal auffällt. Darin liegt die wahre Macht von normativen Gesellschaftsstrukturen – sie machen Regeln und Hierarchien unsichtbar. Wir folgen ihnen, unserer Sozialisierung gemäß, unbewusst, weil wir verinnerlicht haben, dass es Männer und Frauen gibt und die im Sport nicht gegeneinander antreten oder nicht auf dieselbe Toilette gehen. Das hinterfragen wir nicht. Das ist einfach so. Wer sich nicht in diesem Entwurf wiederfindet, fällt durch das Raster. Und wer versucht, diese diskriminierenden Strukturen für Marginalisierte zugänglich zu machen, läuft, wie Sara Ahmed es in Zusammenhang mit Rassismus formuliert, immer wieder mit dem Kopf gegen Ziegelwände, die für die Mehrheitsgesellschaft unsichtbar und gerade deshalb unendlich schwer einzureißen sind.[168]

Doing Gender – Geschlecht ist mehr als Genitalien

Geschlechtsidentitäten sind also viel komplexer, als es konservative Parteien gerne darstellen. Körper und Geschlecht sind keinesfalls nur biologische oder hormonelle Tatschen, sondern „historisch wandelbar, kulturell spezifisch und sozial gerahmt".[169] Geschlechterunterschiede werden von Geburt an betont (man denke an **„Gender Reveal Parties"** im amerikanischen Raum und **„Gender Marketing"** über die klare Zuordnung der Farben rosa und blau, etc.). Biologische Unterschiede können ohne die sozialen Zuschreibungen, mit denen wir sie aufladen, gar nicht gedacht werden.

Weiblichkeit hat dementsprechend nicht nur mit den Geschlechtsorganen Vulva, Klitoris und Vagina zu tun, sondern ist im Kapitalismus ganz eng verbunden mit Konsumpraktiken (Mode, Schminke, Rasur und Schönheitsarbeit ganz generell). Weiblichkeit wird tagtäglich aufs Neue produziert und nach außen hin performt, dasselbe gilt für Männlichkeit. Wir verbinden Mann sein mit Härte, Rationalität und Öffentlichkeit, während Frauen noch immer Weichheit, Fürsorglichkeit und der private Raum zugeschrieben werden. So haben wir von klein auf gelernt, Geschlecht zu „lesen", es an bestimmten äußeren Merkmalen wie Schminke, Frisuren, einem Bart oder der Kleidung festzumachen. Dementsprechend sind queere Körper unbedingt auch Thema, wenn es um Diskriminierung aufgrund des Äußeren und Schönheitsarbeit geht.

Geschlecht als Spektrum: cis, trans, inter und genderqueer

In den Gender Studies verstehen wir Geschlecht als Spektrum. Die Mehrheit der Gesellschaft besteht aus **cis Frauen** und **cis Männern**, also Menschen, die sich mit dem Geschlecht identifizieren, das ihnen bei der Geburt zugewiesen wurde. Auch ich bin dementsprechend eine cis Frau: Ich wurde bei der Geburt aufgrund genitaler Merkmale als Mädchen deklariert, bin als Mädchen aufgewachsen und lebe als Frau. Ich befinde mich „cis", also (lateinisch) wörtlich „diesseits" der mir zugewiesenen Geschlechtergrenze.

Trans Menschen hingegen nehmen im Laufe ihres Lebens die Identität eines anderen Geschlechts an, sie können sich mit dem ihnen bei der Geburt zugewiesenen Geschlecht nicht (vollständig) identifizieren und/oder finden sich in dem Modell der Zweigeschlechtlichkeit generell nicht wieder. Sie befinden sich „trans", also (lateinisch) wörtlich „jenseits" der ihnen zugewiesenen Geschlechtergrenze. Wie Linus Giese in seinem berührenden Buch *Ich bin Linus* erklärt: „Trans ist nicht das Gegenteil von cis, trans bedeutet ein ganzes Spektrum an Möglichkeiten, die dem Begriff cis gegenüberstehen." Das heißt, die medizinische und soziale **Transition** (wörtlich: „Übergang") von trans Menschen ist ein Prozess, der geschlechtsangleichende Operationen umfassen kann, es aber keinesfalls muss. Wir sprechen von cis Frauen und cis Männern und nicht etwa „normalen" Frauen und Männern, um die „Sonderstellung" von trans Menschen als vermeintliche Abweichung von der cisgeschlechtlichen Norm und das damit einhergehende gesellschaftliche Stigma zu lindern.

Das Spektrum geschlechtlicher Identitäten vervollständigen **intergeschlechtliche Menschen** und **Menschen mit queerer/**

gender non-conforming/**nicht-binärer Geschlechtsidentität**. Intergeschlechtlich ist eine „(Selbst-)Bezeichnung für eine Person, deren genetische, anatomische und/oder hormonelle Geschlechtsmerkmale von Geburt an nicht den Geschlechternormen von Mann und Frau entsprechen".[170] In Österreich können intergeschlechtliche Menschen seit 2020 zwischen „divers", „inter", „offen" und „keinem Eintrag" im Zentralen Personenstandsregister wählen. Ein Eintrag als „divers" ist in Österreich und Deutschland bereits seit 2018 möglich. Solche Gesetzesänderungen sind ein wahnsinniger Erfolg, wenn man an die leidvolle Geschichte intergeschlechtlicher Menschen, die Experimente während des Holocaust und die an ihnen durchgeführten, geschlechtsvereindeutigenden Zwangsoperationen auch noch lange Zeit danach denkt. Die wahrscheinlich bekannteste intersexuelle Person Österreichs ist der ehemalige Skifahrer Erik Schinegger, dessen bewegtes Leben über den Spielfilm *Erik & Erika* (Bilgeri, 2018) auch Menschen außerhalb der Queer-Community Österreichs erreichte.

Queeres Lieben und Begehren: schwul, lesbisch, bi-, pan- und asexuell

Wichtig ist zu betonen, dass wir bisher nur die Geschlechtsidentität von Menschen besprochen haben. Es gibt cis Frauen, cis Männer, trans Frauen, trans Männer, intergeschlechtliche und queere/nicht-binäre Menschen. All diese wunderbar vielfältigen Menschen lieben und begehren auch ganz unterschiedlich. Das Problem dabei: Noch immer sind nicht alle sexuellen Orientierungen gleichberechtigt und anerkannt. Auf Basis unserer binären Geschlechterkonzeption wird Heterosexualität als ihre „natürliche" Folge dargestellt und „naturalisiert" als einzig richtige Option. Die gesellschaftliche Bevorzugung dieser Lebens- und Liebensrealität neben vielen anderen möglichen nennen wir **Heteronormativität**. Unsere ganze Gesellschaft ist gemacht für cis Frauen und cis Männer, die miteinander Partnerschaften eingehen, heiraten und sich fortpflanzen.

Es ist für dieses Buch unerlässlich, auch über Arten des (romantischen) Liebens und (sexuellen) Begehrens nachzudenken, da das Aussehen von queeren Menschen, ihre Selbstpräsentation, oft auf ihre sexuelle Orientierung zurückgeführt wird und zu Diskriminierung führt („Das Hemd schaut total schwul aus!", „Sowas tragen doch nur Lesben" etc.).

Männer, die Männer lieben/begehren, sind **schwul**. Auch trans Männer oder nicht-binäre Menschen können schwul sein. In stereotypen Darstellungen werden Schwule über Zuschreibungen von Weiblichkeit und übertriebener Gefühlsbetontheit abgewertet (das geht auch nur im Patriarchat, wo Weiblichkeit einen niedrigeren Stellenwert hat als Männlichkeit), auf flamboyantes Auftreten reduziert und/oder mit exzessiver Sexualität in Verbindung gebracht, wodurch sie auch als Gefährder stilisiert werden. Bei all der Benachteiligung, die sie in der Mehrheitsgesellschaft erfahren, bekommen *(weiße)* schwule Männer in der queeren Community oft den meisten Raum zugesprochen, was wiederum zur Verdrängung anderer sexueller Identitäten innerhalb der Bewegung führt.

Lesben, also Frauen, trans Frauen oder nicht-binäre Menschen, die Frauen lieben/begehren, sehen sich mit unterschiedlichen Vorurteilen konfrontiert. Jenen, die in ihrer Geschlechtsidentität eher maskulin auftreten („**Butch**"), wird all ihre Weiblichkeit abgesprochen, sie gelten als männerfeindlich und gefährlich. Jene, die eher feminin auftreten („**Femme**"), werden oft auf ihre Sexualität reduziert und in medialen Darstellungen durch einen lüsternen, männlichen Blick präsentiert, der sie zu Objekten macht und jedes Handlungsspielraums beraubt. Komplexe Repräsentation lesbischer Lebensrealitäten in den Medien muss man leider noch immer mit der Lupe suchen.

Noch mehr als lesbische Frauen werden bisexuell liebende und begehrende Menschen unsichtbar gemacht und diskriminiert. **Bisexualität** ist die Form romantischen und/oder sexuellen Begehrens, bei dem sich eine Person, in unterschiedlichen Graden und nicht notwendigerweise gleichzeitig, dem Wort nach zu Menschen „beider" (also inklusiver formuliert: mehrerer) Geschlechter hingezogen fühlt. Die **Pansexualität** beschreibt noch präziser, wenn Menschen sich zu Menschen unabhängig von deren Geschlecht hingezogen fühlen.

Auch **Asexualität,** also keine oder kaum sexuelle Anziehung zu spüren, ist mittlerweile anerkannte Lebensrealität. All diese diversen Lebensrealitäten verschiedengeschlechtlicher Menschen, die unterschiedlichste sexuelle Orientierungen leben, äußern sich auch in diversen Beziehungskonstruktionen, die von monogamen Langzeitbeziehungen bis hin zu polyamourösen Netzwerken reichen.

Queerness in der Popkultur

Kurz gesagt: Die Kulturindustrie hat noch viel Inklusionsarbeit vor sich. Die beliebtesten Filme und Fernsehsendungen, die ein Massenpublikum erreichen, zeigen die Liebesgeschichten normschöner junger Hetero-Paare, ihre tragischen Verluste oder großen Lebensabenteuer. Komplexität wird nur cisgeschlechtlichen Heteros zugestanden, während Homosexuelle oft verlacht oder auf krude Stereotype und ihre erfahrenen Traumata reduziert werden. Ja, es tut sich was – vor allem auf Streaming-Diensten im Internet und in den sozialen Medien: Netflix verhilft mit Sendungen wie der Doku *Disclosure* (2020) oder Serien wie *Sex Education* (seit 2019, 2 Staffeln) und *Pose* (seit 2018, 2 Staffeln) der queeren Community zu weltweiter Sichtbarkeit. Diese Mainstream-Erfolge wären undenkbar ohne einzelne queere Vorläufertexte wie der Serie *The L-Word* (2004, 6 Staffeln), die es schon vor fast 25 Jahren zu großer Sichtbarkeit gebracht hat.

Mittlerweile sind auch kommerziell erfolgreiche, von der Kritik gefeierte schwule Liebesgeschichten keine Ausreißer mehr, wie *Brokeback Mountain* es noch 2005 war. Inzwischen rühren Filme wie *Moonlight* (2016), *Call Me By Your Name* (2017) oder Sendungen wie *Queer Eye,* in der fünf schwule Männer Wohnungen aufhübschen, ein Millionen-Publikum. Timothée Chalamet startete 2017 mit der wunderbaren Romanverfilmung von *Call Me By Your Name* seine

Karriere, einen bisexuellen Jugendlichen zu spielen schadete ihm in der öffentlichen Wahrnehmung nicht. Früher war das aber noch so: Die Karriere der momentan stark umstrittenen US-amerikanischen Moderatorin und Komikerin Ellen DeGeneres kam nach ihrem Coming-Out 1997 ins Straucheln. Heute wird auch älteren Männern die Sichtbarkeit ihrer Sexualität zugestanden *(Grace and Frankie,* seit 2015, 6 Staffeln), das volle Spektrum an queeren Identitäten ist aber noch lange nicht ausreichend abgebildet.

Langsam, aber doch tut sich auch im deutschsprachigen Raum etwas. Vor und hinter der Kamera. Im Februar 2021 schließen sich 185 Schauspieler*innen zusammen und publizieren auf dem Cover des *Süddeutsche Zeitung Magazins* ihr **#ActOut-Manifest**, sie outen sich also öffentlich und verlangen, ungeachtet ihrer queeren sexuellen oder geschlechtlichen Identitäten Rollen zu bekommen.[171] Ulrike Folkerts begründet ihre Teilnahme an der Aktion so: „Es gab einen Regisseur, der Andeutungen machte: ‚Ich kriege dich nicht durch, weil du lesbisch bist.' Oder eine Regisseurin, die nach Probe-Aufnahmen meinte: ‚Ach, Sie lieben Frauen? Dann können Sie die Mutter nicht spielen, sie sind ja keine.' Es ist mein Beruf, alles zu spielen, alles! Ohne es zu sein!"

Auch wenn echte Gleichwertigkeit noch lange nicht erreicht ist, so war sicherlich der Sieg der österreichischen Drag-Queen und „Diva mit Bart" Conchita Wurst beim Eurovision Song Contest 2014 ein Wendepunkt in der Wahrnehmung queerer Körper im öffentlichen Raum, weil der Auftritt auch Menschen außerhalb progressiver Kreise erreichte. Ein Mann mit Bart, der als wunderschön geschminkte Frau auftritt, gewinnt den ESC – und die Aufregung ist groß. Über die Jahre hat Tom Neuwirth, wie Conchita abseits großer Bühnen heißt, immer wieder seine öffentliche Persona verändert, tritt mal femininer, mal maskuliner auf. Im Reality-TV gab es gerade im Jahr 2020 auch im deutschsprachigen Raum Fortschritte *(Prinz Charming, Queen of Drags* und die Normalisierung von queeren Kandidat*innen in Castingshows und anderen Reality-Formaten), doch solange Heidi Klum bei *Germany's Next Topmodel* Sätze wie „Na, Diversity is ja gerade trendy" sagen kann, haben wir noch einen langen Weg zu gehen. Vielfalt ist kein Trend, Heidi! Das ist die Lebensrealität von Menschen und kein Konsumprodukt, das in kürzester Zeit wieder aus der Mode kommt. Gerade die Sichtbarkeit queerer Frauen lässt aber wirklich noch zu wünschen übrig. Die sichtbarsten Vertreter*innen der Queer-Community sind noch immer *(weiße)* schwule cis Männer.

QUEERE LEBENSREALITÄTEN DÜRFEN UNS NICHT EGAL SEIN!

Es gibt sicher Menschen, die noch immer sagen: „Das ist mir wirklich alles viel zu kompliziert." Denen sei entgegnet: In den kommenden Unterkapiteln füllen wir diese theoretische Vorschau noch mit zahlreichen Stimmen und Körpern. Und außerdem: Nur weil mir die Lebensrealitäten anderer Menschen zu kompliziert sind, weil sie anders sind als meine eigene, heißt das nicht, dass ich sofort zu Skepsis, Ausgrenzung oder gar Hass übergehen muss. Es ist Zeit für eine Gesellschaft, die wirklich allen die Möglichkeit zur Entfaltung bietet. Und um dahin zu kommen, darf die Arbeit an der inklusiven Umgestaltung unserer Gesellschaft, unsere Schönheitsrevolution, aber nicht bei denen liegen, die ohnehin schon tagtäglich diskriminiert werden. Vielmehr ist es Zeit für alle heterosexuellen cis Menschen, sich mit queeren Lebensrealitäten auseinanderzusetzen, ihre Privilegien als Menschen in Normkörpern und Normbeziehungen zu reflektieren, die nie hinterfragt wurden. Es ist Zeit, zuzuhören und dazuzulernen. Die nächsten Abschnitte dieses Buches zentrieren daher wieder die Stimmen marginalisierter Menschen. Unsere Revolution geht von ihren Lebensrealitäten aus. Gut informiert und unserer eigenen Privilegien und Positionen in der Gesellschaft bewusst, kämpfen wir dann aber gemeinsam für eine inklusivere Gesellschaft.

Queere Frauen und die Schönheitsindustrie – alle zusammen gegen das Heteropatriarchat!

„Noch heute freue ich mich über dicke Sänger*innen und ebenso, wenn sie sich als Lesben outen. Ich freue mich auf den Tag, wo das wirklich normal ist. Für so eine Welt werde ich weiterkämpfen."

Lena Jäger, @diejaegerin_l, Sprecherin der Bürger*innen-Initiative Frauen*Volksbegehren 2.0

Lesbische Frauen sind eine der am meisten unsichtbar gemachten Gruppen. Ihnen wird ihre Sexualität abgesprochen, denn was keine Penetration durch einen Penis beinhaltet, kann in den Augen des Patriarchats kein Sex sein. Gleichzeitig werden Lesben objektifiziert und, zugerichtet für männliche, heterosexuelle Blicke, als übersexualisiert dargestellt. Diese widersprüchliche Gleichzeitigkeit von Zuschreibungen macht auch bisexuellen Frauen das Leben schwer – ihre **Sexualität** wird einerseits **abgewertet und unsichtbar gemacht**, andererseits führt ihre Positionierung als **übersexualisierte Objekte der Begierde** zu Unmengen Gewalt. Eines ist leider ganz klar: Mannigfaltige, komplexe Geschichten von selbstbestimmtem lesbischem Leben und Lieben sind immer noch viel zu rar in der Popkultur. Auch die Sichtbarkeit von lesbischen Expert*innen und Prominenten ist verschwindend gering. Besonders im deutschsprachigen Raum. Bekannte, geoutete Lesben sind etwa die Journalistin Anne Will oder die Fernsehmoderatorin Vera Int-Veen. In Österreich hat es die lesbische Singer-Songwriterin und Eishockeyspielerin Virginia Ernst, die bei der Unterhaltungsshow *Dancing Stars* mit einer Frau tanzte, 2019 zu einiger Sichtbarkeit gebracht – und sogar im oft doch eher konservativen Schlager-Bereich gibt es Fortschritte: Die lesbische Sängerin Kerstin Ott performte 2018 bei der Helene-Fischer-Show ihren Song „Regenbogenfarben" im Duett mit dem Superstar in einer riesigen, in Regenbogenfarben erleuchteten Halle.[172]

Warum, fragen sich vielleicht jetzt einige, fordern queere Menschen immer Repräsentation? Warum machen sie ihre Sexualität immer wieder zum Thema? Ist Sexualität nicht eine Privatsache? Nun, darauf lasse ich die lesbische Journalistin und Autorin Carolin Emcke antworten: „Es ist bequem, über Geschlecht als Kategorie herzuziehen und anderen vorzuwerfen, sie machten daraus eine Ideologie, wenn das eigene Geschlecht nicht in Zweifel gezogen oder benachteiligt wird, es ist einfach, Sexualität für etwas Intimes und Privates zu halten und irritiert zu reagieren, dass andere darüber sprechen, wenn der eigenen Sexualität zugestanden wird, etwas ganz Normales und Persönliches zu sein."[173] Dieses Privileg haben queere Menschen nicht – sie und ihre Lebensgeschichten kommen nicht beiläufig im Fernsehen vor oder werden in Magazinen thematisiert. Wenn sie ihre Sichtbarkeit nicht aktiv einfordern, gibt es oft gar keine. „You can't be what you can't see" (dt. „Was du nicht sehen kannst, kannst du nicht sein") – und dass es Virginia Ernst und Kerstin Ott, zwei queere Frauen mit kurzen Haaren und maskulinem Auftreten, zu so viel Öffentlichkeit geschafft haben, auch über queer-feministische Bubbles hinaus, ist gerade für junge Menschen, die mit ihrer sich gerade entwickelnden, queeren Sexualität in einer heteronormativen Welt kämpfen, unbeschreiblich wichtig. Da gibt es Frauen, die sind so wie ich – und das ist okay so.

Apropos Haare: Ich habe in den letzten 15 Jahren so ca. alle Haarlängen gehabt, die man sich vorstellen kann. Von richtig lang (bis zum Hintern!) bis richtig kurz („Pixie Cut"). Die Reaktionen auf diese Veränderungen waren faszinierend zu beobachten. Wertfrei waren sie allerdings nie. Wie wir unsere Haare tragen, hat viel mit unserer Identität zu tun, und damit, wie wir wahrgenommen werden wollen. Ein Punk mit Irokesen-Schnitt wird gesellschaftlich anders gelesen als Menschen mit akkurat getrimmtem, streng zurückgegeltem Business-Look. Als lesbisch gelesen wurde ich immer nur mit kurzen Haaren, nie aber mit langen. Wenn ich dann zufällig etwas von meinem Freund erzählte, gab es überraschte Blicke oder ungläubige Nachfragen. Als „schöner" und heterosexuell wahrgenommen wurde ich den gegebenen Normen gemäß meist mit den langen Haaren. Normativ feminines Auftreten von Frauen wird im Kopf des Gegenübers mit Heterosexualität kombiniert (und bringt gesellschaftlich auf allen Ebenen Vorteile), weil die gesamte Gesellschaft heteronormativ aufgebaut ist und wir schon als kleine Kinder lernen, das Aussehen von Menschen zu lesen und Ableitungen zu treffen. Aber ist es nicht eigentlich absurd, wenn man einen Moment darüber nachdenkt, dass wir die sexuelle oder geschlechtliche Identität unseres Gegenübers allein an einem Haarschnitt und dem Vorhandensein oder Fehlen von Körperbehaarung ablesen glauben zu können? Sollten wir nicht selbst frei bestimmen können, was für uns Femininität oder Maskulinität bedeutet? Das Problem an diesen vorschnellen Schubladisierungen ist nämlich folgendes: Aufgrund äußerer Merkmale werden Menschen in dieselbe Gruppe gesteckt, die ansonsten vielleicht gar nicht viel gemeinsam haben. Plötzlich müssen alle Lesben kurze Haare haben oder in Paaren – so will es die heteronormative Brille – muss immer eine maskulin/aktiv und eine feminin/passiv auftreten. Trifft man eine Lesbe, nimmt man an – diese Last hängt man ihr einfach um –, sie könne für alle Lesben auf der Welt sprechen. Statt lesbische Frauen und queere Menschen zu stereotypisieren und sie zu fragen, warum sie eigentlich alle so gerne in den Baumarkt gehen, sollten wir vielleicht gemeinsam daran arbeiten, die Normen und weitverbreiteten Vorstellungen abzubauen, die so vielen Menschen echte, freie Entfaltung unmöglich machen und versuchen, unserem Gegenüber in seiner einzigartigen Individualität zu begegnen.

Nicht gesehen zu werden bedeutet oft auch, nicht verstanden und akzeptiert zu werden. Und auch für die lesbischen Frauen-Beziehungen, die es schaffen, gezeigt zu werden in Werbungen oder Filmen, gibt es bestimmte Hierarchien. Am sichtbarsten sind oft jene mit jungen, normschönen, *weißen* Frauen, die Hetero-Vorstellungen vom guten, richtigen Leben möglichst wenig verunsichern. Stabile Langzeitbeziehungen, finanziell abgesichert, „unaufgeregt", „nicht dauernd am Protestieren für noch mehr Rechte", eigentlich ganz „normal". Lisa Duggan nennt diese eingeschränkte Akzeptanz und Repräsentation von Homosexualität **„Homonormativität"**, also „eine Politik, die die herrschenden heteronormativen Annahmen und Institutionen nicht in Frage stellt, sondern sie aufrechterhält und unterstützt, während sie die Möglichkeit einer demobilisierten queeren Wähler*innenschaft und einer privatisierten, entpolitisierten queeren Kultur verspricht, die in Häuslichkeit und Konsum verankert ist."[174] Anne Helen Petersen erklärt in ihrem fantastischen Buch *Too Fat, Too Slutty, Too Loud*, was das bedeutet: Nämlich, dass queeren Menschen absolute Grundrechte (auf Ehe und Kinder) „zugestanden" werden, sie als apolitische Konsument*innen willkommen sind, man aber keinesfalls bereit ist, Strukturen zu verändern, heteronormative Vorstellungen vom guten Leben ganz generell aufzubrechen oder queere Menschen gar in wirkmächtigen Positionen arbeiten zu lassen. Für Profite mit Regenbogenfahnen bedruckte Produkte zu verkaufen geht in Ordnung (kommerzialisierte Formen von queerer Sichtbarkeit werden als **„Regenbogenkapitalismus"** kritisiert, weil der Regenbogen das Symbol der queeren Bewegung ist), queere Menschen soweit zu akzeptieren, dass man mit ihnen Geschäfte machen kann auch, bei dringend notwendigem, tiefgreifendem Systemwandel mitzuhelfen allerdings schon weniger.

Leon Hamacher meinte dazu in einem Online-Kommentar 2019: „Der Juli ist der ‚**Pride Month**' – eigentlich der Monat, in dem der historischen Kämpfe für die Rechte von Queerpersonen gedacht wird und unsere heutigen Probleme in Angriff genommen werden. Juli. Der Monat, in dem der Stonewall-Riot stattfand, in dem der Paragraph 175, der Homosexualität unter Strafe stellte, abgeschafft wurde und in dem die WHO Homosexualität nicht mehr als Krankheit bezeichnete. Und wie sieht es heute aus? Anstatt Kämpfe um Anerkennung und Gleichberechtigung zu führen, wird der Pride Month heute von großen Unternehmen bis auf den letzten Cent ausgequetscht. Die Werbefirma Ströer, die massenhaft Wahlwerbung für die queerfeindliche AfD plakatierte, wirbt mit Regenbogen-Fahnen, und H&M lässt eine CSD-Kollektion (CSD=Christopher

Street Day) in Ländern produzieren, in denen ein Outing höchstwahrscheinlich mit Verachtung und Tod endet, um nur einige Beispiele für heuchlerische Unternehmen zu nennen."[175]

Homonormativität also erklärt jene queeren Menschen zu erfolgreichen Vorzeige-Schwulen oder -Lesben, die ein beschauliches, bürgerliches Leben führen, deren Sexualität nicht thematisiert oder gar gezeigt wird (das wäre ja anrüchig), und die unterwegs sind zu Ehe und Kindern. Bevor die Debatte um ihren Umgang mit ihrem Personal losbrach, führte Ellen DeGeneres ein solches Leben mit ihrer Frau. Reich, im Auftreten immer freundlich, nur nicht anecken. Petersen schreibt: „Je weniger eine queere Person binäre Geschlechtergrenzen in Frage stellt, je mehr sie an Hetero-Verhalten und Lifestyles assimiliert ist, als desto akzeptabler und angenehmer wird sie wahrgenommen. Der gesellschaftlich akzeptabelste Weg queer zu sein ist, wenn nichts außer der Existenz eines gleichgeschlechtlichen Partners oder einer gleichgeschlechtlichen Partnerin deine Queerness verrät." Entfaltungsspielraum sieht anders aus.

Wir brauchen also viel mehr lesbische Vorbilder. Es ist toll, dass das normschöne, junge, lesbische Paar Lisa und Bianca (@lisbia_) aus Österreich vor fast 120.000 Follower*innen ihre Liebe auf Instagram zelebriert. Das verschiebt Grenzen und erweitert Sehgewohnheiten. Dass es dabei gleichzeitig auch ganz schön viel Werbung, inszenierten Konsum und Tipps für die nächste Botox-Behandlung gibt, ist absolut in Ordnung. Schönheitsarbeit, gerade von Frauen, sollte nicht ständig als gut oder schlecht bewertet werden und kann auch ein Mittel zum Erfolg oder gar Schutz vor Ausgrenzungs- und Gewalterfahrungen sein. Unterdrückungssysteme werden wir mit Botox- und Hyaluronspritzen aber nicht los. Denn auch die Schönheitsindustrie ist geprägt von heteronormativen Idealen, mithilfe derer Unsicherheiten kreiert und immer neue Produkte verkauft werden.

Wir brauchen also auch mehr Repräsentation von lesbischen Systemsprenger*innen, die sich nicht von den Grenzen akzeptabler Homonormativität einschränken lassen. Ina Holub und Lena

Jäger zum Beispiel, die beide mit ihren Frauen in Wien leben. Ina macht als Queer-Body-Positivity- und Fat-Acceptance-Aktivistin auf Instagram auf Mehrfachdiskriminierung aufmerksam und gibt bodypositive **Voguing**-Kurse (eine politische Tanzform, die „aus der queeren Subkultur des New York der 1980er-Jahre stammt und Ausdruck der Emanzipation afro- und latinoamerikanischer Trans- und Homosexueller ist" [176]) für mehrgewichtige queere Menschen. Lena Jäger war eine der Sprecher*innen der Bürger*innen-Initiative Frauen*Volksbegehren 2.0 und ist schon so manchem durch kantige Aussagen auf verschiedensten Podien in Erinnerung geblieben.

Ina Holub meint zum Thema Schönheitsrevolution: „Es braucht einen Aufstand, damit Körper und Identitäten, die nicht der patriarchalen Normierung entsprechen, nicht mehr als widerspenstig gelesen werden. Damit marginalisierte Personen ihren Fokus nicht auf die Verteidigung ihrer Körper und Lebensrealitäten setzen müssen, sondern Sichtbarkeit ohne Diskriminierung erleben können. Erst wenn z.B. fette, Schwarze, queere Präsident*innen mit Behinderung ganz selbstverständlich zum öffentlichen Bild gehören, kann es auch einen wertvollen oder mindestens wertfreien Umgang mit diversen Körpern geben." In einer ganz persönlichen Reflexion meint auch Lena Jäger: „Ich bin dick. Ich bin lesbisch. Ich bin queer. Heute werde ich – als Frau mit 40 Jahren – auch schon zu alt. Ich komme damit klar. Oft genieße ich es auch. Ich halte mich deswegen nicht für gesünder oder habe das Gefühl, ich komme besser klar als andere Dicke. Ich würde sagen, ich habe meinen Weg gefunden und ich mag's, aufzufallen und ungemütlich zu sein. Manchmal sehe ich mich beispielsweise auf einem Gruppenfoto oder bei einem Panel im Fernsehen und bemerke, dass ich die dickste bin und in gewisser Weise aus Normsicht dieses Bild ‚störe', und wenn mir das so in den Sinn kommt, dann kann ich das durchaus genießen. Dann empfinde ich Widerstand und finde auch, dass wir den als Gesellschaft brauchen."

Trans-idente und nicht-binäre Menschen und ihr Kampf um Anerkennung

„Als trans Mann erlebe ich oft eine Art doppelte Diskriminierung, weil einerseits die Gesellschaft bestimmte Vorstellungen und Erwartungen hat, wie trans Männer aussehen müssen, aber ich mich andererseits auch selbst oft in Frage stelle: ‚Darf ich das tragen? Ist das männlich genug? Ist das noch trans genug?' Ich hatte lange Zeit das Gefühl, besonders männlich sein zu müssen, um zu verhindern, dass mich andere als Frau wahrnehmen. Heute bin ich da deutlich entspannter: durch den Bart und die tiefere Stimme erkennen mich die meisten als Mann, das gibt mir den Freiraum dazu, spielerischer mit meinem Geschlecht zu sein. Ich lackiere mir zum Beispiel gerne die Nägel oder trage geblümte Jacken, das hätte ich mich am Anfang nie getraut, weil ich Angst gehabt hätte, mein eigenes trans Sein zu entwerten. Heute bin ich da deutlich entspannter, trotzdem passiert es mir ab und an, dass ich Menschen damit befremde: ‚Du willst ein Mann sein, aber lackierst dir die Nägel?' ist ein Satz, den ich schon häufig gehört habe – auch andere trans Männer ärgern sich manchmal über mich, weil sie finden, dass es sich nicht gehört, sich als trans Mann die Nägel zu lackieren."

Linus Giese, @linus_giese, Autor von *Ich bin Linus. Wie ich der Mann wurde, der ich schon immer war* (2020)

„**Passing**" (engl. etwa „als X durchgehen", „für X gehalten werden") bedeutet im Kontext von Transgeschlechtlichkeit, dass trans Personen als das Geschlecht gelesen und anerkannt werden, als das sie gelesen werden möchten. Ihr Transsein fällt also quasi nicht auf. Im Fall von Linus ermöglichte besonders der nach dem Start der Testosteron-Therapie einsetzende Bartwuchs genau dieses Passing: „Der Bart ist meine Lebensversicherung, wenn ich ihn trage, erkennen die Menschen mich als Mann und sprechen mich als Mann an – deshalb bedeutet er mir so viel, weil er mir unangenehme Momente und peinliche Situationen erspart." Linus weist aber auch mit großer Nuance darauf hin, dass es nicht das Ziel aller trans Menschen sei, nach ihrer Transition wie cis Menschen auszusehen. Das betont er nicht nur in der eingangs zitierten Beantwortung meiner Fragen, sondern auch in seinem Buch: „,Passing' ist auch oft eine Fremdbeurteilung – passen mein Körper und mein Aussehen in die gesellschaftlichen Normen?" Und kann ich nicht auch abseits dieser binären Normen selbst bestimmen, wie ich auftreten möchte?, füge ich in Gedanken hinzu.

Doch in der deutschen (und österreichischen) binärgeschlechtlichen, zutiefst bürokratischen Gesellschaft erfordern Namens- und Personenstandsänderung oft Gutachten und klare Lesbarkeit der geschlechtlichen Identität. Linus fragt sich: „Wie kann ich beweisen, dass ich trans genug bin, um meinen Personenstand ändern zu lassen? Ist meine Frisur trans genug? Meine Kleidung? Mein Auftreten? Mein Leben? Bin ich noch trans genug, wenn ich beim Gutachter nicht meinen **Binder**[177] [ein straff sitzendes Unterhemd, mit dem queere Menschen eine flache ‚maskuline' Brust simulieren, Anm.] anziehe? Und mir stattdessen gerne die Nägel lackiere?" Das ist Lookismus in Reinform. Ein Mensch wird vor dem Gesetz nur in seiner Menschlichkeit und Identität anerkannt, wenn auch die Autoritätspersonen diese Identität lesen können. Die rechtliche Bestätigung ihrer Existenz hängt von ihrem Aussehen ab. Eine so krasse Diskriminierungserfahrung – die eigene Existenz in Frage gestellt zu bekommen, Tag für Tag immer wieder – ist in ihrer Dramatik für cisgeschlechtliche Menschen vermutlich unvorstellbar. Umso wichtiger sind Zuhören und gemeinsamer Kampf für inklusivere Strukturen und Gesetze! Deutsche Aktivist*innen setzen sich zum Beispiel aktuell unter allegutendinge.jetzt dafür ein, dass das sogenannte „Transsexuellen-Gesetz" durch ein inklusiveres „Selbstbestimmungsgesetz" ersetzt wird.[178]

Auch die 18-jährige Wienerin Claire Kardas (@clairedilayece), Aktivistin für Klima und Feminismus, die sich mit 16 Jahren als trans Frau geoutet hat, kennt ähnliche Kämpfe: „Ich hatte vor allem am Anfang meiner Transition großen Druck, mit meinem Aussehen ein bestimmtes Bild einer Frau zeigen zu müssen, das Menschen im Kopf haben. Cis Menschen ist es meiner Erfahrung nach, aus irgendeinem Grund, sehr wichtig, Menschen einer Schublade zuordnen zu können. Das ist vor allem bei der Geschlechtsidentität und dem Aussehen von Personen bemerkbar. Wenn mein Erscheinungsbild nicht hundertprozentig ins Feminine gefallen ist, hat das für manche gar nicht gepasst. Das hat mir sehr zu schaffen gemacht." Ähnlich wie Betül, die uns von den krass gegensätzlichen Zuschreibungen berichtet hat, die ihr zuerst ohne und dann mit Hijab widerfuhren, so berichtet Claire von unterschiedlichen Erfahrungen an verschiedenen Enden des Geschlechter-Spektrums: „Meinen Erfahrungen nach spüren trans Personen besonders stark, wie Männer und Frauen unterschiedlich behandelt werden. Egal wie unwohl ich mich in meiner gesellschaftlichen Rolle als Mann fühlte (und ich sage absichtlich ‚Rolle', denn es war vor meinem Coming-out nichts anderes als das), wurden mir unglaublich viele Kompetenzen und Fähigkeiten unterstellt. Egal in welchem Setting, wenn das Aussehen auf das eines Mannes passt, bist du stark, schaffst alles und weißt vieles. Jetzt, im weiblichen Geschlecht, fühle ich mich zwar hundertprozentig wohler und richtig aufgehoben, aber anders behandelt wird man als Frau einfach. Ich bin jetzt als Frau oft in den Augen mancher mit meinen Ideen zu übermütig oder zu sehr eine Träumerin. War ich früher mal ein junger Held, ein Pionier, ich könnte stolz auf mich sein, in so jungen Jahren schon so selbstständig zu sein. Als Frau sieht die Welt ganz anders aus. Warum wird jetzt vermehrt gefragt, ob ich das, was ich arbeite, überhaupt studiert habe?"

Anne Helen Peterson bezeichnet in ihrem Buch *Too Fat, Too Slutty, Too Loud* im Kapitel über Caitlyn Jenner den Umstand, dass die Gesellschaft trans Menschen bevorzugt, die als cis Menschen gelesen werden, als „**Transnormativität**". Das erhöht den Druck für trans Menschen nicht nur dahingehend, ihre Transition zu beschleunigen und als Prozess mit klarem Ziel zu begreifen, sondern auch wahnsinnig viel Zeit, Geld und Ressourcen in den eigenen Auftritt zu investieren, um nicht als trans gelesen zu werden. Diese Arbeit am eigenen Körper ist also keineswegs oberflächlich. Sie kann trans Menschen helfen, Diskriminierung am Arbeitsplatz, im öffentlichen Raum oder auch in zwischenmenschlichen Beziehungen zu entgehen. Sich bewusst die Nägel zu lackieren, gegen Transnormativität aufzubegehren, „Menschen herauszufordern und bestimmte Erwartungen und Vorstellungen in Frage zu stellen" ist für Linus daher ein Widerstandsmoment gegen gängige Ideale und Normen.

Es sollte wirklich keines Mutes bedürfen, sich die Nägel zu lackieren. Ich mache das gerne, ja zur Entspannung. Nägel lackieren ist für mich eine absolut alltägliche Handlung, damit gönne ich mir ein paar Momente Ruhe nach einem stressigen Tag. Was für ein Privileg! Wenn Linus sich die Nägel lackiert, muss er befürchten, dass seine Geschlechtsidentität nicht mehr gelesen werden kann (er „**misgendert**" wird), dass er erwartete Grenzen überschreitet und Menschen ihm mit Ablehnung oder gar Hass begegnen.

Denn eines ist klar: Die Lebensrealitäten von trans Menschen sind alles andere als einfach. Das belegen zahlreiche Studien. Die bundesdeutsche Antidiskriminierungsstelle schreibt dazu: „In einem Bericht für die Generaldirektion Justiz der Europäischen Kommission wird aufgezeigt, dass trans Personen in Europa massiver Diskriminierung in Form von Drohungen, Ausgrenzungen, sozialem Ausschluss, Spott, Beleidigungen, sowie physischer und sonstiger Gewalt ausgesetzt sind. Dies betrifft alle Bereiche des täglichen Lebens, den Zugang zu Bildung und anderen Gütern und Dienstleistungen sowie das Arbeitsleben. Laut einer Studie der europäischen Grundrechteagentur FRA haben die Hälfte der Befragten (54 Prozent) angegeben, wegen ihres trans Seins im Jahr vor der Umfrage diskriminiert worden zu sein. Auch beim Zugang zum Arbeitsmarkt und bei Karrierechancen werden trans Personen benachteiligt. Sie sind deutlich häufiger von Arbeitslosigkeit und Armut betroffen und erfahren Benachteiligungen im Beruf – z.B. Gehaltskürzungen nach erfolgter Geschlechtsangleichung oder Hindernisse beim beruflichen Aufstieg. Die Studie ‚Transphobic Hate Crimes in the European Union' 2008 zeigt, dass in der EU 79 Prozent der Befragten bereits in der Öffentlichkeit belästigt wurden. Die Belästigungen reichten von transphoben Kommentaren bis zu körperlichem und sexuellem Missbrauch."[179] Wie kann eine Person nach ihrer Transition weniger Geld verdienen, frage ich mich. Sie hat doch noch dieselben Qualifikationen wie vor der Geschlechtsangleichung! Wie absurd und inhuman ist das eigentlich!?

Kem, besser bekannt als musikalisches Multitalent kerosin95, ist uns schon im Kapitel zu Körperbehaarung begegnet. Kem ist **nicht-binär** und verwendet keine Pronomen. Viele der von Kem in unserem Skype-Gespräch geschilderten Ausgrenzungserfahrungen erinnern an die Lebensrealitäten von Linus und Claire. Gemeinsam ist den drei Protagonist*innen dieses Kapitels, dass sie die Grenzen tradierter Geschlechterrollen sprengen und eigentlich oft gar nicht mehr wissen, weshalb sie nun Anfeindungen ausgesetzt sind: „Kompetenz wird mir als **FLINTA*** Person [Sammelbegriff für **F**rauen, **L**esben, **I**nter, **N**on-Binary, **T**rans und **A**gender Personen, Anm.] sowieso regelmäßig abgesprochen, ich kann nicht sagen, ob da meine Haare ein zusätzlicher Grund wären", meint Kem.

Kem verwendet keine Pronomen. Die deutsche Sprache mag das gar nicht. Sie sperrt sich systematisch mit allem, was sie hat. Deutschlernende wissen aus finsteren Stunden des Artikel-Lernens, dass so gut wie alles im Deutschen ein grammatikalisches Geschlecht hat, das man sich auswendig merken muss. Kem richtig anzusprechen oder über *them* (im Englischen verwenden nicht-binäre Menschen das Pluralpronomen *they*, auf Deutsch geht das nicht, das wäre wieder „sie"), erscheint vielen, die binärgeschlechtlich sozialisiert sind und deren Sprache diese exkludierenden Realitäten widerspiegelt, als schwierig, umständlich oder unmöglich. Aber wisst ihr was? Sprache soll genauso Platz für alle schaffen, wie es die physische Umgebung tun soll. Deutsch funktioniert also ohne Pronomen nicht reibungslos? Nun, vielleicht brauchen wir dann genau diese Friktion, um längst nötigen Sprachwandel hervorzurufen – und danken Menschen wie Kem, dass sie ihre Energie aufbringen, das System Sprache inklusiver zu denken und zu leben. Nun ist es an uns, uns Kems Vorreiter*innen-Rolle anzuschließen und diese Veränderungen in Theorie und Praxis einzufordern und mitzutragen.

Wie können wir also die tiefgreifende, abscheuliche Diskriminierung queerer Menschen endlich ein für alle Mal beenden? Linus meint, wir brauchen mehr als eine Schönheitsrevolution, nämlich „eine Revolution unserer Erwartungen und Vorstellungen. Wir brauchen eine Körperrevolution, eine Geschlechterrevolution." Wir müssen, fügt er hinzu, „als Gesellschaft von dem Gedanken wegkommen, wie sogenannte ‚Frauen- und Männerkörper' auszusehen haben. Ich wünsche mir mehr Repräsentation (in der Werbung, in Filmen, in Büchern) von Männern mit Vulva und Brüsten und Frauen mit Bart und Penis. Ich wünsche mir ein Bewusstsein dafür, dass Frauen und Männer ganz unterschiedlich aussehen dürfen und auf ganz unterschiedliche Art und Weise schön sind."

Um die Last, die der Kampf um Anerkennung abseits der Grenzen der Zweigeschlechtlichkeit mit sich bringt, von den Schultern von trans- und genderqueeren Menschen zu nehmen und sprachliche Zuschreibungen nicht nur aufgrund äußerer Merkmale zu treffen, sollten auch cis Menschen in ihren Social-Media-Profilen klar machen, mit welchen Pronomen sie angesprochen werden möchten. Auch im Alltag sollte es ganz normal werden, Geschlecht nicht mehr anzunehmen, sondern einfach mitzukommunizieren oder nachzufragen. „Hallo, ich bin die Elli. Meine Pronomen sind *sie* und *ihr*." Kem formuliert das in unserem Skype-Gespräch so: „Ja, das wär die Utopie. I bin Kem, des san meine Pronomen und dann wird nix mehr gredt drüber … Da gibt's auch nix zu hinterfragen, des akzeptiert ma dann so. Es sagt ja auch niemand: Wos? Du heißt Sebastian? I hätt glaubt, du heißt Fabian." Außerdem braucht es viel mehr Akzeptanz und Repräsentation queerer Körper und queerer Lebensentwürfe auf allen Ebenen. Kem meint in unserem Skype-Gespräch: „Es sollte echt allen wurscht sein, was Leute mit ihren Körpern machen", und fügt in einer Mail hinzu: „Alle Körper sollten überall repräsentiert werden. Nicht nur die gesellschaftlich ‚normalen' Vorstellungen und Ideale. Diese Normen und Bilder müssen wir brechen, erweitern und neu erfinden. Es gibt ein so großes Spektrum an Körpern und es ist einfach schade, dass nicht alle die Bühne bekommen, die sie bekommen sollten."

Ein anderer junger Mann, der nun schön langsam die Bühne bekommt, die er schon lange verdient, ist der österreichische Rapper Mavi Marlon Phoenix. Sein Debütalbum „Boys Toys" (2020) ist ein Konzeptalbum über den Prozess seiner Transition. Warum er das geschrieben hat? „Einerseits, um seine Geschichte selbst zu erzählen und in Zukunft nicht ständig seine Geschlechtsidentität erklären zu müssen. Andererseits – und das ist noch viel wichtiger –, um zu zeigen, dass eine Transition nicht nur ein schwieriger, sondern auch schöner Prozess sein kann, der viel mit Selbstliebe zu tun hat", wie er im Interview mit *Vogue* erklärt.[180] Damit soll es aber auch gut sein. Linus plädiert in seinem Buch dafür, „trans" klein und getrennt vom Nomen zu schreiben, statt groß und mit Bindestrich („Trans-Mann") – es ist ein Merkmal von vielen, nicht das einzig bestimmende. Und auch Marlon sagt im Interview mit Jetzt.de: „Für meine Zukunft würde ich mir wünschen, dass ich kein trans Mann bin, sondern einfach ein Mann. Der Song war einfach ein Schrei, der gehört werden soll: Ich bin einfach ein normaler Dude. Normalerweise wollen die Menschen immer ‚unique' sein, wollen besonders sein und auffallen. Ich will einfach dazugehören und mehr oder weniger normal sein. Das ist mein Wunsch."[181]

Wie das alles in der Praxis funktioniert, fragen sich jetzt viele vielleicht. Im Rahmen meines Doktoratsstudiums durfte ich die von der wunderbaren Prof. Emma Rees organisierte *Talking Bodies*-Konferenz in Chester, England, besuchen und einen Vortrag über meine Forschung halten. Die Veranstaltung bewies, wie einfach inklusive Event-Organisation sein konnte, wenn man nur wollte. Wie üblich bekamen beim Anmelden alle Teilnehmer*innen Namensschilder. Zusätzlich gab es aber auch noch bunte Regenbogensticker, auf die man die eigenen Pronomen schreiben und nach außen hin die eigene Geschlechtsidentität sichtbar machen konnte. Warum sollten trans Menschen ihr Coming-out ständig wiederholen müssen? Sich dauernd deklarieren? Tun wir das doch einfach alle! Die Toiletten waren als „mit" und „ohne Pissoir" beschriftet, nicht geschlechtlich markiert und damit zugänglich für alle. Was für ein Safe Space! Nach diesem von gegenseitigem Respekt für alle Menschen gekennzeichneten Aufenthalt fühlte sich die Rückkehr in die „Normalität" wie ein Faustschlag der Intoleranz an. Ich schließe mich Linus' Utopie an, der in seinem Buch schreibt: „Ich würde mir wünschen, dass Kinder irgendwann nicht mehr vor mir stehen und ‚Bist du ein Mann oder eine Frau?' fragen, sondern stattdessen fragen: ‚Hallo, welches Pronomen nutzt du denn?'"

Und was ist mit den Männern!?

„Oder, wenn ich meiner Arbeitskollegin, die nicht auf Instagram ist, meine zuletzt geposteten Fotos zeige, die ich selbst super lustig finde, und das einzige, das sie darauf zu sagen hat, ist ‚Boah, da schaust aber schon ganz schön dick aus, wie viel wiegst du denn jetzt schon?', dann bin ich meistens einfach nur baff. Bei meinem Tinder-Profil hatte ich lange als Beschreibung den Satz stehen, dass mir Personen, die ihre Körpergröße und ihr Gewicht in die Biografie schreiben, suspekt sind. Daraufhin habe ich viele viele Nachrichten bekommen, dass ich das sicher nur schreibe, weil ich selbst ‚nicht der Schlankste' oder ‚unsportlich' oder noch einige weniger nette Dinge sei. Es war diesen Personen also die Zeit wert, mich zu matchen, nur um mir das mitzuteilen. Wertvoll verschwendete Zeit."

David Samhaber, @dasamhaberbua, Poetry Slammer, Student und Buchhändler

Es sollte mittlerweile hinlänglich klar geworden sein, dass Frauen auch im 21. Jahrhundert noch immer auf ihr Aussehen reduziert werden. Dass ihnen deswegen Kompetenzen abgesprochen und Lebenschancen verunmöglicht werden. Sie können zu „hässlich" für Jobs und Dating-Apps sein, aber auch zu „schön" oder „sexy", was fast immer mit Dummheit gleichgesetzt wird. Frauen leiden öfter an Essstörungen, zahlen mehr für die Produkte und Dienstleistungen der Schönheitsindustrie und verdienen immer noch weniger als Männer, und das, obwohl sie den Löwenanteil der unbezahlten Sorgearbeit in unserer Gesellschaft leisten! Und trotzdem gibt es eine Frage, die mir bei jedem Vortrag und jedem Interview, auch in feministischen Kreisen, gestellt wird: „Und was ist mit den Männern!?"

Manchmal ärgert es mich, dass nicht einmal die Revolution gegen die Schönheitsindustrie, die erwiesenermaßen Frauen stärker betrifft, ohne Männer auskommt. Aber wenn ich mein innerliches Augenverdrehen abgeschlossen habe, kehre ich zurück zu meiner Wissenschaftlerinnen-Persona, die weiß: Auch für cis Männer nimmt der Druck zu, schön und fit zu sein, das gilt besonders für schwule Männer, die immer harscherem Body Shaming ausgesetzt sind, gerade in digitalen Dating-Welten. Das Phänomen der **Bigorexie**, also die ständige Angst, nicht muskulös und breit genug zu sein, sich nur mehr durch die Brille „zu dünn/zu klein" sehen zu können, betrifft vor allem Männer. Obwohl ohnehin schon ohne Unterlass trainiert wird, reicht die vorhandene Muskelmasse den Betroffenen einfach nicht aus, was zu Depressionen, Angstzuständen und im schlimmsten Fall zu Suizid führen kann. Damit lässt sich Bigorexie in gewisser Weise als verwandt mit der **Anorexie** fassen, die vor allem Frauen betrifft und sich darin äußert, dass Betroffene ihren Körper nicht mehr objektiv wahrnehmen können und sich für zu groß und dick halten. Die Zahlen beider Erkrankungen nehmen stetig zu.[182]

Wie Studien belegen, sorgen sich etwa schwule Männer besonders um ihr Aussehen und leiden öfter an Essstörungen als ihre heterosexuellen Geschlechtsgenossen. Das als biologische Veranlagung zu sehen, erachte ich als sehr problematisch. Ich würde eher sagen, dass queere Männer deshalb so sehr unter Schönheitsdruck und Dickenhass leiden, weil sie im Gegensatz zu heterosexuellen Männern eben nicht die unhinterfragte Norm darstellen, sondern durch ihre Homosexualität schon als „anders" wahrgenommen werden. Dem Schönheitsideal eines heterosexuellen cis Mannes zu entsprechen, kann sie vor weiterer gesellschaftlicher Ausgrenzung schützen. In meiner Forschung konnte ich ganz oft feststellen, dass zwar eine einzelne Abweichung von der gesellschaftlichen Norm mitunter akzeptiert wird, allerdings nicht mehrere. Du bist ein schwuler Mann? Das ist okay, aber dann sei bitte auf keinen Fall dick und gliedere dich auch sonst gut in die Gesellschaft ein.

Wie sieht der „ideale" Mann aus? Er ist groß, stark, hat durchtrainierte Muskeln, fülliges Haar, aber ansonsten immer weniger Körperbehaarung. Das gilt nicht nur für Heteros, sondern auch in der Gay Community.[183] In Dating-Profilen wird das oft zusammengefasst als **„No Fats, no Fems!"** („Keine Fetten, keine Tunten!").[184] Nur ja nicht dick sein, nur ja nicht feminin wirken. Das mindert deinen Wert. Wie die BBC und die LGBT-Foundation in Manchester Anfang 2020 berichteten, ist der Schönheitsdruck in der schwulen Community so enorm, dass schwule Männer – sofern sie es sich leisten können – Steroide nehmen oder Schönheits-OPs über sich ergehen lassen. Nicht, um sich selbst zu verschönern, sondern um endlich akzeptiert zu werden und dazuzugehören.[185]

Zu dem Thema habe ich mich auch mit Florian Boschek (@florianboschek) ausgetauscht. Er ist 21 Jahre alt, studiert Cross-Disciplinary Strategies an der Angewandten in Wien, ist Aktivist und schwul. Er setzt sich gegen diskriminierende und ungerechte Strukturen ein und versucht, seinen Beitrag zu leisten, um ein besseres Miteinander für alle zu ermöglichen. Florian reflektiert daher auch Ausgrenzungsstrukturen innerhalb der Community, der er selbst angehört, kritisch: „In der Gay Community macht man immer wieder Begegnungen mit unmöglichen Körper-Stereotypen. Männer mit stählernen Körpern als Ideal, wie sie auch in Sport- oder Bodybuildingmagazinen zu finden sind. Alle, die davon abweichen, werden mehrheitlich als ‚normal', oder als ‚zu viel' oder ‚nicht schön' abgetan. Hiervon hat sich auch die Kurzform ‚No fats, femmes and asians' abgeleitet, die die Dragqueen Kim Chi in der 8. Staffel von RuPauls ‚Drag Race' geprägt hat. Beim Online-Dating stößt man immer wieder auf Personen, die diese Kurzform in ihren Profilen stehen haben. Es zeigt die Intoleranz in einer der vermeintlich tolerantesten Communities auf: Fatshaming, Lookismus und Rassismus."

Um seine folgenden Aussagen in einen Kontext zu setzen, sei gesagt, dass Florian objektiv betrachtet als absolut normschön zu bezeichnen ist. Vor Diskriminierung schützen ihn Lockenkopf und bezauberndes Lächeln jedoch leider trotzdem nicht: „So habe auch ich schon Erfahrungen mit Intoleranz innerhalb der LGBTIQ+-Community gemacht. Nicht nur einmal haben Personen sich bemüßigt gefühlt, über mein Äußeres zu urteilen. Ich solle doch Sport machen, ich hätte so ein schönes Gesicht – das wäre ja schade, wenn der Rest nicht passen würde. Oder dass beim Schwimmen ein unbedachter und verletzender Kommentar zu meinem Körper in Schwimmhose gemacht wird. Ebenso habe ich die Erfahrung gemacht, dass schwule Unbekannte auf der Internetplattform Jodel sich über mein Aussehen ausgetauscht haben. Die Ausgangsfrage lautete ‚Warum finden den Boschek auf Insta alle so heiß?' Ein unbekannter Kommentator darunter: ‚Für mich bisi zu fett' und weiters ‚Nein, kein Scherz, man sieht doch, dass er mollig ist'. Der Initiator dieses ursprünglichen Postings kommentierte auch weiter ‚Ich mach a bissl Werbung für ihn. Für mich ein bisschen zu fem'. Sätze, die mich nicht treffen sollten. Anonyme Schwule, die über mich und meinen Körper reden."

Sie tun es aber doch, weil sie ihn an Ausgrenzungserfahrungen aus seiner Kindheit erinnern: „Als Kind hatte ich immer Angst, ins Schwimmbad zu gehen. Ich hatte keinen sportlichen Körper und man hat mir damals schon immer wieder gesagt, ich solle doch mehr Sport machen. Dieses Bild, von meinem kleinen Ich im Schwimmbad, der Angst hat, sich duschen zu gehen und in Badehose durch die Halle zu gehen, ist immer noch in mir. Es ist hart, die Gefühle von damals abzulegen – und bei solchen Kommentaren bin ich wieder dieses kleine, unsichere Ich. Dieses Mal habe ich mich zur Wehr gesetzt und habe die Jodel-Kommentare auf Twitter veröffentlicht. Ich wollte aufzeigen, dass solche Kommentare für Personen mit öffentlichem Auftritt Standard sind. Ich wollte an die Personen, die anonym hinter diesen Profilen sitzen, appellieren, dass sie das nächste Mal darüber nachdenken sollten, bevor sie solche verletzenden Dinge ins Internet schreiben. Es sitzt eine Person auf der anderen Seite, die Gefühle hat, egal, welche Positionen sie vertritt oder welche Bilder sie öffentlich teilt."

Viele Menschen werden sich jetzt vielleicht fragen, wie ohnehin schon Marginalisierte – schwule Männer – auch innerhalb ihrer eigenen Communities einen so enormen Schönheitsdruck weitertragen und selbst Andere aufgrund ihres Äußeren be- und abwerten können. Nun, auch schwule Männer sind in unserer fettphobischen Welt sozialisiert und: Sie sind auch Männer. Und Männern wird immer noch beigebracht, dass man über Gefühle nicht redet, Schmerz runterschlucken und mit sich selber ausmachen soll. Es gibt kaum einen Begriff, der Konservative mehr aufregt, aber in der Gender-Forschung nennen wir solche Vorstellungen von Männlichkeit toxisch. Egal, wie oft „**Toxic Masculinity**" durch den Dreck gezogen und verunglimpft wird: Ist es nicht wirklich pures Gift, immer Stärke demonstrieren zu müssen, nicht zu lernen, wie man mit Ablehnung umgeht oder seine Gefühle so ausdrückt, dass man dabei selbst nicht zu kurz kommt und andere nicht verletzt? In einem Interview mit *MO – Magazin für Menschenrechte* erklärt es die Soziologin Laura Wiesböck so: „Innerhalb dieses Männlichkeitsbilds gibt es keinen Raum und keine Sprache für Verletzlichkeit. Schmerz, Leid und Angst werden im Inneren verdrängt und im Außen bekämpft. Anstatt sich selbst verletzlich zu zeigen, verletzt man andere."[186]

Es geht aber bei dem Männlichkeitsprinzip der toxischen Männlichkeit keinesfalls darum, alle Männer pauschal zu verurteilen, vielmehr ermöglicht es einen Ausweg aus dieser Situation, die Männern wie Frauen schadet: „Der Kritik an diesem Prinzip liegt ja eben genau kein ‚schlechtes' Männerbild zugrunde, etwa, dass Männer hormonell und biologisch bedingt aggressiver seien und man nichts dagegen machen könne. Kritisiert wird, dass das Männlichkeitsprinzip auf Überragung und Machtausübung basiert. Dieses aufzubrechen würde einem emotional erfüllenden Leben zuträglich sein. [...] Es ist allerdings ein zäher Prozess, denn Menschen, die ohne eigenes Zutun in Machtstrukturen privilegiert sind, haben meist wenig Interesse daran, das zu ändern", so Wiesböck.[187] Für unser Kapitel übersetzt heißt das: Warum sollten die dem Idealtypus Mann entsprechenden (schwulen) Männer auf Tinder, Grindr und Co. rücksichtsvoller sein, wenn sie es doch sind, die bei anderen am besten ankommen?

Laura Wiesböck sieht die Verhärtung von Männlichkeitsbildern und damit einhergehend von Körperbildern auch als Reaktion auf die Emanzipationsgewinne von Frauen. Wenn Geschlechterrollen instabiler werden, dann verschafft der harte, durchtrainierte Körper Sicherheit. „Das männliche Prinzip der **Überragung** wird heute stärker über den Körper repräsentiert, mitunter, da es weniger über andere Bereiche ausgelebt werden kann, wie in der Rolle des alleinverdienenden Versorgers. [...] Das Prinzip der Überragung ist für Männer essenziell, die ein fragiles Männlichkeitsgefühl in Sicherheit halten müssen. Eine Partnerin auf Augenhöhe oder eine, die vielleicht erfolgreicher ist oder mehr Lebenserfahrung hat, wird als Bedrohung wahrgenommen, als Verlust einer Machtposition." Und wer in rechtspopulistisch regierten Ländern wie Österreich lebt, kennt auch die xenophob motivierte Auslagerung dieser Machokulturen an „Ausländer". Rassismen durchziehen also wirklich alle Kapitel dieses Buches.

Der eingangs zitierte David Samhaber hat gerade sein Bachelorstudium in Publizistik und Kommunikationswissenschaften abgeschlossen und ist seit 2015 Poetry Slammer, was er als den „Ausdruckstanz der Literaturszene" bezeichnet. Außerdem leitet er gemeinsam mit einer Kollegin einen Leseclub für Jugendliche in Wien und arbeitet in einer Bücherei am Land, wohin er „ganz viele gesellschaftskritische Bücher bestellt, damit auch im Dorf ein bisschen was weitergeht". Und, das muss hinzugefügt werden, sein

Instagram-Account ist in seiner Gesamtheit ein Angriff auf toxische Männlichkeitsbilder. David knuddelt Hundebabys, trägt rosa Pullis und unterhält während der Pandemie seine Follower*innen in fast täglichen humoristischen (aber gekonnten!) Koch-Videos mit -50 % Produkten aus dem Supermarkt. David begründet seinen Wunsch nach einem Aufstand der widerspenstigen, feministischen Körper so: „Weil ich nicht mehr länger Ausreden hören will wie: ‚Naja, die ändern sich halt nicht mehr.' Zum Beispiel bei meiner Oma. Anfangs habe ich mir gedacht, na gut, sie ist halt noch vom alten Schlag, dann finde ich es nicht so schlimm, wenn sie meinen rosaroten Pulli lächerlich findet und mich fragt, ob ich denn ein Mädchen bin. Aber ganz ehrlich – nein. Denn irgendwann müssen wir mal anfangen, dass wir (auch und vor allem bei den Kleinigkeiten) dagegenreden. Weil sonst kommen wir nie aus diesem Teufelskreis raus, wo wir die sexistische, rassistische, ableistische, usw. Meinung anderer herunterspielen oder gar verteidigen, wenn auch unbewusst." Florian weiß aus seinem Umfeld: „Viele Personen kämpfen mit ihrem Selbstbild und Selbstwert. In meinem Freundeskreis, der großteils aus LGBTIQ+- und BiPoC-Personen besteht, ist dies immer wieder Thema. Die Gesellschaft oktroyiert uns ein Bild eines ‚idealen' Körpers, Gesichts, Auftretens etc. auf, dem niemand gerecht werden kann. Eine Zukunft, in der in Serien, Filmen, Werbungen und allen anderen Vorbild-/Vorzeige-Medien ein vielfältigeres und toleranteres Körperbild präsentiert und damit zur Norm gemacht wird, das würde ich mir wünschen." Dass wir dieser utopischen Zukunftsvision bald einen Schritt näherkommen, hält David für gar nicht so unrealistisch: „Außerdem bin ich der Meinung, dass die Jugend aktuell sehr offen für solche Themen ist. Wenn ich mich auf TikTok oder ähnlichen Plattformen herumtreibe, denk ich mir oft, wow, wie cool sind diese jungen Leute heutzutage (und fühle mich dabei sehr alt). Also, wann, wenn nicht jetzt?!"

BEHINDERT.

WARUM WIR EINEN WIRKLICH INKLUSIVEN SCHÖNHEITSBEGRIFF BRAUCHEN

„In Artikel 1 der UN-Konvention über die Rechte von Menschen mit Behinderungen wird Behinderung folgendermaßen definiert: ‚[L]angfristige körperliche, seelische, geistige oder Sinnesbeeinträchtigungen, welche in Wechselwirkung mit verschiedenen Barrieren an der vollen, wirksamen und gleichberechtigten Teilhabe an der Gesellschaft hindern können.'[188] Behinderungen werden also von äußeren Barrieren verursacht. Menschen sind nicht behindert, sie werden behindert."

„Aus der geringen Sichtbarkeit von Menschen mit Behinderungen in der Schönheitsindustrie und anderswo ergibt sich ein Teufelskreis: Menschen mit Behinderungen sind wenig repräsentiert, dadurch gibt es weniger optische & visuelle Berührungspunkte mit Menschen mit Behinderungen, wodurch wieder die Unsicherheit steigt. Kurz gesagt: Das Thema ist, trotz der Bemühungen vieler Aktivist*innen und deren großartiger Arbeit, immer noch viel zu wenig präsent."

„Für eine Gesellschaft im 21. Jahrhundert, bewohnt von wachen Geistern mit politischen Forderungen ist das Verhalten gegenüber Menschen mit Behinderungen schlicht unwürdig."

Fides Raffel, @fidesliebe und @123barrierefrei, Unternehmensberaterin

„Diversity Work: when you have to try to make others comfortable with the fact of your own existence."

Sara Ahmed, *Living a Feminist Life*

BEHINDERT DURCH GESELLSCHAFT-LICHE STRUKTUREN

Eine bessere Einleitung zum Thema Behinderung, als die Unternehmensberaterin Fides Raffel sie in den eingangs zitierten Zeilen als Beantwortung meiner Fragen liefert, hätte ich auch nicht schreiben können. In ihren Worten umreißt sie das **soziale Modell von Behinderung**, das Behinderungen nicht als biologische Konstante versteht, die Menschen ein für alle Mal zu Bürger*innen zweiter Klasse machen, sondern die sich aus der Positioniertheit von Menschen mit Behinderungen in sie ausgrenzenden sozialen Strukturen ergeben. Das Bild der unsichtbaren Wände der „**Diversity Work**", von Sara Ahmed im Kontext von Anti-Rassismus-Arbeit entwickelt, trifft auch auf Disability Activism zu. Denn gerade im Kontext von Behinderung gibt es zahllose Ziegelwände – für nichtbehinderte (engl. „**able-bodied**") Menschen unsichtbar –, gegen die Menschen mit Behinderungen Tag für Tag stoßen. Und auf die sie, zusätzlich zu der erfahrenen Ausgrenzung, oft ganz alleine aufmerksam machen müssen, denn Inklusion ist ein Thema, von dem Menschen mit Normkörpern oft behaupten, es sei ein Luxusthema, für das nun wirklich niemand Zeit habe. Das sagen sie auch über Feminismus. Und Anti-Rassismus-Arbeit. Können wir unsere Gesellschaften nicht gleich so einrichten, dass es Platz für alle gibt?

Gruppenbezogene Zuschreibungen und Abwertungen führen oft dazu, dass unfassbar diverse Ansammlungen von Menschen als eine Einheit wahrgenommen werden. Gerade im Kontext von Behinderung ist es jedoch doppelt und dreifach wichtig, in Erinnerung zu rufen: Nicht alle Menschen mit Behinderungen sind gleich – es macht einen riesigen Unterschied, ob man etwa für die eigene Mobilität einen Rollstuhl braucht, ob man schlecht/nicht sieht oder hört, also blind oder gehörlos ist, oder etwa kleinwüchsig. Zudem sind nicht alle Formen von Behinderungen sichtbar – und nicht alle

Formen von Behinderung betreffen die Physis. Doch auch (oft) unsichtbare oder geistige Behinderungen können zu Diskriminierung und Ausschluss führen. Diese Vielfalt trägt dazu bei, dass es so schwer ist, Aufmerksamkeit für das Thema zu schaffen. Außerdem sind Menschen mit Behinderungen nicht ihre Behinderung, genau wie trans Menschen mehr sind als ihre Gechlechtsidentität oder dicke Menschen mehr als ihr Körperfett. Eine intersektionale Betrachtung ihrer Diskriminierungserfahrungen ist daher unerlässlich, wenn man verstehen will, wie diese perfiden und oft unsichtbaren Ausschluss-Mechanismen funktionieren. Unternehmensberaterin Fides Raffel meint: „Erfreulicherweise gibt es eine breite Bewegung, die täglich mit unterschiedlichsten Instrumenten gegen die ‚Unsichtbarmachung von Behinderungen' protestiert. Das ist aber oft gar nicht so einfach, denn das Ziel ist es ja, dass die Gesellschaft bei Menschen mit Behinderung nicht die Behinderung in den Vordergrund stellt, sondern den Menschen. Zumindest ist das das Ziel des ‚**People First Movement**.' Allerdings ist es komplex, darauf aufmerksam zu machen, ohne die Behinderungen zu thematisieren. Dieser Widerspruch ist oft schwer aufzulösen. Ich beobachte daher eine sehr nachvollziehbare Mischung aus dem Drang, dazu Bewusstsein zu schaffen und einer gewissen Genervtheit, das Thema ständig in den Vordergrund zu stellen. Blogger*innen wollen manchmal einfach bloggen, ohne dass ihre Behinderung dabei Thema ist."

Menschen mit Behinderungen werden oft als Problem konstruiert. Ihre Abweichung von der unausgesprochenen fitten, jungen Norm bedeutet schließlich oft, dass sie sich nicht durch den Alltag bewegen können, wie andere es tun. Dass manche von ihnen vor allem auch am Erwerbsleben, über das wir so stark unsere Identität festmachen, nicht gleichermaßen teilnehmen können. Treppen, fehlende Untertitel oder nicht vorhandene Unterstützungstechnologien (wie Programme, die Kontraste verstärken für sehbehinderte oder Hörgeräte für schwerhörige Menschen) werden zu Hindernissen, Barrieren. Viele Menschen mit Behinderungen sind absolut „leistungsfähig", möchten arbeiten und als Kolleg*innen auf Augenhöhe wahrgenommen werden. Wegen fehlender Ausstattung und bestehender Barrieren werden sie aber oft von vornherein davon ausgeschlossen Leistung im Kontext von Lohnarbeit zu erbringen. Und auch die Abwertung über vermeintlich „mangelnde" Leistungsfähigkeit ist nur dann ein Problem, wenn maximale Ausbeutung menschlicher Arbeitskraft, Leistungskult und Profitmaximierung herrschende Maximen sind. Lebten wir in einer Gesellschaft, in der alle unter Wahrung ihrer physischen und psychischen Grenzen so viel beitragen könnten, wie sie eben können, würden solche Hierarchien gar keinen Sinn ergeben, denn mehr beitragen, als man kann, geht schließlich nicht.

Von Bittsteller*innen zum selbstermächtigten Fordern von gerechter Teilhabe

In der medialen Darstellung sind Menschen mit Behinderungen oft Bittsteller*innen. Traurige Bilder sollen Menschen dazu bewegen, großzügig zu spenden, und in Kampagnen mit Menschen mit Behinderungen wird mit ihren Körpern vor Gefahren gewarnt. Zuletzt kritisierte der unabhängige Monitoringausschuss Österreichs, der die Einhaltung der UN-Konvention über die Rechte von Menschen mit Behinderungen überwacht und überprüft, dass die Österreichischen Bundesbahnen (junge, normschöne!) Menschen mit Prothesen an Armen und Beinen als Abschreckungsbeispiel dafür verwenden, warum man Zuggleise nicht überqueren sollte. Diese Plakate sollten Schock und Mitleid bei den Betrachter*innen hervorrufen – stempeln dabei aber Menschen mit Behinderungen als „bemitleidenswerte ‚Opfer' ab, die sich augenscheinlich bestens eignen, um durch ihre Darstellung betroffen zu machen." Christine Steger, Vorsitzende des Ausschusses, meinte 2019, eine solche Schockkampagne „schaffe Distanz zu Menschen mit Behinderung und verhindere so das Fortschreiten von Inklusion".[189]

Auch im Dezember 2020 meldete sie sich zu Wort, als *Licht ins Dunkel,* ein weithin bekannter österreichischer „Caritativer Verein für sozial-, körper- und geistig behinderte Mitmenschen", der besonders rund um Weihnachten jährlich zu Spenden aufruft, Laptops sammelte, um Kindern in Zeiten der Pandemie Distance-Learning zu ermöglichen. Warum das notwendig sei, empörten sich Twitter-User*innen. Das sei doch Aufgabe des Staates, solche Ressourcen zur Verfügung zu stellen für Menschen, die sie sich nicht leisten können. In einem Instagram-Posting, das sie später in einen Artikel verwandelte, machte Steger ihrem Ärger Luft: „Denn genau DAS ist der Kern des Problems mit *Licht ins Dunkel,* den wir aus der Behindertenbewegung seit Jahren, NEIN seit Jahrzehnten kritisieren, aufzeigen und dafür kämpfen, dass sich das schlichtweg aufhört. Denn was wir erleben, ist Folgendes: Aufgaben der Solidargemeinschaft werden nicht mehr als gemeinsame Verantwortung gesehen. Die Verantwortung wird ausgelagert und in den Bereich der Spenden und Almosen verschoben. Das heißt, es wird eine Trennlinie zwischen ‚Innen' und ‚Außen' gezogen. Anstelle von Justice gibt es Charity. Und das ist armselig."[190]

Sie führt weiter aus: „Es ist das tägliche Brot zur Weihnachtszeit für Menschen mit Behinderungen. Anstelle von Rechten, die wir verbrieft seit 2006 (als das Gleichstellungsgesetz eingeführt wurde) und 2008 (als die UN-Konvention über die Rechte von Menschen mit Behinderungen ratifiziert wurde) auch vom Gesetz her haben, werden uns in vielen Lebensbereichen nur Almosen zugestanden. Anstelle von echten Jobs mit echtem Gehalt gibt es nach wie vor 24.000 Menschen, die in ‚Werkstätten' ‚arbeiten', aber keinerlei Entlohnung oder Pensionsanspruch haben. Anstelle eines aufgeklärten Bildes von Menschen mit Behinderungen als gleichberechtigte Mitbürger*innen, als Träger*innen von Rechten, gibt es ein verstaubtes, paternalistisches Bild des ‚bedürftigen' Opfers. Don't get me wrong. Die eingenommenen Spendengelder von *Licht ins Dunkel* werden dringend benötigt, in sehr vielen Bereichen – aber nur deshalb, weil sich der Staat immer mehr zurückzieht oder in manchen Bereichen notwendige Leistungen noch nie bereitgestellt hat. *Licht ins Dunkel* ist nicht das Problem, sondern die Tatsache, dass es so etwas wie *Licht ins Dunkel* überhaupt braucht. People don't need charity, it's justice what we need."[191]

Halten wir fest: Menschen mit Behinderungen sind vielfältig, haben unterschiedliche Bedürfnisse und Anliegen. Zu einem „Problem" können sie nur in Gesellschaften gemacht werden, die alleine für „able-bodied" Körper gebaut sind und Menschen mit Behinderungen an allen Ecken und Enden ausschließen, sie als Opfer ohne Recht auf Selbstbestimmung positionieren. Wie aber geht es Menschen mit Behinderungen im Umgang mit dem Thema Schönheit und Körperlichkeit? Und wie stehen sie zu der Schönheitsrevolution, die ich ausrufe? Ich habe dazu mit Unternehmensberaterin und Speakerin Laura Gehlhaar, Daniela Rammel vom Österreichischen Bundesverband für Menschen mit Behinderungen und dem Paar Irina Angerer und Phillipp Annerer gesprochen.

SCHÖNHEITSDEBATTEN AUS DER SICHT VON MENSCHEN MIT BEHINDERUNGEN

Laura Gehlhaar (@fraugehlhaar) hat Sozialpädagogik und Psychologie studiert, sie ist 37 Jahre alt, Autorin *(Kann man da noch was machen?*, 2016), Beraterin für Themengebiete wie Inklusion und Barrierefreiheit in Unternehmen und bewegt sich in einem Rollstuhl fort. Bei Laura wurde im Kindesalter eine Muskelerkrankung diagnostiziert. Sie wurde mit ihrer Behinderung groß, ging mit ihr durch die Pubertät und lebt heute mit ihr als erwachsene Frau. Auf die Frage, welche Erfahrungen sie mit Schönheitsdruck bisher gemacht habe, erzählt sie, dass von ihr und ihrem Äußeren nie viel erwartet wurde. Diskussionen rund um Gewicht, Kleidung, Schminke und Frisur spielten keine Rolle, denn egal, wie sie aussah, die Botschaft ihres Umfelds war immer: „Sie ist behindert und dann ist das halt so." Es gibt ein fixes Bild, feste Annahmen und Mythen, wie die Mehrheitsgesellschaft über Menschen mit Behinderungen denkt, und egal, wie sich spezifische Individuen präsentieren, egal, welchen sozioökonomischen Status sie haben, die Behinderung steht immer im Vordergrund. Laura sagt: „Egal, wie ich mich kleide, egal, wie mein äußeres Erscheinungsbild gerade aussieht, meine Behinderung stellt all das in den Schatten. Meine Behinderung ist größer als das, was ich selbst in meinen Körper reinstecke oder eben auch nicht."

Ich frage nach, ob ihr das manchmal eine gewisse Freiheit gegeben hat, dass von ihrem Aussehen nicht viel erwartet wurde, wo Frauen im Patriarchat doch sonst unter großem Druck stehen, schön auszusehen und zu gefallen. Laura meint, leider nicht. Diese potenzielle Freiheit machen die Vorurteile über Menschen mit Behinderungen wett. Sie erzählt von zwei Extremen: „Wenn ich aussehe wie frisch aus einem Tiefschlaf aufgestanden (am Weg zur Bäckerin im Schlafanzug und mit ungekämmten Haaren), erfahre ich Blicke und Umgangsformen, die mir vermitteln, dass die Person, die mich gerade sieht, entweder sowas denkt wie: ‚Ahja, okay, schade, das muss so, sie kann das auch nicht besser, sie kann sich vielleicht nicht die Haare kämmen', oder das ganz Typische ‚Ja, die Behinderten sehen ja alle so aus, ungepflegt'."

Auch wenn Laura sich extra hübsch macht, schöne Kleidung trägt, sich stylt und schminkt, führt das zu Widerspruch seitens ihrer Umwelt: „Leuten ist unangenehm, wenn ich ein Dekolleté zeige, meine Figur zeige, mich für mich attraktiv style, dadurch vielleicht auch Signale sende oder solche ankommen, dass es eben dann auch mit meiner Weiblichkeit assoziiert wird, mit Sexualität assoziiert wird. Ich mach da unterschiedliche Schubladen auf, und auf einmal fühlen sich Leute damit konfrontiert, dass ich ja gar nicht in diese Schublade reinpasse. Ich bin ja erst mal behindert, und Behinderte sind nicht sexy, Behinderte haben keinen Sex, Behinderte können sich nicht so aufstylen und Brüste und Kurven zeigen."

Und selbst in einem Kontext, in dem Laura sich professionell kleidet und nicht sexy auftritt, sind Leute überfordert. Sie sagen: „Schön, Laura, dass du immer so gepflegt bist, so gut aussiehst." Was bei diesen Komplimenten mitschwingt, ist das, was eine Physiotherapeutin einmal Laura gegenüber tatsächlich laut aussprach: „Das ist aber schön, was Sie anhaben. Das kenne ich gar nicht von behinderten Menschen." Laura kommt in dieser Aussage für alle Menschen mit Behinderung zu stehen, die alle keinen Modegeschmack haben und alle nicht auf sich achten. Und das war noch nicht einmal eine absichtliche Beleidigung, sondern als Kompliment gedacht! Als Gesellschaft haben wir zur vollständigen Inklusion aller Menschen noch einen langen Weg zu gehen. Aus ihrer Inklusionsberatungs-Perspektive, aber auch aus ihren persönlichen Erfahrungen heraus, dass man es ihr „oft nicht zutraut, dass sie überhaupt sprechen oder einen einzigen klaren Satz formulieren kann", ergibt sich für Laura eine ernüchternde Analyse: „Was ist das für ein Bild der Gesellschaft, wenn ein einziges Merkmal eines Menschen alle anderen Merkmale, Kompetenzen in den Hintergrund stellt oder sie sogar unsichtbar macht?"

Auch Daniela Rammel (@gumpfl_sonderbar), die beim Österreichischen Bundesverband für Menschen mit Behinderungen arbeitet, berichtet davon, dass ihre Kleinwüchsigkeit in ihrem Leben immer wieder Thema war: „Kompetenzen werden mir aufgrund meiner Größe bis heute noch abgesprochen. Nicht bewusst, aber es passiert. Ich bin eher die kleine, liebe, nette, freundliche Person. Oft weniger die Person, der man auch einiges zutrauen würde. Vor allem beruflich. Größe bedeutet auch mächtig, stark, … Klein bedeutet immer lieblich, schwach, hilfsbedürftig, … Aber ich hab mich halt anders durchgesetzt. Mit meiner Stimme, mit Lautsein."
In Sachen Körperpolitiken erinnert sie sich, dass sie aufgrund ihrer Größe immer wieder als „anders" positioniert wurde, weil für sie „Ausnahmen" gemacht werden mussten:

„Der ‚Schönheitsdruck' begann schon in der Kindheit und vor allem dann in der Jugend. Als Kind ging ich vier Jahre lang in eine Klosterschule. Dort mussten wir zu bestimmten Feiertagen die Schuluniform anziehen. Blauer Faltenrock, weiße Bluse, Strumpfhose und weiße oder dunkle Schuhe. Da ich durch meine Behinderung viel kleiner war als meine Mitschüler*innen, fühlte ich mich da bereits nicht in der Norm. Vieles musste angepasst bzw. geändert (genäht) werden. Schuhe waren immer schon ein Problem für mich, da ich immer – bis heute – Kinderschuhe brauche. Früher waren alle Kinderschuhe bunt oder mit bunten Figuren besetzt. Ich wollte als Jugendliche neutrale bzw. coole Schuhe und diese waren sehr schwer zu bekommen. Als Jugendliche begann dann die Grunge-/Punk-Zeit und ich wollte unbedingt Doc-Martens-Schuhe haben. Doch die gab's erst ab Größe 36 … wenn überhaupt. Ich hab mir sehr oft Schuhe gekauft, die mir viel zu groß waren. Aber sie waren cool. Band-T-Shirts waren auch immer viel zu groß. Doch dann wurde ich erfinderisch und malte die Logos einfach auf weißen T-Shirts nach. Ich musste kreativ werden. Heute hat sich die Mode, auch die Kindermode sehr geändert. Es gibt in gewissen Geschäften auch Kinderschuhe, die cool und lässig ausschauen. Schon manch eine*r hat mich drum beneidet. Mittlerweile habe ich nicht mehr so viele Probleme, passende Sachen zu finden. Aber

Hosen sind immer eine Herausforderung. Am besten gehen da Leggings."

Vor diesem Hintergrund verwundert es kaum, dass in der Arbeit von Fides Raffel auch Mode und Schönheit immer wieder Thema sind. Das Problem dabei: „Mode und Schönheitsindustrie sind aber derzeit noch exklusiv für Normgrößen und Normformen gedacht. Umso schöner, dass sich Modelabels entwickeln, die inklusiv denken, sodass z.B. kleinwüchsige Personen nicht mehr in der Kinderabteilung einkaufen müssen (@aufaugenhoehe.design), oder Personen im Rollstuhl bequeme und hippe Mode zur Verfügung haben (@mob_industries)." Von diesen beiden Labels berichtet auch Daniela, die mittlerweile gelernt hat, sich zu akzeptieren, wie sie ist, auch wenn sie sich in ihrer Jugend „ausgegrenzt und anders gefühlt hat" und es eine Zeit gab, wo sie ihren „Körper durch die Hölle schickte, nur um dem Ideal zu entsprechen". Auch ihre mittlerweile vorhandenen Tattoos versteht sie heute als eine gewisse Form von Widerstand.

Ein Umdenken braucht es aber nicht nur in der Mode, sondern ebenso, was die Medizin betrifft: Wir müssen dringend lernen, einfühlsamer über Behinderung und Krankheit zu sprechen, die in einer Leistungsgesellschaft immer als das „Andere" konstruiert, über das kaum Diskurs zugelassen wird, es sei denn, eine globale Pandemie drängt sich gerade mit voller Gewalt in den Mittelpunkt des Weltinteresses. Laura Gehlhaar hat in ihrer Kindheit schon viel Mobbing erfahren und erinnert sich: „Ich wollte einfach mit allem, was ich habe, so normal wie möglich sein." Eigentlich war sie als kleines Mädchen ein Kind mit viel Selbstbewusstsein und fühlte sich sehr wohl im eigenen Körper. Das änderte sich mit der Diagnose: „Ich bekam von außen immer wieder gesagt, dass mein Körper nicht gut genug ist, dass mein Körper falsch ist und nicht stark genug. Irgendwann habe ich es auch geglaubt. Das wurde mir so sehr eingetrichtert und eingepflanzt, dass sich diese Unsicherheit in mir festgesetzt hat."

Ähnlich wie Ina Holub es für die Fat-Acceptance-Communities schildert, hat für Laura die Loslösung von solchen „defizitären" Zuschreibungen erst im Kreise Gleichgesinnter beginnen können: „Im Laufe des Studiums, als ich nach Berlin gezogen bin, habe ich das erste Mal ganz aktiv Kontakt zu anderen behinderten Menschen gesucht und ihn auch gefunden, was in Wohlwollen und fast schon Liebe geendet ist. Größte Akzeptanz habe ich in diesen Menschen gefunden. Erst da habe ich erst wieder richtig verinnerlichen können, dass mein Körper, so wie er ist, einfach sehr normal und natürlich ist. Mein Körper macht genau das, was er halt kann und lässt das, was er eben nicht kann. Mein Körper, seine Biologie ist so, wie sie ist. Ich finde das sehr gut und habe heute ein sehr gesundes Verhältnis zu meinem Körper. Mein Körper darf all die Dinge lassen, die ihm nicht guttun, und die machen, die ihm guttun, und er trägt mich halt durchs Leben. Ich bin, glaub ich, sehr gütig zu meinem Körper geworden. Das ist aber auch ein sehr, sehr langer Prozess gewesen." Abermals landen wir mit einer Interviewpartnerin bei Body Neutrality als Antwort auf Schönheitszwänge. Fühlen steht hierbei über Sehen, das einfache Sein über dem Jagen nach unerreichbaren Normen.

Laura hat zu meinen Formulierungen („Aufstand", „Widerstand", „Revolution") ein ambivalentes Verhältnis: „Für mich klingt das sehr kämpferisch, sehr nach Krieg. Ich glaube, dass das nicht gesund sein kann, immer wieder gegen falsche Annahmen von außen ankämpfen zu müssen. Leider müssen das sehr viele Menschen, die Diskriminierungserfahrungen sammeln, aber ich für mich hab die Erfahrung gemacht, dass ich mit diesen Vorurteilen und Annahmen, die Menschen über mich haben, am gesündesten leben kann, wenn ich einfach versuche, mich selbst in diesen sehr natürlichen Kontext zu setzen und nicht dagegen anzukämpfen, sondern es selbst als sehr natürlich hinzunehmen und das eben auch als sehr natürlich nach außen hin zu tragen." Auf meine Nachfrage, wie sie das genau meine, erklärt sie: „Ich diskutiere zum Beispiel nicht mehr über bestimmte Dinge. Ich nehme auch konsequent nicht an Fotoshootings teil, wo explizit gesagt wird, ‚Laura, wir zeigen jetzt, dass Menschen mit Behinderungen auch schön sein können' Ich möchte darüber nicht definiert werden. Ich möchte eigentlich gar nicht in diese Richtung definiert werden. Ich möchte einfach als Frau, als Mensch akzeptiert werden, und ich glaube, wenn ich mich davon fernhalten kann, wenn ich gewisse Fragestellungen (‚Sex mit Behinderung - Das große Tabuthema') nicht mehr bearbeite, beantworten sie sich von selbst. Sex ist kein Tabuthema, auch nicht für behinderte Menschen, natürlich nicht, und ich möchte den Raum gar nicht geben, zu einer Diskussion darüber. Ich möchte, dass das ganz natürlich einfach akzeptiert wird."

Besonders das Ablehnen von Diäten jedweder Form im Titel von *#RiotDontDiet* findet Laura schwer vereinbar mit einem inklusiven Verständnis von Aktivismus. Es gebe doch bestimmte Menschen, die auf gesundheitsförderliche, individuell angepasste Ernährungsformen angewiesen seien. Ich kann mich bei ihr für diese Anmerkung nur bedanken, denn natürlich ist es nicht im Sinne dieses Buches, Menschen für ihre Ernährungsform zu beschämen, schon gar nicht, wenn diese medizinisch verordnet ist. Und auch Menschen, die eine Diät im „herkömmlichen" Sinn halten, weil sie Gewicht verlieren wollen, würde ich niemals in irgendeiner Form vorführen. Es liegt mir einfach daran, die strukturellen Bedingungen und Folgen der Diätkultur zu thematisieren, die einer kleinen Elite Unsummen einbringt und Millionen von Menschen - über den ganzen Globus verteilt - verletzt und krank macht. Und auch meinen Aufruf zum Aktivismus möchte ich differenziert verstanden wissen. Auf WhatsApp schreibe ich Laura: „Ich will also einen Aufstand der widerspenstigen Körper, der bei den ausgegrenzten Körpern beginnt, ihnen den meisten Raum gibt und sie selbst für sich sprechen lässt - und der idealerweise so wirkmächtig ist, dass normschöne, junge Menschen verstehen, welche Ausschlüsse es in der Gesellschaft gibt und sie beginnen, trotz ihrer Nicht-Betroffenheit in all ihren Lebensrealitäten inklusiver zu denken. Ich selbst schaffe das ja auch nicht immer, niemand kann das, die Lebensrealitäten von so verschiedenen Körperlichkeiten immer präsent haben, aber wir können an uns arbeiten und es versuchen. Und das wäre so mein Ziel."

Ihre persönliche Verortung in Bezug auf Schönheitsstandards und Körpernormen bringt Laura so auf den Punkt: „Es gibt eine gute und eine schlechte Nachricht. Die schlechte zuerst: Der Druck, dieser ungeheure Druck auf uns Frauen, ausgehend von der Schönheitsindustrie, wird nicht aufhören. Er ist konstant und wird es auf absehbare Zeit auch bleiben. Die gute Nachricht ist: Man kann jederzeit entscheiden, sich anders zu diesem Druck zu verhalten. Diese Chance entsteht, wenn wir aufhören, uns darauf zu konzentrieren, wie der weibliche Körper wertgeschätzt werden kann und uns stattdessen um die Wertschätzung von Frauen kümmern. Die Botschaft, dass alle Frauen schön sind, ändert nichts am Problem. Frauen leiden nicht nur unter den unerreichbaren Idealen von Schönheit. Sie leiden, weil sie über Schönheit definiert werden. Sie sind zunächst Körper, und erst danach Menschen. Wenn ich aufhöre, mir ständig Gedanken darüber zu machen, ob mein Körper gut bzw. gut genug aussieht, dann kann ich endlich anfangen, ihn dafür wertzuschätzen und zu benutzen, wofür ich ihn habe: Mich überall dorthin zu bringen, wo ich mein persönliches, mein eigenes Glück vermute. So lange, bis ich es gefunden habe." Und an dem Punkt kommen Laura und ich dann doch wieder zusammen.

Abschließend möchte ich noch der Lebensrealität von Irina Angerer Raum geben, deren Behinderung unsichtbar ist und trotzdem auf perfide Art und Weise mit Lookismus zusammenhängt, wie wirklich alles in unserer Gesellschaft. Irina ist Südtirolerin, die nach Wien zog, um zu studieren. Vor etwa eineinhalb Jahren entwickelte sie nach einem viralen Infekt eine neurologisch-immunologische Krankheit (POTS). Die Krankheit ist chronisch und schränkt sie seitdem in ihrem Alltag sehr ein. Für längere Strecken draußen braucht Irina einen Rollstuhl als Hilfsmittel, ansonsten sieht man ihr die Krankheit gar nicht an.

Irinas Erfahrungen mit Schönheitsdruck reichen weit in ihre Vergangenheit zurück: „Also Erfahrungen mit Schönheitsdruck habe ich eigentlich schon ab dem Alter von elf Jahren und Beginn der Pubertät immer wieder gehabt. Ich war immer unter den etwas ‚festeren' Mädchen in der Klasse und habe das auch immer mal wieder etwas zu spüren bekommen, wenn auch nicht in einer wirklich krassen Form. Trotzdem hat es dazu geführt, dass ich immer wieder versucht habe, durch irgendwelche Diäten oder übertrieben viel Sport abzunehmen. Leider hat das nie so ganz funktioniert, und mein Gewicht schwankte, seit ich 18 Jahre alt bin, immer zwischen 60 und 80 kg. In den letzten Monaten vor meiner Erkrankung vor eineinhalb Jahren war ich aber wirklich – und das kann ich retrospektiv einfach wirklich sagen – sehr glücklich mit mir, meinem Körper, meinem Gesicht und auch sehr selbstbewusst."

Als die Krankheit ausbrach, veränderte sich nicht nur Irinas Körper und seine Fähigkeiten, sondern auch ihr Verhältnis zu ihrem Körper änderte sich: „Geändert hat sich das schlagartig, als ich plötzlich durch die Erkrankung keine Kraft mehr hatte, mich täglich zu duschen und zu schminken. Ein anderer Moment war jener, als ich zum ersten Mal im Rollstuhl saß, einfach, weil ich anfangs auch total geschockt über diese Tatsache war. Und weil mein verinnerlichter Ableismus mir eingetrichtert hat, dass ich nun irgendwie weniger schön bin. Ein dritter solcher Moment war, als ich zum ersten Mal Kompressionsstrümpfe tragen musste, ich habe mich einfach sehr unwohl gefühlt. So als wäre ich von einer jungen, selbstbewussten, schönen Frau innerhalb kürzester Zeit zu einem ungeliebten, hässlichen, traurigen Ding geworden, das ich niemals sein wollte. Durch die Medikamente und mangelnde Bewegung habe ich zudem innerhalb eines Jahres zwanzig Kilogramm zugenommen. Andere Menschen haben das natürlich wahrgenommen und auch oft (ungefragt) kommentiert. All das hat dazu beigetragen, dass ich mich einfach sehr unwohl in meinem Körper gefühlt habe und das immer noch tue. Ich versuche nun daran zu arbeiten, mir gesellschaftliche Normen immer wieder bewusst zu machen."

Unterstützung hat sie in diesem Prozess von anderen viel zu wenig: „Mein Umfeld hilft mir leider nicht dabei. Leider merke ich einen großen Unterschied, wie mich Menschen ansehen, wie sie mit mir sprechen, wenn ich im Rollstuhl sitze oder wie es ist, wenn ich mit meiner unsichtbaren Krankheit ohne Hilfsmittel draußen unterwegs bin. Sitze ich im Rollstuhl, wird Augenkontakt des Öfteren vermieden, meist wird mit der Begleitperson neben mir gesprochen, oft auch, wenn die Frage eigentlich an mich gerichtet ist. Einmal war ich mit meinem Freund in der U-Bahn und ein Mann hat ihn gefragt, was ich denn eigentlich für eine Erkrankung habe. Ihn und nicht mich, obwohl ich direkt neben ihm war. Eine Freundin hat mir auch einmal gesagt, dass sie es toll von meinem Freund findet, dass er bei mir bleibt, obwohl ich jetzt ‚so bin, wie ich bin'. Das war schon sehr verletzend, vor allem, weil es von einer so nahestehenden Person kam. Mein Freund wird als Held gefeiert, weil er mit einer Behinderten zusammen ist. Was mir auch aufgefallen ist (wobei das schon etwas weiter geht), ist, dass ich bei medizinischen Visiten oft nicht als ernstzunehmend angesehen wurde, weil ich eine junge Frau bin. Fast immer war mein Vater dabei, dem oft genauso viele Fragen gestellt wurden wie mir als Patientin. Wüsste nicht, wie ernst ich bei gewissen Visiten genommen worden wäre, wäre er nicht dabei gewesen."

Es wird nicht nur Zeit, dass wir **Ableismus** (also laut Duden die „Abwertung, Diskriminierung, Marginalisierung von Menschen mit Behinderung oder chronisch Kranken aufgrund ihrer Fähigkeiten", und ihres Aussehens, würde ich hinzufügen) beenden, sondern auch, dass wir das Patriarchat überwinden, in dem jungen Frauen – auch ohne Behinderung – keiner wirklich zuhört, obwohl ihre Ideen unsere Welt zum Besseren verändern könnten, würden sie nur gehört.

Auch Irinas Partner, Phillipp Annerer, wird also in diese Abwertungsspiralen seiner Freundin mit hineingezogen. Seiner Wahrnehmung nach wird „Lookismus, der in der Beziehung von Irina und mir immer Hand in Hand mit Formen von Ableismus auftaucht, durch unser Umfeld erzeugt", also Menschen, die den beiden nahestehen und von Irinas Erkrankung wissen. Er erklärt: „Ich meine die Menschen aus unserem Umfeld, die im Gespräch mit mir anmerken, dass Irina jetzt behindert ist und zugenommen hat und mich dann fragen, ob ich mir das wirklich alles gut überlegt habe. Solche Gespräche suggerieren fast immer, dass Irina jetzt an ‚Wert' verloren hat und nun nicht mehr passend ist für mich als able-bodied, groß gewachsenen und schlanken Mann. Es erschreckt mich oft, wie eiskalt hier aufgerechnet und verglichen wird, als würde es hier um den Austausch von irgendwelchen Waren gehen und ich würde durch die Behinderung von Irina jetzt den ‚Kürzeren' ziehen und mich ‚verschwenden'. Das Schlimme daran ist, je häufiger ich selbst solche Fragen höre, desto mehr steigt die Wahrscheinlichkeit, dass ich anfange, es selbst zu glauben. Ich muss mich aktiv daran erinnern, wie lookistisch und ableistisch so ein Blick auf die Situation ist. Ähnlich sind die Menschen, die mir das Gefühl geben, ein besonders guter oder heldenhafter Mensch zu sein, nur weil ich ‚trotz der Behinderung' mit Irina zusammen bin. Es ist so, als würde die Behinderung alles andere in den Hintergrund rücken. Es ist sozusagen egal, was mir Irina als Partnerin gibt oder geben kann. Weil sie behindert ist, ist ihr ‚Wert' ohnehin so stark verringert, dass es keinen wirklichen Unterschied machen kann. Wichtig finde ich hier, aktiv zu reflektieren, welche Grundannahmen durch Aussagen und Fragen wie diese transportiert werden, und wie unglaublich schrecklich diese Annahmen sind."

Widerstand, das sind für Irina kleine Momente, in denen sie sich behaupten konnte: „Wenn mir zum Beispiel Menschen (Männer, lol) auf Social Media schreiben, ‚dass sie mich hübsch finden, obwohl ich im Rollstuhl sitze' und ich mir dabei einfach gar nichts mehr denke außer, dass es Vollidioten sind. Eine andere Art von Widerstand ist es für mich, wenn ich mein eigenes Verhalten reflektieren und gut einordnen kann und den verinnerlichten Lookismus und Ableismus als solchen erkenne, und mir dann sage ‚Stopp, Irina'. Es sind zwar nur kleine Momente, die für mich aber sehr wertvoll sind." Wenn es nach Irina ginge, sähe unsere Medienlandschaft anders aus: „Meine persönliche, aber sehr utopische Vorstellung wäre es, Schönheitsnormen einfach radikal abzuschaffen. Aber wie gesagt, sehr utopisch. Was ich mir persönlich wünschen würde, ist, dass Behinderungen und Körper mit Behinderungen endlich enttabuisiert werden. Es kann nicht sein, dass in Filmen, Werbungen, etc. fast ausschließlich able-bodied Menschen mit Rollen besetzt werden und in einigen Fällen sogar die Rollen von Menschen mit

Behinderungen spielen dürfen. Die Anzahl von Menschen mit Behinderungen steht nicht im Verhältnis zu ihrer Darstellung in den Medien, es ist einfach nicht repräsentativ. Auch unsichtbare Behinderungen bzw. chronische Krankheiten werden kaum abgebildet."
Als Abschlussbemerkung fügt Irina ihre Begründung an, warum es schon längst Zeit für eine Schönheitsrevolution ist:

„Weil ich endlich wieder vor dem Spiegel stehen (oder im Rollstuhl sitzen) und keine Sekunde mehr darüber nachdenken möchte, wie ich gerade aussehe, was mich stört und ob die Kompressionsstrümpfe eh nicht zu sehen sind."

ALT.

WARUM WIR DIE SICHTBAREN SPUREN EINES GELEBTEN LEBENS FEIERN STATT ABWERTEN SOLLTEN

„Zu alt bin ich seit etwa fünf Jahren für den Arbeitsmarkt im Kommunikationsbereich. Natürlich spricht das keiner aus beim Bewerbungsgespräch oder der Absage, aber irgendwer ist halt immer noch genau das Portiönchen geeigneter als eins selbst. Das aufs Äußere allein zurückzuführen, ist meines Erachtens zu kurzsichtig. Ab 50 gehört eins zu den Alten, ganz einerlei, wie eins aussieht oder sich fühlt. Es ist branchenabhängig, putzen kann eins bis ins hohe Alter, pflegen ebenso, kein Problem, aber in einem ‚repräsentativen Job' zu arbeiten, wird mit den Jahren immer schwieriger."

Ulrike Schöflinger, @schuellie, freie Journalistin

WO SIND DIE ALTEN FRAUEN HIN?

Mit dem **„Double Standard of Aging"** befasste sich Susan Sontag schon im Jahre 1971.[192] Während Männer altern dürfen wie guter Wein (oder George Clooney), gilt für Frauen das Diktat der Jugend – unabhängig davon, was ihre Körper im Laufe ihres Lebens geleistet, wie viele Kinder sie geboren, welche Krankheiten überstanden oder welche Arbeiten sie bewältigt haben. Wie Ulrike Schöflinger, ehemalige Twitter-Verantwortliche der österreichischen Bürger*innen-Initiative Frauen*volksbegehren 2.0 in ihrem Statement klarmacht, gibt es beim Altern nicht nur in Bezug auf Geschlecht eine Doppelmoral, sondern auch in Bezug auf Klasse und Herkunft. Wer kann es sich leisten, sich dem körperlichen Verfall entgegenzusetzen, medizinisch bestmöglich vorzusorgen und ästhetisch alle altersbedingten Veränderungen zu kaschieren? Eine priviligierte Elite.

Die Diskriminierung von Menschen aufgrund ihres Alters nennt die Forschung **„Ageismus"**. Der Begriff lässt sich zurückführen auf

Robert Butler, der damit schon in den 1960er Jahren einen „Prozess systematischer Stereotypisierung und Diskriminierung von Menschen aufgrund ihres Alters [beschrieb], genauso wie Rassismus und Sexismus es für Hautfarbe oder Geschlecht tun. Ältere Menschen werden charakterisiert als senil, rigide in ihrem Denken und Verhalten und altmodisch in ihren Sitten und Fähigkeiten."[193] Wer also kein Team an Schönheits- und Ernährungsexpert*innen um sich hat, das dabei hilft, den optischen Alterungsprozess zu stoppen – und auch das geht nur bis zu einem gewissen Grad –, kann sein Alter auch nicht verstecken. Immer grauer oder weißer werdende Haare, Falten und Pigmentflecken sind die sichtbaren Spuren eines gelebten Lebens.

Ageismus in der Kulturindustrie

Doch wo sehen wir die nicht, oder zumindest noch immer nicht genug? Richtig! In Hollywood-Filmen, denn in der Kulturindustrie werden alte Frauen regelrecht unsichtbar gemacht. Klar gibt es Ausnahmen, aber reichen uns Frances McDormand, Jane Fonda und Lily Tomlin *(Grace and Frankie,* Netflix), Judi Dench und Meryl Streep? Ich glaube nicht.

In der größten jemals durchgeführten Analyse von über 2000 Filmskripten, in denen Redezeiten analysiert, aber auch Geschlecht und Alter der Protagonist*innen unter die Lupe genommen wurden, konnte festgestellt werden, dass die Redezeiten in Filmen für männliche Schauspieler ab 40 signifikant ansteigen, während sie für Frauen signifikant abnehmen.[194] Am meisten dürfen Frauen in Filmen also sprechen, solange sie noch jung und schön sind. Danach sinkt ihr Wert. Bei Männern ist die Dynamik umgekehrt.

Auf die Spitze getrieben wird Ageismus, also die Diskriminierung und Unsichtbarmachung von älteren Menschen, im Film Business bei der Besetzung von Mutterrollen, wie Julia Pfligl für die österreichische Tageszeitung *Kurier* recherchiert hat: „In *Aquaman* spielte Nicole Kidman 2017 die Mutter von Jason Momoa, der jedoch nur zwölf Jahre jünger ist als sie. Noch abstruser war die Rolleneinteilung im Filmklassiker *Forrest Gump* (1994): Sally Field ist nur zehn Jahre älter als Tom Hanks, mimte auf der Leinwand aber seine Mutter. Jennifer Lawrence war 25, als sie in *Joy* eine zweifache Mutter Mitte vierzig gab. Die Liste ließe sich unendlich fortführen." Kein Wunder also, so Pfligl, dass Anne Hathaway vor einigen Jahren einmal bemerkte: „In meinen frühen Zwanzigern bekam ich Rollen, die für Frauen in ihren Fünfzigern geschrieben wurden. Jetzt bin ich Anfang dreißig und denke mir: Warum bekommt diese 24-Jährige die Rolle?"[195]

Und von den Altersunterschieden zwischen Film-Liebespaaren will ich gar nicht erst anfangen! Besonders wenn es um Filme geht, die diesen Altersunterschied nicht zum Thema haben, sondern einfach als gegebene Realität annehmen, gilt: (Sehr viel) älterer Mann trifft auf (sehr viel) jüngere Frau – kein Problem, was für ein Hengst! Er hat es auch im hohen Alter noch drauf. Gleichzeitig sind die Berichte darüber, welche Schauspieler*innen als „zu alt" für bedeutend ältere Filmpartner ausgemustert wurden und immer noch werden, nicht enden wollend und in ihrer sexistischen Absurdität kaum zu fassen.[196] Meryl Streep sagte einmal in einem Interview mit der Wochenzeitung *Die Zeit:* „Es wird besonders schlimm, wenn man als Schauspielerin die Grenze der 40 erreicht." Nach ihrem 41. Geburtstag habe sie drei verschiedene Angebote für drei Filme bekommen. Die Rolle war drei Mal die gleiche: Sie sollte eine Hexe spielen. Leider bestätigt die österreichische Schauspielerin Mavie Hörbiger noch 2021 dieselbe Schallmauer von 40 Jahren für die Rolle von Liebhaberinnen.[197] Vor diesem Hintergrund wenig überraschend: Trifft einmal eine dieser älteren Frauen auf einen jüngeren Liebhaber ist das nicht selten ein waschechter Skandal. Unvergessen in der Filmgeschichte: *Die Reifeprüfung* aus dem Jahr 1967, in dem die reife Anne Bancroft auf den College-Absolventen Dustin Hoffman trifft – der Altersunterschied zwischen den beiden Schauspieler*innen betrug überraschenderweise aber nur 6 Jahre! – oder *Der Vorleser* aus dem Jahr 2008, in dem die 33-jährige Kate Winslet einen 15-jährigen Schüler, gespielt vom 18-jährigen David Kross, verführt.[198]

Das Projekt „Film Dialogue" von Hanah Anderson und Matt Daniels aus dem Jahr 2016 wurde auch mit einer grafisch wunderbar gestalteten Website aufgearbeitet, auf der man sich durch die eigenen Lieblingsfilme klicken und die Verteilung von Redezeit nach Alter und Geschlecht betrachten kann. Der Aufruf, sich diese Seite anzusehen, kann aber nur mit einer eindringlichen Warnung erfolgen: Wer einmal den überbordenden Sexismus in der Filmindustrie vor Augen geführt bekommen hat, kann ihn nicht mehr vergessen. In manchen Filmen haben Frauen 0 % Redezeit! In Worten: null Prozent! Darunter Filme wie *The Shawshank Redemption*, die in vielen Film-Bestenlisten ganz oben rangieren. Von der Sichtbarkeit queerer oder trans Menschen ganz zu schweigen. Die Ungleichbehandlung endet aber nicht bei Realfilmen, auch in 22 von 30 analysierten animierten Disney- und Pixar-Filmen hatten männliche Figuren mehr Redezeit. Auch in Filmen mit weiblichen Protagonist*innen wie *Mulan* dominiert männliche Rede. Mushu, Mulans Beschützerdrache, hat 50 % mehr Redezeit als die Hauptdarstellerin selbst. Und das, obwohl sie sich die meiste Zeit des Films als Mann ausgibt …

Alternde Frauen in der Welt der Mode

Bei Diskriminierung aufgrund des Alters sind Frauen also wieder einmal mehrfach betroffen – grundsätzlich schon diskriminiert durch ihre Weiblichkeit und die dauernde Reduktion auf ihr Äußeres, doppelt und dreifach, wenn sie erst älter werden. Von allen Menschen – ungeachtet ihrer Ethnizität oder ihres Geschlechts – wird erwartet, dass sie sich mit *weißen* cis Männern und deren Biografien identifizieren. Ihre eigenen Geschichten und Perspektiven schaffen es nicht in Mainstream-Filme und -Serien. Aber manche von diesen alten Frauen schaffen es mittlerweile bis in die *Vogue*, die bekannteste Modezeitschrift der Welt. Und das ist unter anderem den Bemühungen von Menschen wie Alexandra Bondi de Antoni zu verdanken, die bereits mit 28 Jahren Digitalchefin von *Vogue Germany* war. Ich hatte das Glück, acht Jahre lang mit ihr aufs Gymnasium zu gehen und sie für dieses Projekt gewinnen zu können.

Alexandras Sicht auf das Altern ist geprägt durch ihre Erfahrungen in der Modebranche. In einem persönlichen Text aus dem Jahr 2019, der die Basis für ihre Überlegungen zu meinen Fragen darstellt, positioniert sie sich „**Pro-Aging**", für das Altern.[199] Und das in einem System, das unter anderem auch davon lebt, mit ewiger Jugend als Zielvorgabe Umsätze zu generieren. Zur Modewelt und Schönheit generell hat sie Folgendes zu sagen: „Die meisten Modemagazine haben es sich zur Aufgabe gemacht, Frauen zu zeigen, was es bedeutet, ein ‚schönes Leben' zu leben. Die Angst ist groß, durch das Abbilden des ‚imperfekten', in allen seinen Zügen gelebten, rebellischen, durch und durch schönen und schlechten Lebens wichtige Anzeigekund*innen zu verlieren. Dabei ist es doch so, dass eine wirkliche ernst gemeinte Auseinandersetzung mit Themen wie Feminismus, Schönheit, Körperkultur, Chancengleichheit, Klassismus und die Intersektionalität zwischen diesen nicht bedeutet, dass man die höchste Bildqualität, den Glamour und den Luxus verliert, für den diese Magazine stehen. Ganz im Gegenteil würde es zeigen, wie vielfältig dieser Luxus sein und abgebildet werden kann. Denn Mode ist von sich aus politisch. Deshalb muss ein Modemagazin auch politisch sein und sich der Realität stellen. Das muss in jedem Aspekt der Arbeit durchkommen, sei es durch die Auswahl der Protagonist*innen, Models, Fotograf*innen und Co., durch die ausgewählten Geschichten und die verwendete Sprache."

Das Thema Altern zu behandeln lag daher nahe. Alexandra meint: „Wir leben in einer Kultur, die vom Alter besessen ist. Alt zu sein bedeutet, hässlich zu sein, während jung zu sein und jung zu bleiben das ultimative Ziel ist. Jede Falte und jedes graue Haar werden eliminiert und als Versäumnis angesehen, das Bild der vermeintlich perfekten Jugend zu bewahren. Ich wünsche mir aber, dass jede Falte im Gesicht, jede Linie oder jeder Altersfleck auf der Haut und erst recht jedes weiße Haar gefeiert werden, denn all das erzählt eine Geschichte von einem gelebten Leben. Altern wertzuschätzen ist eine der größten Lektionen, die ich in meiner Zeit mit Oma Gerti, die ich im Zuge eines Projekts meines Fotografiestudiums regelmäßig fotografiert habe, gelernt habe." Und genau diese Oma Gerti ist es auch, die es mit den von ihrer Enkelin gemachten Bildern in die *Vogue* schaffte.

Eine Anekdote aus dieser Zeit möchte ich meinen Leser*innen nicht vorenthalten, weil sie Mut macht, sich vor dem Altern nicht zu fürchten, sondern sich ihm freudvoll zu stellen: „Eines Nachmittags, nachdem wir gegessen hatten, sagte mir Gerti, ich solle im Wohnzimmer auf sie warten. Als sie zurückkam, trug sie ihren Bikini und das strahlendste Lächeln auf ihrem Gesicht. ‚Ich möchte, dass du Bilder von mir in meinem Bikini machst', sagte sie. Ich war erstaunt über ihr Selbstbewusstsein, als sie posierte, während sie ihren perfekt faltigen Körper zeigte. Ein Körper, der zwei Babys getragen, einen Krieg überstanden hatte und von nichts anderem als Stolz und einem gut gelebten, wenn auch nicht immer einfachen Leben sprach. ‚Mein Körper ist nur eine Hülle. Je älter ich werde, desto mehr schätze ich ihn. Ich habe so viel erlebt, und jetzt bin ich froh, dass mein Gehirn noch klar ist und mein Körper mich immer noch hochhält. Schau ihn dir an', sagte Gerti und ließ den Bademantel zu Boden fallen. Wenn ich heute an diesen Moment zurückdenke, bekomme ich immer noch eine Gänsehaut, bewundere ihre Gelassenheit ihren ‚Makeln' gegenüber und ihre positive Einstellung zu ihrem alternden Körper."

Alexandra sieht es als Aufgabe unserer Generation, alte Körper zu feiern. Sie schreibt: „Alte Körper sind schöne Körper. Alte Gesichter sind schöne Gesichter. Sie erzählen von einer individuellen Geschichte, die es so nur einmal gibt, und von einem Leben, das voller guter und schlechter Entscheidungen ist und so den Menschen ausmacht, der in ihnen steckt. So wie Susan Sontag in ‚The Double Standard of Aging' schreibt: ‚Frauen sollten ihrem Gesicht erlauben, das Leben zu zeigen, das sie gelebt haben. Frauen sollten die Wahrheit sagen.'"

Raum einnehmen, wo andere eine*n verschwinden sehen wollen

Die positive Sichtbarkeit von Frauen wie Gerti bleibt aber immer noch eine Ausnahme. Auch abseits von Hollywood und Hochglanzmagazinen. Als Sissi Kaiser die Fragen für meine Buch-Umfrage beantwortet, ist sie gerade dabei, ihr Elternhaus auszuräumen. Dabei fällt ihr auf: „Hab beim Ausmisten Fotos u.a. von meiner Oma gefunden, wie sie in meinem Alter jetzt aussah. Ich sag nur: Kleiderschürze, Hüftgold und extreeeeem viel älter als ich heute *lach*… Kleiderschürzen sind mittlerweile verpönt … Auch als ‚Alte' ist man heute nicht vor Schönheitsidealen gefeit. Ganz unvermutet kam dazu die Aussage meiner 80-jährigen Nachbarin, die neben uns am Land wohnt und mir vor ein paar Wochen reindrücken wollte, dass ich mir ihr walken gehen solle. Ich solle mich nicht so gehen lassen und so viel Speck auf der Hüfte anhäufen, weil das auch im Alter nicht nötig sein muss!" Generell reflektiert sie rückblickend auf ihr Berufsleben: „Wenn wir jetzt ans Älterwerden denken: Meine beruflichen Langzeit-Schauplätze Werbebranche und Filmset sind gnadenlos. Nicht nur, dass die Kamera an sich durch Ausleuchtung und Co. dich ins jeweilige Licht setzen, Falten und Kilos sind in dem Metier böse und fallen inszeniert noch mehr auf, auch weil zumeist junge Körper ‚Gegenspieler*innen' sind. Ich war bei meinen Jobs zumeist hinter der Kamera, aber auch da kriegst du den Spirit mit … Jung, schlank, *weiß* ist die Mindestanforderung! Oder ‚exotisch', aber dennoch jung und schlank."

Immer mehr Frauen lassen sich diese Ungleichbehandlung aber nicht mehr gefallen. Manche von ihnen gründen eigenen Magazine oder Produktionsfirmen (im Film- und Fernsehgeschäft sind hier vor allem Shonda Rhimes und Reese Witherspoon zu nennen). Aber auch in kleinerem Rahmen protestieren Frauen gegen Diskriminierung aufgrund ihres Alters: Ulli Schöflinger fällt ein, dass sie manchmal gar nicht anders konnte, als Widerstand zu leisten: „Manchmal bin ich einfach wütend geworden, wenn es auf der Hand lag und sich HR-Mitarbeiter um Antworten herumdrucksten. Einmal habe ich mir den Spaß gemacht, einen dieser Manager, dem ich sooo gut gefallen hatte (also mein CV und meine Erfahrung, meine Eloquenz und mein Auftreten), anzurufen, als ich keine Rückmeldung mehr bekam auf unser Gespräch. Der Arme hat nicht mehr aufgehört zu stottern … Das sagt doch alles. Ich sehe auch – gerade jetzt in dieser Gesundheitskrise – den Ageism sehr deutlich und kriege dann große Lust, etwas dagegen zu tun." Dementsprechend kämpferisch fällt auch ihre Utopie zu Körpern und Schönheit aus: „Wir sollten aufhören, dauernd und immer zu bewerten. Wir sollten die Körper in ihrer Vielfalt wahrnehmen und uns darüber freuen, wie vielschichtig und schön das ist. Als Journalistin begrüße ich die Bemühungen von Kolleginnen, die das Thema aufs Tapet bringen, sich mit verschiedenen Trends, die Schönheit definieren wollen, auseinandersetzen. Die sich trauen, auch solche Geschichten in ihren Lifestyle- und Beauty-Magazinen zu bringen oder ganz bewusst mit ihren Covers oder Geschichten eine Diskussion provozieren. Ich fände es richtig und wichtig, wenn wir alle, egal, ob dünn oder dick, alt oder jung, hell oder dunkel einfach frei, ohne mediale oder gesellschaftliche Bewertung leben könnten. Unrealistische, emotionalisierte, instrumentalisierte Traumwelten, vorgekaut von der Werbung, die von unkritischen Konsumentinnen widergekäut werden, gehören hinterfragt. Wir sollten alle ein bisschen mehr Mut zur Kritik solcher ‚Diktate' aufbringen und sie lauthals kundtun."

IN 5 SCHRITTEN ZUR SCHÖNHEITS-REVOLUTION

„If being a feminist killjoy is a phase, I willingly aspire to be a phase."

Sara Ahmed, Living a Feminist Life

MIT SYSTEMGRANT DIE WELT VERÄNDERN (SCHLUSS)

Wer es bis hierher geschafft hat, weiß: Diskriminierung aufgrund des Äußeren – sei es wegen als „zu viel" empfundenem Körperfett, wegen Haaren am falschen Ort, Anzeichen des Alterns, weil Menschen als „zu anders" oder „zu queer" gelesen werden oder weil sie auf ihre Behinderung(en) reduziert werden – ist immer noch ein Riesenproblem. Warum sollen Menschen all diese tagtäglichen Diskriminierungserfahrungen alleine mit sich selbst ausmachen? „Liebe dich selbst"-Rufe als Antwort auf ihre Ausgrenzung sind mir zu wenig. Sollten wir nicht vielmehr Rahmenbedingungen schaffen, unter denen alle Menschen sich frei entfalten und in all ihrer Einzigartigkeit aufblühen können? Braucht es dafür statt (oder eigentlich zusätzlich zu) Empowerment nicht ein Zerbrechen von zutiefst miteinander verflochtenen Diskriminierungsstrukturen? Ich bin überzeugt, wir brauchen einen Aufstand der widerspenstigen Körper, eine wahrhaftige Schönheitsrevolution. Aber wie kann die aussehen und wer soll sie tragen?

Natürlich ist Selbstliebe und Selbstfürsorge wichtig für ein gutes Leben. Sich vor sich selbst zu ekeln und ständig Selbstscham zu empfinden, hat fatale Konsequenzen für die eigene Identität, das Selbstbewusstsein und das Interagieren mit anderen. Ein liebevollerer, rücksichtsvollerer Umgang mit sich selbst ist zentraler Bestandteil dieser Revolution, aber sie darf da nicht enden! Wir dürfen Betroffene nicht alleinlassen mit ihren Erfahrungen, sondern müssen anfangen, ihre Geschichten als Ausgangspunkt für die Arbeit an uns selbst und an unseren gesellschaftlichen Strukturen zu verstehen. Gerade für *weiße*, junge, normschöne Menschen gilt es einiges zu verlernen, aber auch viel Neues zu lernen. Wir müssen zuhören und marginalisierte Stimmen verstärken, wo wir können. Die Hauptlast dieses Aufstands muss die immer als Norm angenommene Mehrheit tragen, hier müssen Denk- und Verhaltensmuster reflektiert, überdacht und verändert werden.

Wir können von marginalisierten Menschen neben all der Diskriminierung, die sie erleben, nicht auch noch unentgeltliche Bildungsarbeit erwarten! Das wäre nur ein Fortschreiben ihrer Unterdrückung. Ich wusste von Anfang an: Die Lebensrealitäten und Stimmen von Betroffenen müssen im Fokus dieses Buchs stehen, denn sie sind es, die gegen die beinharten und nur schwer einzureißenden Backsteinwände der Ausgrenzung anlaufen, wie Sara Ahmed die Arbeit der Inklusion versinnbildlicht.[200] Ich räume den Stimmen – und Körpern – von Betroffenen extra viel Platz ein, weil ich nicht für Lebensrealitäten sprechen möchte, die ich nicht kenne; von Barrieren berichten, die mir nie begegnet sind. Im Gegensatz zu *weißen*, jungen, normschönen Menschen können ausgegrenzte Menschen sich nicht frei durch den Raum bewegen, sondern stoßen immer wieder an Grenzen. Von denen müssen wir aber alle erfahren, damit wir sie gemeinsam Stück für Stück verschieben können! Die Perspektiven von marginalisierten Menschen können uns alle lehren, wo wir als Gesellschaft nachschärfen müssen. Meine Schönheitsrevolution geht also bedingungslos von den Lebensrealitäten Betroffener aus. Danach nehme ich aber Privilegierte in die Pflicht, an sich selbst und diesen ausgrenzenden Strukturen zu arbeiten.

Wie könnte das klappen? Die Gesellschaft auf einer strukturellen Ebene verändern? Ich halte Verbote von krass sexistischer und damit auch lookistischer Werbung, wie es sie in Großbritannien gibt, und gleichzeitig Presseförderung für inklusive, vielfältige Beispiele für sehr sinnvoll. Auch die eindeutige Kennzeichnung von Bildern als bearbeitet, wie es in französischen Modemagazinen eingeführt wurde, kann ein Schritt in die richtige Richtung sein. Am wichtigsten erscheinen mir jedoch Medienkompetenzkurse für angehende Lehrer*innen und ihre Schüler*innen sowie die Unterstützung feministischer Organisationen und Vereine, die Geschlechterstereotype hinterfragen und über ihre Kanäle leicht verständlich erklären, was beim Thema Body Shaming und Lookismus auf dem Spiel steht.

Okay, so weit, so gut, Elli. Ich möchte anfangen, bewusster durchs Leben zu gehen, meine Vorannahmen und Vorurteile hinterfragen und zu einer inklusiveren Gesellschaft beitragen, die für alle Platz hat. Außerdem möchte ich mich auch selbst besser fühlen im Umgang mit meinem eigenen Körper. Wo soll ich anfangen? Mit folgenden fünf Schritten.

1. Informieren

Den ersten Schritt hast du schon gemacht! Du hast dieses Buch gelesen und hoffentlich schon einiges Neue gelernt. Wer versteht, dass Schönheit heute viel komplexer ist als nur eine Diskussion um retuschierte Bilder, dass Körperpolitiken nur mehr im Kontext von Patriarchat, Kapitalismus und Leistungslogiken verstanden werden können, der*die hat dem System etwas entgegenzusetzen! Ich wünsche mir, dass gerade junge Menschen selbstbewusst sagen: „Das ist eine normative Darstellung, die mir als Teil eines ausbeuterischen Systems etwas verkaufen will. Das schadet mir, das lehne ich ab. In Zukunft muss das besser werden."

Wie also funktioniert ein selbstermächtigter Umgang mit dem Thema Schönheit? Müssen wir jetzt alle Schminkprodukte und Rasierer wegwerfen? Auch wenn ich mir eine Welt der Body Neutrality wünsche, in der Zuschreibungen aufgrund des Äußeren, zumindest in einem beruflichen Kontext, keine Rolle mehr spielen, ist das Beibehalten von bestimmten Formen von Schönheitsarbeit ein innerer Widerspruch, den wir gut aushalten können. Wir sind alle sozialisiert in diesem System, und die tagtägliche Arbeit an unserem Körper und unserem Aussehen ist tief mit unseren Vorstellungen von uns selbst, von unserer Identität und Sexualität verbunden. Der Umgang mit der Schönheitsindustrie muss ja nicht ganz oder gar nicht sein – es kann Freude bereiten, sich eine neue Frisur schneiden zu lassen, die Nägel zu lackieren oder sich zu schminken. Gleichzeitig kann es aber auch als lustvoll empfunden werden, „ungeliebte" Haare wachsen zu lassen oder nicht weiter gegen auftretende Falten vorzugehen. Ein ermächtigter Umgang mit dem Thema Schönheit bedeutet, um die Wichtigkeit von Aussehen Bescheid zu wissen. Er bedeutet aber auch, sich beim Gang durch den Drogeriemarkt nicht ständig neue Körperzonen von der Werbung beschämen zu lassen, um mit immer neuen Produkten an immer neuen „Defiziten" zu arbeiten. ***#RiotDontDiet*** bedeutet auch, vor einem vollen Regal mit Detox-Tees, Anti-Cellulite-, Anti-Falten- oder Diät-Produkten zu stehen und sich zu denken: „Ha, das lass ich mir sicher nicht einreden! Ich bin gut, so wie ich bin. Das Letzte, was ich brauche, ist diese sinnlose, teure Creme für straffe Achseln."

Es ist höchste Zeit, dass wir die Fehler nicht immer bei uns suchen und uns in individualisierter Selbstscham und endlosen Optimierungsversuchen verlieren. Es wird Zeit, uns die Emotionen Zorn und Wut zurückzuerobern und sie gegen Unterdrückungssysteme zu richten statt gegen uns selbst! Nur wer erkennt, wie exklusiv unsere gängigen Schönheitsnormen sind, kann sich für ihre Abschaffung einsetzen! Nieder mit allen Formen von Lookismus! Nieder mit Sexismus, Rassismus, der Diskriminierung von alten, dicken, queeren oder behinderten Menschen!

2. Medien kompetent nutzen

Soziale Medien wie Instagram oder TikTok ruinieren unsere Jugend und setzen sie einem unaushaltbaren Schönheitsdruck aus? Ja und nein! Sicherlich, der Druck, gut auszusehen hat mit der Omnipräsenz von Bildern und Filtern zugenommen, und die Grenzen dessen, was als schön gilt, werden immer enger gesteckt. Aber die gute Nachricht ist: Du hast es selbst in der Hand, was du in deinem Social-Media-Feed siehst. Es wird Zeit, dass du den ausmistest! Das Motto lautet: Body Shaming raus! Empowerment und Widerstand rein! Du entscheidest, welche Filme du schaust und welche Magazine du kaufst, welche Medien eine Zukunft haben und welche nicht. In welchen Medien du vielleicht später einmal selbst arbeitest – und Redaktionsteams vielfältiger machst durch deine einzigartigen Perspektiven.

3. Sich selbst und seine Umgebung anders sehen

Ihr habt begonnen, euch damit zu beschäftigen, wie dicke, queere, alte oder behinderte Menschen gesellschaftlich ausgeschlossen und abgewertet werden, und habt euch vielleicht schon das ein oder andere Mal getraut, euer Umfeld auf verletzendes Verhalten hinzuweisen. Super! Auf blinde Flecken bei anderen hinzuweisen ist immer leichter, als sie bei sich selbst zu suchen, doch an diesem Punkt sind wir nun angelangt.

Um Sehgewohnheiten nachhaltig zu verändern, braucht es nicht nur eine viel diversere mediale Repräsentation aller Körper, sondern auch einen veränderten Umgang mit uns selbst. Denkst du rund um das Thema Essen noch in Bestrafungslogiken und machst „verbotene Ausrutscher" mit extra viel Sport wett? Zählst Kalorien und trackst genau die Entwicklung deines Gewichts? Stören dich deine Rundungen, die Weichheit deines Körpers? Denkst du dir, wenn du eine dicke Person mit einem bauchfreien Top vorbeigehen siehst: „Na, mit *dem* Körper würde ich sowas nicht tragen"? Fühlst du dich immer noch zu wenig muskulös, obwohl du tagtäglich trainierst? Keine Sorge, das ist ganz normal, denn wir alle sind in einer fettphobischen Gesellschaft sozialisiert worden und können diese Verhaltensweisen nicht von heute auf morgen ablegen. Aber wenn du sie immer wieder reflektierst, und in ihrer Eingebettetheit in kapitalistische und patriarchale Strukturen begreifst, kannst du lernen, diese Stimmen immer leiser werden zu lassen. Du kannst lernen, Rundungen schön zu finden und verlernen, einem Ideal nachzuhängen, das die meisten von uns trotz aller Entbehrungen nie erreichen werden.

Dasselbe gilt für rassistische, sexistische und ableistische erlernte Muster. Weichst du auf die andere Straßenseite aus, wenn Schwarze Menschen oder People of Color dir begegnen? Lachst über die Flamboyanz schwuler Männer, die dir dann trotz aller Toleranz zu übertrieben scheint? Fragst dich, warum Lesben immer so „männlich" aussehen müssen? Oder bemitleidest Menschen, die auf Gehhilfen angewiesen sind, weil ihr Leben doch nicht wirklich vollständig ist? Gratulation! Dass dir diese Zuschreibungen, die wir alle im Bruchteil von Sekunden treffen, mittlerweile auffallen, ist ein erster Schritt. Jetzt ist es Zeit, sie immer weiter abzubauen und deine Umwelt in aller ihrer Vielfalt, mit immer weniger Stereotypen-Shortcuts wahrzunehmen! Manche Menschen hängen sich gegen ihren internalisierten Dickenhass Fotos von dicken Menschen in ihrer Wohnung auf, die sie im Alltag daran erinnern sollen, dass alle Körper liebenswert und schön sind. Andere lesen Unmengen an Büchern und lassen sich durch empirisch belegte Fakten zu einem diskriminierungsärmeren, inklusiveren Umgang mit anderen inspirieren. Bei manchen sind es einfach neue Freund*innen oder ein Studium, die zu einer Politisierung und einem Umdenken beitragen. Whatever works, Hauptsache, du fängst damit an! Denn eines ist klar: Das Happyland, in dem du vorher gelebt hast und in dem du diese Formen der Diskriminierung nicht gesehen hast, hast du schon lange hinter dir gelassen.

4. Anders handeln

Du hast mittlerweile gelernt, bei anderen und dir selbst blinde Flecken festzustellen und gehst mit einem neuen Blick durch die Welt. In einem nächsten Schritt geht es an die Umsetzung dieser Überzeugungen, denn „Werte" lassen sich am besten an Taten ablesen.

Wer einmal verstanden hat, wie sehr wir Menschen, die als „anders" positioniert werden, ausgrenzen, kann gegen diese Ungleichbehandlung vorgehen. Ich wünsche mir, dass die diversen Menschen, denen ihr in den sozialen Medien nun folgt, euch mit ihren Inhalten dazu ermächtigen, auch offline gegen Lookismus und Diskriminierung jeder Art vorzugehen. Ihr seid eingeladen, auf einem Podium zu sprechen, aber die Mitdiskutanten sind nur *weiße Männer*? Fordert Sichtbarkeit von Menschen, deren Lebensrealitäten es nie auf Podien schaffen und gebt das Mikro weiter, wenn ihr könnt. Ihr überlegt, zu einer Lesung zu gehen und meldet euch gerade dafür an? In dem Moment sollte euch einfallen – haben die Veranstalter*innen auch dafür Sorge getragen, dass auch Menschen im Rollstuhl am Event teilnehmen können? Wird die Barrierefreiheit im Einladungstext kommentiert? Nein? Dann weist – freundlich – darauf hin, dass das doch mittlerweile Standard sein sollte, wenn schon die bauliche Umgebung nicht immer für alle zugänglich ist. Eine dicke Person wird auf der Straße von oben bis unten beäugt und fettphobisch beschimpft? Zeigt Zivilcourage, steht der Person bei und lasst Dickenhass auch im Internet nicht unkommentiert, nur weil ihr selbst nicht davon betroffen seid. Ihr seht unter dem letzten Selfie einer muslimischen Freundin mit Hijab Hasskommentare? Schreitet ein! Bietet ihr an, die Kommentare zu managen und die User*innen zu blockieren. Seid für sie da und unterstützt sie bei Polizeimeldungen oder allem, was sie gerade braucht.

Auch wenn ihr nicht von Diskriminierung aufgrund eures Äußeren betroffen seid, ja gerade dann, wenn ihr von diesen Strukturen profitiert, fangt an mitzudenken, wie es anderen geht und helft mit, die Welt inklusiver und für alle lebenswerter zu machen. Tragt bei zu einer Welt, in der die Rolle des Aussehens, gerade von Frauen, gar nicht mehr so wichtig ist, und überlegt euch zum Beispiel, wofür ihr Menschen Komplimente macht. Sind es immer Oberflächlichkeiten, oder feiert ihr eure Freund*innen auch für ihren Humor, ihren Scharfsinn und ihre Eloquenz? Es geht hier absolut nicht um Verbote, sondern nur um ein Bewusstmachen, in welchen Situationen Äußerlichkeiten vor Kompetenzen und Zwischenmenschlichem zum Tragen kommen – und um ein stückweises Loskommen von diesen Strukturen.

5. Netzwerke bilden und gemeinsam aktiv werden

Eine richtige Schönheitsrevolution, ein Aufstand gegen Patriarchat und die profitgetriebene Schönheitsindustrie kann nur gemeinsam gelingen. Und es wird kein Sprint, sondern eher ein Marathon werden, in dem nicht alle Abschnitte gleich leicht zurückzulegen sind. Dafür braucht es Support-Netzwerke und gut organisierte Verbindungen, die medienwirksam auf Ungleichbehandlung hinweisen und lookistische Diskriminierung von marginalisierten Menschen nicht unkommentiert stehen lassen, sondern mit einem vielstimmigen Chor dagegen auftreten!

Wirklich jede*r kann etwas tun! Sobald du deine Privilegien und persönlichen Betroffenheiten reflektiert hast und deine Positioniertheit in unserem komplexen System verstanden hast, wird es Zeit, selbst aktiv zu werden und dir Verbündete zu suchen, mit denen du gemeinsam die Last von den Schultern ausgegrenzter Menschen nimmst, die sich den Kampf gegen Unterdrückungsstrukturen nicht so wie du freiwillig aussuchen können und auch einmal eine Pause brauchen. Ob du die neuesten absurden Erfindungen der Schönheitsindustrie boykottierst oder Initiativen ins Leben rufst, die Bewusstseinsarbeit machen oder Spenden sammeln: Tu etwas und glaub nicht, dass du nichts bewirken kannst!

Es ist Zeit, dass wir aufhören, uns ständig in Selbstzweifeln zu verlieren, die uns ein kapitalistisch-patriarchales System jeden Tag aufs Neue einredet, weil damit Gewinne zu machen sind und die Immerselben dadurch an der Macht und unter sich bleiben. Hören wir auf, uns selbst – und als Ausgleich für selbst erfahrene, schmerzhafte Ausgrenzungserfahrungen auch andere – zu beschämen, uns wegen ein paar Dellen, Kilos oder Körperhaaren eklig zu fühlen und zu verstecken. Wir brauchen diese ansonsten verschwendeten Energien, das Selbstbewusstsein und Empowerment für unseren Aufstand! Frauen einzureden, dass sie dauernd auf Diät sein müssen, queeren Menschen zu sagen, ihr Körper genügten nicht, oder Menschen mit Behinderungen auszugrenzen, weil ihre Leistungen angeblich nicht reichen, das alles erhält ein System aufrecht, das uns allen schadet und uns ausbeutet. Lassen wir uns das nicht länger einreden! Wann, wenn nicht jetzt, ist es Zeit, die Möglichkeiten zu nützen, die uns soziale Medien bieten? Uns zu bilden und zu vernetzen, dadurch die perfiden Mauern der Ausgrenzung, die für viele von uns lange Zeit unsichtbar waren, zu sehen und sie ein für alle Mal gemeinsam niederzureißen.

The future is unruly and doesn't care what your body looks like.

Die Zukunft ist widerspenstig. Ihr ist egal, wie dein Körper aussieht.

#RiotDontDiet

WEITER: LESEN, DENKEN, MACHEN

Bücher: Wissenschaftliches, Sachbücher, Graphic Novels, Autobiografien

„Citations can be feminist bricks: they are the materials through which, from which, we create our dwellings."

„I often think of reading feminist books as like making friends, realizing that others have been here before."

Sara Ahmed, *Living a Feminist Life*

Adichie, Chimamanda Ngozi. *We Should All Be Feminists.* Fourth Estate, 2014.

Ahmed, Sara. *Complaint!* Duke UP, 2021.

Ahmed, Sara. *The Cultural Politics of Emotion.* Routledge, 2015.

Ahmed, Sara. *Living a Feminist Life.* Duke UP, 2017.

Ahmed, Sara. *Queer Phenomenology. Orientations, Objects, Others.* Duke UP, 2006.

Arruzza, Cinzia; Bhattacharya, Tithi und Nancy Fraser. *Feminism for the 99 %. A Manifesto.* Verso, 2019.

Aydemir, Fatma und Hengameh Yaghoobifarah. *Eure Heimat ist unser Albtraum.* Ullstein fünf, 2019.

Ayim, May; Oguntoye, Katharina und Dagmar Schultz. Hg. *Farbe bekennen. Afrodeutsche Frauen auf den Spuren ihrer Geschichte.* 4. Edition. Orlanda Verlag, 2020.

Bacon, Linda, and Lucy Aphramor. *Body Respect. What Conventional Health Books Get Wrong, Leave Out, and Just Plain Fail to Understand About Weight.* BenBella, 2014.

Bacon, Linda. *Health at Every Size. The Surprising Truth About Your Weight.* BenBella, 2010.

Baker, Jes. *Things No One Will Tell Fat Girls. A Handbook.* Seal Press, 2015.

Bakes, Jes. *Landwhale. On Turning Insults Into Nicknames. Why Body Image Is Hard and How Diets Can Kiss My Ass.* Seal Press, 2018.

Banet-Weiser, Sarah. *Empowered: Popular Feminism and Popular Misogyny.* Duke UP, 2018.

Baran-Szołtys, Magdalena und Christian Berger für das Frauen*Volksbegehren. Hg. *ÜberForderungen. Wie feministischer Aktivismus gelingt.* Kremayr & Scheriau, 2020.

Barber, Celeste. *Challenge Accepted!* Harper Collins: 2018.

Baxter, Holly und Rhiannon Lucy Cosslett. *The Vagenda.* Vintage, 2015.

Blackman, Lisa. *The Body. The Key Concepts.* Berg, 2008.

Bola, JJ. *Sei kein Mann. Warum Männlichkeit ein Albtraum für Jungs ist.* hanserblau, 2020.

Bordo, Susan. *Unbearable Weight. Feminism, Western Culture, and the Body.* U of California P, 1993.

Braziel, Jana Evans, and Kathleen LeBesco, o. Hg.. *Bodies Out of Bounds. Fatness and Transgression.* U of California P, 2001.

Brochmann, Nina und Ellen Støkken Dahl. *Schamlos schön: Klartext über Pubertät, wirre Gefühle und den Mut, du selbst zu sein.* Dressler, 2020.

Brochmann, Nina und Ellen Støkken Dahl. *Viva la Vagina! Alles über das weibliche Geschlecht.* S. Fischer, 2018.

Butler, Judith. *Bodies That Matter.* Routledge, 1993.

Butler, Judith. *Gender Trouble.* Routledge, 1990.

Clear, Christl. *Let Me Be Christl Clear.* Kremayr & Scheriau, 2021.

Coleman, Rebecca. *The Becoming of Bodies. Girls, Images, Experience.* Manchester UP, 2009.

Cooper, Charlotte. *Fat Activism. A Radical Social Movement.* HammerOn Press, 2016.

Crabbe, Megan Jayne. *Body Positive Power. How to Stop Dieting, Make Peace with Your Body and Live.* Vermilion, 2017.

> Deutsch als: *Body Positivity – Liebe deinen Körper: Vergiss Diäten und begrüße dein Leben.* Knaur, 2018.

Criado-Perez, Caroline. *Unsichtbare Frauen. Wie eine von Daten beherrschte Welt die Hälfte der Bevölkerung ignoriert.* Aus dem Englischen von Stephanie Singh. btb, 2020.

Curtis, Scarlett. Hg. *Feminists Don't Wear Pink and Other Lies. Amazing Women on What the F-Word Means to Them.* Penguin Books: 2018.

Czerniawski, Amanda. *Fashioning Fat. Inside Plus-Size Modeling.* New York UP, 2015.

Dionne, Evette. *Fat Girls Deserve Fairy Tales Too: Living Hopefully on the Other Side of Skinny.* Seal Press, 2020. Forthcoming.

Dunham, Lena. *Not That Kind of Girl. A Young Woman Tells You What She's 'Learned'.* Fourth Estate, 2014.

Eddo-Lodge, Reni. *Why I'm No Longer Talking to White People about Race.* Bloomsbury, 2017.

> Deutsch als *Warum ich nicht länger mit Weißen über Hautfarbe spreche.* Tropen, 2020.

Elias, Ana Sofia, et al., Hg. *Aesthetic Labour: Rethinking Beauty Politics in Neoliberalism.* Palgrave, 2017.

Endler, Rebekka. *Das Patriarchat der Dinge. Warum die Welt Frauen nicht passt.* DuMont, 2021.

Erdman Farrell, Amy. *Fat Shame. Stigma and the Fat Body in American Culture.* New York UP, 2011.

Erkurt, Melisa. *Generation Haram. Warum Schule lernen muss, allen eine Stimme zu geben.* Zsolnay, 2020.

Fanon, Frantz. *Black Skin, White Masks.* PlutoPress, 1967.

Farris, Sara R. *In the Name of Women's Rights. The Rise of Femonationalism.* Duke UP, 2017.

Fey, Tina. *Bossypants.* Reagan Arthur, 2011.

Fiechtl, Cornelia. *Food Feelings. Wie Emotionen bestimmen, was wir essen.* Kremayr & Scheriau, 2022.

Frei, Franka. *Periode ist politisch. Ein Manifest gegen das Menstruationstabu.* Wilhelm Heyne Verlag, 2020.

Gay, Roxane. *Bad Feminist.* Harper Perennial, 2014.

Gay, Roxane. *Hunger. A Memoir of (My) Body.* Harper Perennial, 2017.

> Deutsch als: *Hunger. Die Geschichte meines Körpers.* btb, 2019.

Gehlhaar, Laura. *Kann man da noch was machen? Geschichten aus dem Alltag einer Rollstuhlfahrerin.* Heyne, 2016.

Giese, Linus. *Ich bin Linus. Wie ich der Mann wurde, der ich schon immer war.* Rowohlt Polaris, 2020.

Gleeson, Jules Joanne und Elle O'Rourke. Hg. *Transgender Marxism.* Pluto Press, 2021.

Gloeckner, Phoebe. *The Diary of a Teenage Girl. An Account in Words and Pictures.* North Atlantic Books, 2015.

Gordon, Aubrey. *What We Don't Talk About When We Talk About Fat.* Beacon Press, 2020.

Graham, Ashley, and Rebecca Paley. *A New Model. What Confidence, Beauty, and Power Really Look Like.* Harper Collins, 2017.

Gümüşay, Kübra. *Sprache und Sein.* Hanser, 2020.

Haddish, Tiffany. *The Last Black Unicorn.* Gallery Books, 2017.

Hagen, Sofie. *Happy Fat. Taking Up Space in a World That Wants to Shrink You.* Fourth Estate, 2019.

    Deutsch als: *Happy Fat. Nimm dir deinen Platz!* Dumont, 2020.

Hall, Stuart. *Vertrauter Fremder. Ein Leben zwischen zwei Inseln.* Argument/InkriT, 2017.

Hammerl, Elfriede. *Das muss gesagt werden. Kolumnen.* Kremayr & Scheriau, 2020.

Hasters, Alice. *Was weiße Menschen nicht über Rassismus hören wollen aber wissen sollten.* hanserblau, 2019.

Hausbichler, Beate. *Der verkaufte Feminismus. Wie aus einer politischen Bewegung ein profitables Lable wurde.* Residenz, 2021.

Herbst, Hanna. *Feministin sagt man nicht.* Brandstätter, 2018.

Herzig, Rebecca M. *Plucked: A History of Hair Removal.* New York UP, 2016.

Hester, Helen. *Beyond Explicit. Pornography and the Displacement of Sex.* SUNY Press, 2014.

Hill Collins, Patricia. *Black Feminist Thought: Knowledge, Consciousness, and the Politics of Empowerment.* Routledge, 2000.

Holliday, Tess. *The Not So Subtle Art of Being a Fat Girl. Loving the Skin You're In.* Bluestreak, 2017.

hooks, bell. *All About Love. New Visions.* Harper Perennial, 2001.

hooks, bell. *Feminism is for Everybody. Passionate Politics.* Pluto Press, 2000.

Illouz, Eva und Edgar Cabanas. *Das Glücksdiktat und wie es unser Leben beherrscht.* Suhrkamp, 2019.

Illouz, Eva. *Warum Liebe weh tut.* Suhrkamp, 2012.

Jankovska, Bianca. *Das Millennial Manifest.* Rowohlt, 2018.

Jha, Meeta Rani. *The Global Beauty Industry. Colorism, Racism, and the National Body.* Routlege, 2016.

Kaling, Mindy. *Is Everyone Hanging Out Without Me? (And Other Concerns).* Three Rivers Press, 2011.

Kaling, Mindy. *Why Not Me?* Ebury Press, 2015.

Kaur, Rupi. *Milk and Honey.* Andrews McMeel Publishing, 2015.

Kaur, Rupi. *The Sun and Her Flowers.* Simon & Schuster, 2017.

Kazeem-Kaminski, Belinda. Engaged Pedagogy. *Antidiskriminatorisches Lehren und Lernen bei bell hooks.* Zaglossus, 2016.

Kelly, Natasha A. Hg. *Schwarzer Feminismus. Grundlagentexte.* Unrast, 2019.

Kendall, Mikki. *Hood Feminism. Notes From The Women White Feminists Forgot.* Bloomsbury, 2021.

Kite, Lindsay und Lexie Kite. *More Than a Body. Your Body Is an Instrument, Not an Ornament.* Haughton Mifflin, 2020.

Kohlenberger, Judith. *Wir.* Kremayr & Scheriau, 2021.

Koivunen, Anu et al. Hg. *The Power of Vulnerability: Mobilising Affect in Feminist, Queer and Anti-Racist Media Cultures.* Manchester UP, 2018.

Krauthausen, Raul. *Dachdecker wollte ich eh nicht werden. Das Leben aus der Rollstuhlperspektive.* Rowohlt Polaris, 2014.

Kray, Christine A.; Carroll, Tamar W. und Hinda Mandell. Hg. *Nasty Women and Bad Hombres. Gender and Race in the 2016 US Presidential Election.* University of Rocheter Press, 2018.

Lachner, Theresa. *Lvstprinzip.* Blümenbar, 2019.

LeBesco, Kathleen. *Revolting Bodies? The Struggle to Redefine Fat Identity.* University of Massachusetts Press, 2004.

Lechner, Elisabeth. „#EinesFürAlle - Intersektionalität im Frauen*Volksbegehren 2.0." In: Baran-Szołtys, Magdalena und Christian Berger für das Frauen*Volksbegehren. Hg. *ÜberForderungen. Wie feministischer Aktivismus gelingt.* Kremayr & Scheriau, 2020. S. 70-74.

Lechner, Elisabeth. „Looks Matter. Von Schönheitsarbeit, Body Shaming und der lookistischen Diskriminierung von dicken Frauen." In: Sauer, Birgit; Sel, Asiye und Ingrid Moritz. Hg. *Körperbilder, Körpersymbole und Bekleidungsvorschriften. Zur Repräsentation von Frauen in Werbung, Medien und Sport.* ÖGB Verlag, 2020. S. 20-44.

Lechner, Elisabeth. *„The Popfeminist Politics of Body Positivity: Creating Spaces for ‚Disgusting' Female Bodies in US Popular Culture."* Revue Française D'Études Américaines, Bd. 158, Nr. 1, 2019, S. 71-94.

Lechner, Elisabeth. *Beyond Disgust. The Popfeminist Politics of Body Positivity.* Dissertation, Universität Wien, 2020.

Lorde, Audre. *Sister Outsider. Essays & Speeches by Audre Lorde.* Crossing Press, 1984.

Manne, Kate. *Down Girl: The Logic of Misogyny.* Oxford UP, 2018.

McMillan Cottom, Tressie. *Thick: And Other Essays.* The New Press, 2019.

McRobbie, Angela. *Feminism and the Politics of Resilience. Essays on Gender, Media and the End of Welfare.* Polity, 2020.

McRobbie, Angela. *The Aftermath of Feminism. Gender, Culture and Social Change.* Sage, 2009.

Mendes, Kaitlynn, et al. *Digital Feminist Activism: Girls and Women Fight Back Against Rape Culture.* Oxford UP, 2019.

Menzinger, Anne Sophie. *Fat Acceptance. Positionen und Praxen einer körperpolitischen Bewegung.* Marta Press, 2017.

Michelberger, Melodie. *Body Politics.* Rowohlt Polaris, 2021.

Moran, Caitlin. *How to Be a Woman.* Ebury Press, 2011.

Moran, Caitlin. *More Than a Woman.* Ebury Press, 2020.

Mukhopadhyay, Samhita und Kate Harding. Hg. *Nasty Women. Feminism, Resistance, and Revolution in Trump's America.* Picador, 2017.

Munt, Sally. *Queer Attachments. The Cultural Politics of Shame.* Ashgate, 2007.

Nash, Meredith, and Imelda Whelehan, editors. *Reading Lena Dunham's Girls. Feminism, Postfeminism, Authenticity and Gendered Performance in Contemporary Television.* Palgrave, 2017.

Noah, Trevor. *Born a Crime. Stories from a South African Childhood.* Spiegel & Grau, 2016.

Nussbaum, Emily. *I Like to Watch. Arguing My Way Through the TV Revolution.* Random House, 2019.

Ogette, Tupoka. *exit RACISM. rassismuskritisch denken lernen.* Unrast, 2017.

Okamoto, Nadya. *Period Power. A Manifesto for the Menstrual Movement.* Simon & Schuster, 2018.

Olufemi, Lola. *Feminism, Interrupted. Disrupting Power.* Pluto Press, 2020.

Oluo, Ijeoma. *So You Want To Talk About Race.* Seal Press, 2019.

Papacharissi, Zizi. *Affective Publics. Sentiment, Technology, and Politics.* Oxford UP, 2015.

Penny, Laurie. *Bitch Doctrine. Essays for Dissenting Adults.* Bloosmbury, 2017.

Penny, Laurie. *Meat Market. Female Flesh Under Capitalism.* Zero Books, 2010.

> Deutsche Übersetzung als *Fleischmarkt.* Nautilus Flugschrift. 2012.

Penny, Laurie. *Sexual Revolution. Modern Fascism and the Feminist Fightback.* Bloomsbury, 2022.

> Deutsch als: *Sexuelle Revolution. Rechter Backlash und feministische Zukunft.* A. d. Engl. v. Anne Emmert. Edition Nautilus, 2022.

Penny, Laurie. *Unspeakable Things. Sex, Lies and Revolution.* Bloomsbury, 2014.

Peters, Torrey. *Detransition, Baby.* Serpent's Tail, 2022.

Petersen, Anne Helen. *Can't Even. How Millennials Became the Burnout Generation.* Houghton Mifflin Harcourt, 2020.

Petersen, Anne Helen. *Too Fat, Too Slutty, Too Loud: The Rise and Reign of the Unruly Woman.* Plume, 2017.

Plumelle-Uribe, Rosa Amelia. *Weiße Barbarei. Vom Kolonialrassismus zur Rassenpolitik der Nazis.* Rotpunktverlag, 2004.

Poehler, Amy. *Yes Please.* Dey St., 2015.

Rae, Issa. *The Misadventures of Awkward Black Girl.* 37 Ink/Atria, 2016.

Rees, Anuschka. *Beyond Beautiful. A Practical Guide to Being Happy, Confident and You in a Looks-Obsessed World.* Berkeley, 2019.

> Deutsch als Beyond Beautiful: *Wie wir trotz Schönheitswahn zufrieden und selbstbewusst leben können.* DuMont, 2019.

Renee Taylor, Sonya. *The Body Is Not an Apology. The Power of Radical Self-Love.* Berrett-Koehler, 2018.

Roche, Charlotte. *Feuchtgebiete.* Ullstein, 2009.

Rhode, Deborah L. *The Beauty Bias: The Injustice of Appearance in Life and Law.* Oxford UP, 2010.

Roig, Emilia. *Why we matter. Das Ende der Unterdrückung.* Aufbau, 2021.

Rosewarne, Lauren. *Periods in Pop Culture. Menstruation in Film and Television.* Lexington Books, 2012.

Russell, Anna. *Wenn nicht ich, wer dann? Große Reden großer Frauen.* Sieveking Verlag, 2019.

Russell, Legacy. *Glitch Feminism. A Manifesto.* Verso, 2020.

Saad, Layla F. *Me and White Supremacy. How to Recognise Your Privilege, Combat Racism and Change the World.* Quercus, 2020.

Şahin, Reyhan. *Yalla, Feminismus.* Tropen, 2019.

Sauer, Birgit; Sel, Asiye und Ingrid Moritz. Hg. *Körperbilder, Körpersymbole und Bekleidungsvorschriften. Zur Repräsentation von Frauen in Werbung, Medien und Sport.* ÖGB Verlag, 2020.

Scheiber, Jaqueline. *Offenheit.* Kremayr & Scheriau, 2020.

Schönborn-Hotter, Katharina; Sonnberger, Lisa Charlotte und Flo Staffelmayr. *Lina die Entdeckerin.* Achse, 2020.

Schumer, Amy. *The Girl with the Lower Back Tattoo.* Pocket Books, 2016.

Shilling, Chris. *The Body and Social Theory.* 2nd Edition, Sage, 2012.

Sidibe, Gabourey. *This Is Just My Face. Try Not To Stare.* Vintage, 2018.

Smith-Prei, Carrie, and Maria Stehle. *Awkward Politics: Technologies of Popfeminist Activism.* McGill-Queen's UP, 2016.

Solnit, Rebecca. *Unziemliches Verhalten. Wie ich Feministin wurde.* Hoffmann und Campe, 2020.

Sorority. Hg. *No More Bullshit. Das Handbuch gegen sexistische Stammtischweisheiten.* Kremayr & Scheriau, 2018.

Steinem, Gloria. *My Life on the Road.* OneWorld, 2016.

Stokowski, Margarete. *Die Letzten Tage des Patriarchats.* Rowohlt, 2018.

Stokowski, Margarete. *Untenrum Frei.* Rowohlt, 2016.

Stömer, Luisa und Eva Wünsch. *Ebbe & Blut. Alles über Gezeiten des weiblichen Zyklus.* Goldmann, 2018.

Strömquist, Liv. *Der Ursprung der Welt.* avant-verlag, 2017.

Sullivan, Nikki. *A Critical Introduction to Queer Theory.* New York UP, 2003.

Taylor, Sonya Renee. *The Body Is Not an Apology. The Power of Radical Self-Love.* Berrett-Koehler, 2018.

Tolentino, Jia. *Trick Mirror. Reflections on Self-Delusion.* Fourth Estate, 2019.

Tovar, Virgie. *You Have the Right to Remain Fat. A Manifesto.* Melville House, 2018.

Traister, Rebecca. *Big Girls Don't Cry. The Election That Changed Everything for American Women.* Free Press, 2011.

Traister, Rebecca. *Good and Mad. The Revolutionary Power of Women's Anger.* Simon & Schuster, 2018.

Turner, Pixie. *The Insta-Food Diet. How Social Media Has Shaped The Way We Eat.* Anima, 2020.

Tuzcu, Pinar. *‚Ich Bin Eine Kanackin.' Decolonizing Popfeminism - Transcultural Perspectives on Lady Bitch Ray.* transcript, 2017.

Unterweger, Claudia. *Talking Back. Strategien Schwarzer österreichischer Geschichtsschreibung.* zaglossus, 2016.

Vaid-Menon, Alok. *Beyond the Gender Binary.* Penguin Workshop, 2020.

Vernon, Leah. *Unashamed. Musings of a Fat, Black Woman.* Beacon Press, 2019.

Villa, Paula-Irene. *Sexy Bodies. Eine soziologische Reise durch den Geschlechtskörper.* 4. Auflage. VS Verlag, 2011.

Wann, Marilyn. *Fat!So? Because You Don't Have to Apologize for Your Size!* Ten Speed Press, 1998.

West, Lindy. *Shrill: Notes from a Loud Woman.* Hachette Books, 2016.

Wiesböck, Laura. *In besserer Gesellschaft. Der selbstgerechte Blick auf die Anderen.* Kremayr & Scheriau, 2018.

Williams, Linda. *Hard Core. Power, Pleasure, and the ‚Frenzy of the Visible'.* U of California P, 1999.

Williams, Linda. Hg. *Porn Studies.* Duke UP, 2004.

Williams, Linda. *Screening Sex.* Duke UP, 2008.

Wirmuesstenmalreden. *Dear Discrimination. Ein Mitmachbuch zur antirassistischen Weiterbildung.* Mit Illustrationen von Hannah Marc. mikrotext, 2020.

Wizorek, Anne. *Weil ein #Aufschrei nicht reicht. Für einen Feminismus von heute.* Fischer, 2014.

Wolf, Naomi. *The Beauty Myth. How Images of Beauty Are Used Against Women.* Harper Perennial, 1990.

Wong, Alice. Hg. *Disability Visibility. First-Person Stories from the Twenty-First Century.* Vintage Books, 2020.

Yeboah, Stephanie. *Fattily Ever After. A Black Fat Girl's Guide to Living Life Unapologetically.* Hardie Grant, 2020.

Zeisler, Andi. *We Were Feminists Once. From Riot Grrrl to Covergirl®, the Buying and Selling of a Political Movement.* Public Affairs, 2016.

> Deutsche Übersetzung als *Wir waren doch mal Feministinnen. Vom Riot Grrrl zum Covergirl.* Rotpunktverlag, 2017.

Zakaria, Rafia. *Against White Feminism. Notes on Disruption.* Norton & Company, 2021.

> Deutsch als: *Against White Feminism. Wie weißer Feminismus Gleichstellung verhindert.* A. d. Engl. v. Simoné Goldschmidt-Lechner. hanserblau, 2022.

PODCASTS

Achtsam Essen. Podcast von Ernährungspsychologin Cornelia Fiechtl. Online: https://achtsam-essen-podcast-wissen-einer-ernahrungspsychologin.simplecast.com.

Darf sie das? Feminismus von Nicole Schöndorfer.
Online: https://www.darfsiedas.at/podcast.

Der Lila Podcast. Feminismus für alle. Online: https://lila-podcast.de.

Die neue Norm von Judyta Smykowski, Jonas Karpa und Raúl Krauthausen. Online: https://www.br.de/mediathek/podcast/die-neue-norm/827.

Femality. Radio Radieschen.
Online: http://wien.njoyradio.at/category/femality/.

Fett und Vorurteil Jules SchönWild. Online: https://podcastdff3cd.podigee.io.

Fette Gedanken von Charlotte Kuhrt. Online: https://www.instagram.com/p/CLGyFu5Fsc_/?utm_source=ig_web_copy_link.

Feuer und Brot. Podcast von Maxi und Alice. Monatliches Freundinnengespräch zwischen Politik & Popkultur. Online: https://feuerundbrot.de.

Frauenfragen. Mari Lang fragt Männer Frauenfragen.
Online: https://www.marilang.at/category/podcast/.

Große Töchter. Der feministische Podcast für Österreich von Beatrice Frasl. Podbean. Online: grossetoechter.podbean.com.

HearToSlay. Von Roxane Gay und Tressie McMilan Cottom. Luminary.
Online: https://www.heartoslay.com.

I Weigh with Jameela Jamil. Body Neutrality mit tollen Gästen.
Apple Podcasts. Online: podcasts.apple.com/us/podcast/i-weigh-with-jameela-jamil/id1498855031.

Lvstprinzip. Sexpodcast von Theresa Lachner. Oh Wow.
Online: https://www.ohwow.eu/lvstprinzip.

Maintenance Phase. Wellness & Weight Loss. Debunked & Decoded.
Online: http://maintenancephase.com.

Pretty Big Deal with Ashley Graham. Body Positivity von Amerikas berühmtestem Plus-Size Model. Spotify. Online: open.spotify.com/show/1CETIiSdFtS2HXljd04CXX. Accessed 27 Apr. 2020.

Rebel Eaters Club von Virgie Tovar. Online: https://www.rebeleatersclub.com.

Unlocking Us von Brené Brown. Online: https://brenebrown.com/podcast/introducing-unlocking-us/.

SOZIALE MEDIEN

Meine Interview-Partner*innen

@alexandrabondideantoni – Alexandra Bondi de Antoni. Digitalchefin @voguegermany.

@betomakin – Betül Tomakin. Angehende Politikwissenschaftlerin, Lehrerin an einer Polytechnischen Schule, die vom „Teach for Austria"-Programm für bildungsbenachteiligte Kinder begleitet wird und unabhängige Trainerin für Anti-Rassismus, Demokratie und Themen wie Medienkompetenz und Body Positivity.

@blackvoicesvolksbegehren – Vetreter*innen Black-Voices-Volksbegehren. Das erste anti-rassistische Volksbegehren in Österreich.

@clairedilayece – Claire Kardas. Aktivistin für Klima und Feminismus.

@curved.crystal – Christine Steger. Vorsitzende @monitoringausschuss.

@dasamhaberbua – David Samhaber. Poetry Slammer, Student und Buchhändler.

@diejaegerin_l – Lena Jäger. Sprecherin der Bürger*innen-Initiative Frauen*Volksbegehren 2.0.

@ellymagpie – Elisabeth Axmann-Marcinkowski. Gründerin des ersten inklusiven, body-positiven Fitnessstudios in Wien.

@ernaehrungs.revolution – Isabel Bersenkowitsch. Anti-Diät-Diätologin.

@fidesliebe – Fides Raffel. Unternehmensberaterin. @frauendomaene @123barrierefrei.

@florianboschek – Florian Boschek. Student der Cross-Disciplinary Strategies an der Angewandten in Wien und Aktivist.

@fraugehlhaar – Laura Gehlhaar. Autorin, Beraterin, Speakerin.

@gumpfl_sonderbar – Daniela Rammel. Österreichischer Bundesverband für Menschen mit Behinderungen.

@iamchristlclear – Christiana Krivan. Autorin, Lifestyle Bloggerin und Aktivistin.

@inaholub – Ina Holub. Queer-Body-Positivity- und Fat-Acceptance-Aktivistin.

@irina.angerer – Irina Angerer. Aktivistin und Studentin.

@kerosin95 – Kem. Nicht-binäre Musiker*in.

@linus_giese – Linus Giese. Autor, Aktivist und Buchhändler @shesaidbooks.

@minusgold – Jaqueline Scheiber. Sozialarbeiterin und Autorin.

@phillipp.annerer – Phillipp Annerer. PR, Kommunikation & Digitalisierung.

@schuellie – Ulrike Schöflinger. Freie Journalistin.

@sissikaiser_ – Sissi Kaiser, Medienpädagogin, Filmemacherin und Multimediale Kunsttherapeutin.

@thisisnoomi – Noomi Anyanwu. Eine der Sprecher*innen des Black-Voices-Volksbegehren.

Allgemeine Follow-Tipps

@aidybryant – Schauspielerin. Komikerin.

@alexandra_stanic – Chefreporterin und Fotografin.

@alice_haruko – Alice Hasters. Autorin. Podcast @feuerundbrot. Host Einhundert @dlfnova.

@aliciamccarvell – Alicia McCarvell. Selbstliebe. Vor allem auf TikTok.

@alokvmenon – Autor*in. #BeyondTheGenderBinary #DeGenderFashion

@amaniabuzahra – Writer. Speaker. Education Activist. Interkulturelle Bildung und Philosophie. #MehrKopfalsTuch #KulturelleIdenität

@ashleygraham – Amerikas berühmtestes Plus-Size Model. #BeautyBeyondSize

@austroschwarz – AUSTROSCHWARZ. Der Film. Über Identität, Kunst als politisches Sprachrohr und Zusammenhalt. Ein Film über Empowerment, nicht über Rassismus.

@beauty_redefined – Lindsay und Lexie Kite. Autorinnen und Aktivistinnen.

@bloodygoodperiod – Menstruationsprodukte für Geflüchtete und alle, die sie sich nicht leisten können.

@bodyposipanda – Megan Jayne Crabbe. Anorexia-Überlebende. Strukturkritische Body Positivity. Autorin.

@brenebrown – Brené Brown. Forscherin, Autorin und Podcasterin.

@bsannefrank – Bildungsstätte Anne Frank. Zentrum für politische Bildung & Beratung Hessen.

@celestebarber – Celeste Barber. Komikerin. Autorin. Kritik unerreichbarer Schönheitsideale.

@chairbreaker – Caleb Luna. Gender-queer Fat Activism.

@charlottekuhrt – Charlotte Kuhrt. Körperakzeptanz-Aktivistin, Online Selbstliebe-Retreat @thechangingroom.de

@cornelia_fiechtl – Cornelia Fiechtl. Diplmierte Ernährungspsychologin. Achtsam und intuitiv essen. Positives Körpergefühl. Emotionales Essen. Podcast: Achtsam essen.

@deutschlandfunkkultur – Deutschlandfunk Kultur. Von Manga bis Mahler. Vielseitiger, lehrreicher und schön aufbereiteter Account des deutschen Rundfunks.

@ellakronberger – Ella Kronberger. Körperakzeptanz mit Augenzwinkern.

@elwingbling – Elwing Sương Gonzalez. Grafiken mit Aphorismen zu Selbstliebe.

@fat.girl.lives – Katie Lowe. Fotografiert sich als dicke Frau beim Essen.

@fatfemmefurious – Julischka Stengele. Künstlerin, Performerin, Autorin und Vortragende.

@glitterandlazers – Plus-Size Model und Aktivistin.

@harnaam_kaur – Sprecherin und Aktivistin.

@heartoslay.

@historicalfatpeople – Historische Aufnahmen dicker Körper.

@ihartericka – Ericka Hart. Brustkrebs-Überlebende. Sexualpädagogin. Aktivistin.

@iweigh – Body Neutrality. Gegründet von @jameelajamilofficial.

@jameelajamilofficial – Schauspielerin und Gründerin von @iweigh.

@jess_megan_ – Jess Megan. Politisches, britisches Plus-Size Model.

@kenziebrenna – Mental Health Aktivistin. Podcast @conversationswithkenzie.

@kidsofthediasporah – Poetic Fashion Movement. Deconstruct the Concept of Minority. Website: https://kidsofthediaspora.com.

@kristinabruce_coach – Kristina Bruce. Body Acceptance Aktivistin.

@lizzobeeating – Lizzo. Sängerin. Querflötistin und body-positiver Pop Star.

@lvernon2000 – Leah Vernon. Autorin, Speakerin, Plus-Size Hijab Model.

@melissablake81 – Disability Aktivistin und Autorin.

@melodie_michelberger – Melodie Michelberger. Körperbild-Aktivistin und Autorin.

@missannastomosis – Anna Stomosis. Fat Acceptance und Mode.

@moshtarimoshtari – Moshtari Hilal. Visual Artist. Körperbehaarung in einer Welt mit weißen Schönheitsidealen.

@nadyaokamoto – Nadya Okamoto. Gründerin @periodmovement.

@nina_tame – Nina Tame. Disability Aktivistin.

@periodmovement – Bewegung gegen Periodenarmut.

@pinkmantaray – Schuyler Bailar. Professioneller Schwimmer. Trans-Rights-Aktivist.

@raulkrauthausen – Raul Krauthausen. Autor, Moderator und Medienmacher. Aktivist für Inklusion und Barrierefreiheit. @sozialhelden @dieneuenorm

@rise.and.revolt – Gesellschaftswissenschaftlicher Account aus feministischer Perspektive.

@rosa_mag – Online-Lifestylemagazin für Schwarze Frauen & Freund*innen in Deutschland, Österreich & Schweiz

@roxanegay74 – Roxane Gay. Professorin, Autorin und Podcasterin. @heartoslay.

@rs.julia – Julia Roos. Studentin, Aktivistin im Bereich Diversity und Nachhaltigkeit.

@ryanoconn – Ryan O'Connell. Autor und Schauspieler.

@saymyname_bpb – Webvideoformat der @bpb_de, also der Bundeszentrale für politische Bildung: „Unser Auftrag seit 1952: Demokratie stärken - Zivilgesellschaft fördern."

@schoenwild – Jules SchönWild. Plus-Size Model, Miss Hamburg, Podcasterin. #RespectMySize.

@shooglet – Dicke Körper in der Natur.

@sick_enough – Memes zu Eating Disorder Recovery.

@sofiehagendk – Sofie Hagen. Dänische Komiker*in, Autor*in und Aktivist*in.

@sonyareneetaylor – Autorin und Gründerin von @thebodyisnotanapology.

@stef.sanjati – Stef Sanjati. Eating Disorder Recovery und öffentliche Transition.

@stephanieyeboah – Stephanie Yeboah. Autorin, Aktivistin für Selbstliebe.

@tessholliday – Tess Holliday. Plus-Size Model, Autorin und Aktivistin @effyourbeautystandards.

@the_feeding_of_the_fox – Imogen Fox. Aktivismus an der Intersektion von Queerness, Behinderung und Feminismus.

@thedisabledhippie – Julian Gavino. Aktivist. Autor.

@thefatphobiaslayer – Fat Activism, Fat Liberation, Fat Politics.

@thefatsextherapist – Sonalee. Fat Acceptance und Sexualtherapie.

@tonicahunter – Kulturschaffende. Website: http://www.tonicahunter.com.

@tressiemcphd – Tressie McMillan Cottom. Professorin, Autorin und Podcasterin.

@tupoka.o – Tupoka Ogette. Trainerin, Beraterin zu Rassismukritik. Autorin von #ExitRacism. Host von #Tupodcast.

@verbuendete_r_sein – Wie kann ich ein*e Verbündete*r sein? Der Account richtet sich vor allem an weiße Follower*innen, die ihre eigenen Rassismen erkennen wollen.

@versobooks – Verlag mit wunderbarem Instagram Auftritt. Motto: 50 Years of Radical Publishing.

@wheelchair_rapunzel – Alex Dacy. Disability Aktivistin.

@wirmuesstenmalreden – Drei fette/mehrgewichtige I_WoC, die informieren, schreiben und laut sind.

@yes2bodies – Melanie Dellenbach. Schweizer Initiative gegen Dickendiskriminierung und für Körperliebe und -diversität.

@zara.zivilcourage – ZARA. Anti-Rassismus-Arbeit. ZARA bietet kostenlose Beratung für Betroffene & Zeug*innen von Rassismus an und betreibt die Beratungsstelle #GegenHassimNetz.yrfatfriend – Aubrey Gordon. Autorin. Podcast: @maintenancephase.

@zett – Das Magazin für Geschichten, Ideen und Gefühle – aus dem ZEIT Verlag.

@zu.oft.gehoert – Was von Diskriminierung betroffene Menschen wirklich nicht mehr hören können. Viele Infos und Tipps zum Weiterlernen.

ANMERKUNGEN

1 Ich folge in diesem Buch Lann Hornscheidts Zugang zu antirassistischem Sprachgebrauch und der „Entnormalisierung" der *weißen* Norm: *„Weiß* ist, im Gegensatz zu Benennungen wie Schwarz und People of Color, keine politisch empowernde Selbstbezeichnung, sondern die konkrete Benennung einer privilegierten Positionierung. Das heißt, dass diese beiden Sprachformen – die analytische Benennung der privilegierten Positionierung *(weiß)* einerseits und die kritische Benennung der diskriminierten Positionierung (zum Beispiel Schwarz, People of Color, Muslime, Sinti und Roma) andererseits – auch noch mal auf verschiedenen Ebenen liegen. Um dies deutlich zu machen, schreibe ich *weiß* klein und kursiv, Schwarz groß und nichtkursiv" (Hornscheidt 2013, o. S.). Aus: Hornscheidt, Lann. „Die Normalität entnormalisieren." *Migrazine,* 2013. Online: http://www.migrazine.at/artikel/die-normalit-t-entnormalisieren.

2 Interview mit *Der Standard.* „Kulturwissenschafterin Lechner: ‚Schönheit ist ein kapitalistisches Konstrukt'." Online: https://www.derstandard.at/story/2000111880732/kulturwissenschafterin-lechner-schoenheit-ist-ein-kapitalistisches-konstrukt.

3 Video der Universität Wien über mein Dissertationsprojekt. „Körperideale und Body Positivity: Fast Forward Science 2019." Online: https://www.youtube.com/watch?v=Ia5PlXqIWBY&t=1s.

4 Interview mit *Iconist.* „Danke für die Kommentare zu meinem Aussehen!" Online: https://www.welt.de/icon/plus212463687/Schoenheitsforscherin-Danke-fuer-die-Kommentare-zu-meinem-Aussehen.html.

5 Lizzo auf dem Cover der *Vogue* Ausgabe vom Oktober 2020. Online: https://www.instagram.com/p/CFhrYBzsuEh/?utm_source=ig_web_copy_link.

6 Bericht über Sam Smiths Gespräch mit Jameela Jamil in der *TeenVogue.* „Sam Smith Discusses Gender Identity and Body Image With Jameela Jamil." Online: https://www.teenvogue.com/story/sam-smith-gender-identity-body-image-jameela-jamil.

7 Gill, Rosalind. „The Affective, Cultural and Psychic Life of Postfeminism: A Postfeminist Sensibility 10 Years On." *European Journal of Cultural Studies,* vol. 20, Bd. 6, 2017, S. 606-26. Zitat: S. 618.

8 Hosoda, Megumi; Stone-Romero, Eugene und Gwen Coats. „The Effects of Physical Attractiveness on Job-Related Outcomes. A Meta-Analysis of Experimental Studies." *Personnel Psychology,* Bd. 56, 2003, S. 431–462.

Mobius, M. und Rosenblat, T. S. „Why Beauty Matters." *American Economic Review,* Bd. 96, 2006, S. 222–235.

James, H. R. „‚If You are Attractive and You Know It, Please Apply': Appearance Based Discrimination and Employer Discretion." *Valparaiso University Law Review,* Bd. 42, 2008, S. 629–677.

Juhnke, R. et al. „Effects of Attractiveness and Nature of Request on Helping Behaviour." *Journal of Social Psychology,* Bd. 127, 1987, S. 317–322.

Mulford, M. und Orbell, J. „Physical Attractiveness, Opportunity, and Success in Everyday Exchange." *American Journal of Sociology* Bd. 103, 1998, S. 1565–1592.

Rhode, Deborah L. „The Injustice of Appearance." *Stanford Law Review,* Bd. 61, Nr. 5, 2009, S. 1033–1101.

Rhode, Deborah L. The Beauty Bias: The Injustice of Appearance in Life and Law. *Oxford University Press,* 2010.

Hamermesh, D. Beauty Pays. Why Attractive People are More Successful. *Princeton University Press,* 2011.

Dunkake, Imke; Kiechle, Thomas; Klein, Markus und Rosas, Ulrich. „Schöne Schüler, schöne Noten? Eine empirische Untersuchung zum Einfluss der physischen Attraktivität von Schülern auf die Notenvergabe durch das Lehrpersonal." *Zeitschrift für Soziologie,* 2012, Bd. 41, Nr. 2, S. 142–161.

9 McMillan Cottom, Tressie. *Thick. And Other Essays.* The New Press, 2019. S. 62.

10 Elias, Ana Sofia; Gill, Rosalind und Christina Scharff. Hg. *Aesthetic Labour. Rethinking Beauty Politics in Neoliberalism.* Palgrave, 2017. S. 26-30.

11 Ebenda. S. 6.

12 Wiener Gleichstellungsmonitor. 2013 und 2016. Online: https://www.gleichstellungsmonitor.at/themen.php

13 Die nun folgenden Abschnitte basieren auf einem bereits publizierten Buch-Kapitel von mir, das mit Genehmigung des ÖGB-Verlags hier in leichter veränderter/adaptierter Form reproduziert wird.

Aus: Lechner, Elisabeth. „Looks Matter. Von Schönheitsarbeit, Body Shaming und der lookistischen Diskriminierung von dicken Frauen." In: Sauer, Birgit; Sel, Asiye und Ingrid Moritz. Hg. *Körperbilder, Körpersymbole und Bekleidungsvorschriften. Zur Repräsentation von Frauen in Werbung, Medien und Sport.* ÖGB-Verlag, 2020. S. 20-44.

14 Berger, John. *Ways of Seeing.* Penguin, 1972. Online in 4 Teilen: https://www.youtube.com/watch?v=0pDE4VX_9Kk&t=4s.

Mulvey, Laura. „Visual Pleasure and Narrative Cinema." *Screen,* Bd. 16, Nr. 3, 1975, S. 6-18.

15 McMillan Cottom, Tressie. *Thick. And Other Essays.* The New Press, 2019. S. 58 und 71-72.

16 Hausen, Karin. „Die Polarisierung der ‚Geschlechtercharaktere'. Eine Spiegelung der Dissoziation von Erwerbs- und Familienleben." In: Conze, Werner. Hg. *Sozialgeschichte der Familie in der Neuzeit Europas.* Klett, 1976. S. 363-393.

17 Criado-Perez, Caroline. *Unsichtbare Frauen. Wie eine von Daten beherrschte Welt die Hälfte der Bevölkerung ignoriert.* Aus dem Englischen von Stephanie Singh. btb, 2020.

18 Penny, Laurie. *Meat Market. Female Flesh under Capitalism.* Zero Books, 2010. S. 9-10.

Deutsche Übersetzung als *Fleischmarkt.* Nautilus Flugschrift. 2012.

19 Isser, Mindy. „The Grooming Gap: What ‚Looking the Part' Costs Women." In These Times. Online: https://inthesetimes.com/article/grooming-gap-women-economics-wage-gender-sexism-make-up-styling-dress-code.

20 Elias, Ana Sofia; Gill, Rosalind und Christina Scharff. Hg. *Aesthetic Labour. Rethinking Beauty Politics in Neoliberalism.* Palgrave, 2017. S.5.

21 Bröckling, Ulrich. *Das unternehmerische Selbst. Soziologie einer Subjektivierungsform.* Suhrkamp, 2007.

22 Rose, Nikolas. *Governing the Soul. The Shaping of the Private Self.* Free Association Books, 1999.

Shilling, Chris. *The Body and Social Theory.* Sage, 2012.

23 Greif, Phillippe und Nadine Sarfert. „‚Schau mal, klasse!' Zur Verschränkung von Lookism und Klassismus." In: Diamond et al. Hg. *Normierte Körper. Diskriminierende Mechanismen. (Self-) Empowerment.* unrast, 2017. S. 31.

24 „More than Half of Gay Men Say They are 'Unhappy' with Their Body – Exclusive." Attitude Magazine, 2017. Online: https://attitude.co.uk/article/more-than-half-of-gay-men-say-they-are-unhappy-with-their-body-exclusive/13483/.

Levesque, J. Maurice und David R. Vichesky. „Raising the Bar on the Body Beautiful. An Analysis of the Body Image Concerns of Homosexual Men." *Body Image,* Bd. 3, Nr. 1, 2006, S. 45-55.

Fost-Gimbel, Olivia und Renee Engeln. „Fat Chance! Experiences and Expectations of Antifat Bias in the Gay Male Community." *Psychology of Sexual Orientation and Gender Diversity,* Bd. 3, Nr. 1, 2016, S. 63-70.

Feldman, Matthew B. und Ilan H. Meyer. „Eating Disorders in Diverse Lesbian, Gay and Bisexual Populations." *International Journal Of Eating Disorders,* Bd. 40, Nr. 3, 2007, S. 218-226.

25 Petersen, Anne Helen. *Too Fat, Too Slutty, Too Loud: The Rise and Reign of the Unruly Woman.* Plume, 2017. S. 163-183, besd. S. 165.

26 Paula Irene-Villa im Gespräch mit Susanne Führer. „Der Kampf für und gegen Schönheitsideale." *Deutschlandfunk Kultur.* Online: https://www.deutschlandfunkkultur.de/soziologin-ueber-die-arbeit-am-eigenen-koerper-der-kampf.990.de.html?dram:article_id=478991.

27 Ebd.

28 Corbett, William R. „Hotness Discrimination: Appearance Discrimination as a Mirror for Reflecting on the Body of Employment-Discrimination Law." *Catholic University Law Review,* Bd. 60, Nr. 3, 2011, S. 615-60.

29 Bernd, Christina. „Gefährliches Ideal." *Süddeutsche Zeitung.* Online: https://www.sueddeutsche.de/stil/schoenheitsoperation-po-frau-1.4570717.

30 Warhurst, Chris, et al. „Lookism: The New Frontier of Employment Discrimination?" *Journal of Industrial Relations,* Bd. 51, Nr. 1, 2009, S. 131-36. Begriffsgeschichte auf S. 133.

31 Definition von Lookismus auf Projekt L: http://www.lookism.info/definition-2.

32 Definition Bodyshaming – Wiener Programm für Frauengesundheit. Online: https://www.wien.gv.at/gesundheit/beratung-vorsorge/frauen/frauengesundheit/schwerpunkte/koerpernormen/body-shaming.html.

33 Zu den Folgen von Body Shaming vgl. zum Beispiel Fahs (2017) zum Umgang mit dicken, haarigen oder menstruierenden Körpern, die gesellschaftlich als „eklig" oder „abstoßend" positioniert werden. Zu Ekel und gesellschaftlicher Marginalisierung und Vereinsamung vgl. auch Vartanian/Trewartha/Vanman (2016).

Fahs, Breanne. „Mapping ‚Gross' Bodies: The Regulatory Politics of Disgust." In: Elias et al. Hg. *Aesthetic Labour: Rethinking Beauty Politics in Neoliberalism.* Palgrave, 2017. S. 83-99.

Vartanian, Lenny R.; Trewartha, Tara und Eric J. Vanman. „Disgust Predicts Prejudice and Discrimination Toward Individuals with Obesity: Disgust, Prejudice, and Discrimination." *Journal of Applied Social Psychology,* Bd. 46, Nr. 6, 2016, S. 369-375.

34 Die Definition von „Intersektionalität" stammt von Küppers, Carolin. „Intersektionalität." Gender Glossar. Online: http://gender-glossar.de.

Crenshaw, Kimberlé. „Mapping the Margins: Intersectionality, Identity Politics, and Violence Against Women of Color." *Stanford Law Review,* Bd. 43, Nr. 6, 1991, S. 1241-1299.

Auf YouTube gibt es einen sehr empfehlenswerten TED-Talk von Kimberlé Crenshaw. „The Urgency of Intersectionality." Online: https://www.youtube.com/watch?v=akOe5-UsQ2o&t=1001s.

Truth, Sojourner. „Ain't I A Woman?". 1851. Rede abrufbar über das Sojourner Truth Project unter https://www.thesojournertruthproject.com.

Combahee River Collective. *Combahee River Collective Statement.* 1981. Online: https://combaheerivercollective.weebly.com/the-combahee-river-collective-statement.html.

35 „[Intersektionalität] macht auf Schnittmengen von Diskriminierungen aufmerksam, sensibilisiert für die Prozesshaftigkeit binärer Differenzlinien und verdeutlicht zudem die jeweiligen Machtstrukturen und Herrschaftsverhältnisse, in die kategoriale Zuschreibungen eingebettet sind."

Küppers, Carolin. „Intersektionalität." Gender Glossar. Online: http://gender-glossar.de.

36 Coleman Rebecca Coleman. „The Becoming of Bodies." *Feminist Media Studies,* Bd. 8, Nr. 2, 2008, S. 163-179.

37 Originalzitat: „They need to create the unattainable, because the unattainable is what drives capitalism. If everyone accepted themselves, just as they are, imagine how sales would go down."

Aus: Czerniawski, Amanda. „Beauty Beyond a Size 16." *Contexts,* Bd. 15, No. 2, 2016, S. 70-73.

Zum Zusammenhang von Kapitalismus und Schönheit vgl auch: Penny, Laurie. *Meat Market. Female Flesh under Capitalism.* Zero Books, 2010. S. 64-66. Deutsche Übersetzung als Fleischmarkt. Nautilus Flugschrift. 2012.

Zeisler, Andi. *We Were Feminists Once. From Riot Grrrl to Covergirl®, the Buying and Selling of a Political Movement.* Public Affairs, 2016. S. 18-28. Deutsche Übersetzung als *Wir waren doch mal Feministinnen. Vom Riot Grrrl zum Covergirl.* Rotpunktverlag, 2017.

38 Charlotte Cooper: *Fat Activism. A Radical Social Movement.* HammerOn Press, 2016.

39 Amy Erdman Farrell: *Fat Shame. Stigma and the Fat Body in American Culture.* New York University Press, 2011. S. 114.

Murray, Samantha. *The ‚Fat' Female Body.* Palgrave, 2008.

40 Wykes, Jackie. „Introduction. Why Queering Fat Embodiment?" In: Pausé Cat, Wykes Jackie und Samantha Murray. *Queering Fat Embodiment,* Routledge, 2014, S. 1-12.

41 Friedan, Betty. *The Feminine Mystique.* Dell Publishing, 1963.

42 Gesammelt zu finden in: Schoenfelder, Lisa und Barb Wieser. Hg. *Shadow on a Tightrope. Writings by Women on Fat Oppression.* Aunt Lute, 1983.

43 Vgl. dazu vor allem die gleichnamige Fachzeitschrift *Fat Studies. An Interdisciplinary Journal of Body Weight and Society,* seit 2012.

44 Dickins, Marissa et al. „The Role of the Fatosphere in Fat Adults' Responses to Obesity Stigma. A Model of Empowerment Without a Focus on Weight Loss." *Qualitative Health Research,* Bd. 21, Nr. 12, 2011, S. 1679-91. Zitat S. 1681.

45 Davenport, Kate, et al. „Size Acceptance. A Discursive Analysis of Online Blogs." *Fat Studies,* 2018, S. 1-16.

46 The Body Positive. Website. Online: https://thebodypositive.org.

47 Für mehr Informationen über das Health at Every Size (HAES, Deutsch etwa „Gesundheitsförderndes Verhalten, unabhängig vom Körpergewicht") Model empfehle ich:

Bacon, Linda. *Health at Every Size. The Surprising Truth About Your Weight.* BenBella, 2010.

Bacon, Linda, and Lucy Aphramor. *Body Respect. What Conventional Health Books Get Wrong, Leave Out, and Just Plain Fail to Understand About Weight.* BenBella, 2014.

Online Informationen unter: haescommunity.com/.

48 Dionne, Evette. „The Fragility of Body Positivity. How a Radical Movement Lost Its Way." *BitchMedia.* Online: https://www.bitchmedia.org/article/fragility-body-positivity.

49 Rutter, Bethany. „How ‚Body Positivity' Lost Its True and Radical Meaning." *Dazed.* Online: https://www.dazeddigital.com/artsandculture/article/35746/1/how-body-positivity-lost-its-true-and-radical-meaning.

50 Evette Dionne. S. Endnote 47.

51 Bethany Rutter. S. Endnote 48.

52 Zeisler, Andi. *We Were Feminists Once. From Riot Grrrl to Covergirl®, the Buying and Selling of a Political Movement.* Public Affairs, 2016. S. 18-28.

Deutsche Übersetzung als *Wir waren doch mal Feministinnen. Vom Riot Grrrl zum Covergirl.* Rotpunktverlag, 2017.

Für den deutschsprachigen Raum vgl. auch: Hausbichler, Beate. *Der verkaufte Feminismus. Wie aus einer politischen Bewegung ein profitables Label wurde.* Residenz Verlag, 2021.

53 Hollows, Joanne und Rachel Moseley. *Feminism in Popular Culture.* Berg, 2006. Beide Zitate: Seite 3-4.

54 Hollows und Moseley. Zitat S. 6.

55 Für mehr Infos über die Riot Grrrls empfehle ich: Weißkopf, Daniela. „Riot grrrls never die, every girl is a Riot grrrl!" *Wir Frauen. Das Feministische Blatt.* Heft 2, 2019. Online: https://wirfrauen.de/riot-grrrls-never-die/

56 Genz, Stéphanie und Benjamin A. Brabon. *Postfeminism. Cultural Texts and Theories.* Edinburgh UP, 2009. Zitat S. 19.

Vgl. dazu auch: Brooks, Ann. *Postfeminisms. Feminism, Cultural Theory and Cultural Forms*. Routledge, 1997. S. 189.

57 Zeisler. S. Endnote 51. Zitat S. 117.

58 Munro, Ealasaid. „Feminism: A Fourth Wave?" *Political Insight,* 2013, S. 22-25.

Evans, Elizabeth, and Prudence Chamberlain. „Critical Waves: Exploring Feminist Identity, Discourse and Praxis in Western Feminism." *Social Movement Studies,* Bd. 14, Nr. 4, 2015, S. 396-409.

Dean, Jonathan, and Kristin Aune. „Feminism Resurgent? Mapping Contemporary Feminist Activisms in Europe." *Social Movement Studies,* Bd. 14, Nr. 4, 2015, S. 375-95.

Chamberlain, Prudence. „Affective Temporality: Towards a Fourth Wave." *Gender and Education,* Bd. 28, Nr. 3, 2016, S. 458-64.

---. *The Feminist Fourth Wave. Affective Temporality.* Palgrave, 2017.

59 Mit meiner Verwendung des Popfeminismus-Konzepts orientiere ich mich an: Smith-Prei, Carrie und Maria Stehle. *Awkward Politics: Technologies of Popfeminist Activism.* McGill-Queen's UP, 2016.

60 Baer, Hester. „Redoing Feminism. Digital Activism, Body Politics, and Neoliberalism." *Feminist Media Studies,* Bd. 16, Nr. 1, 2016, S. 17-34. Hier Referenz auf S. 29-30.

61 Smith-Prei und Stehle. S. Endnote 58. Zitat S. 62.

62 Keller, Jessalynn. „Virtual Feminisms. Girls' Blogging Communities, Feminist Activism, and Participatory Politics." *Information, Communication & Society,* Bd. 15, Nr. 3, 2012, S. 429-47. Zitat S. 444.

63 Srnicek, Nick. *Platform Capitalism.* Polity Press, 2017.

64 Zuboff, Shoshana. *The Age of Surveillance Capitalism: The Fight for a Human Future at the New Frontier of Power.* PublicAffairs, 2019.

65 Gilbert, Jeremy. *Common Ground. Democracy and Collectivity in an Age of Individualism.* Pluto Press, 2014.

---. „Social Media, Platform Power and Affect." Medienwissenschaftliches Kolloquium #8, 9. Mai 2019, Wien. Vorlesung.

Die vorhergehenden zwei Absätze sind, leicht verändert, übernommen aus diesem Blog-Beitrag: Berger, Christian; Lechner, Elisabeth und Johannes Warter. „Neue Plattformen, alte Probleme – Zur (schwierigen) Regulierung von Social Media." A&W Blog. Online: https://awblog.at/neue-plattformen-alte-probleme/.

66 Baer. S. Endnote 59. Zitat S. 30.

67 Smith-Prei und Stehle. S. Endnote 58. Hier Referenz auf S. 35-42.

Vgl. auch: Banet-Weiser, Sarah. *Empowered: Popular Feminism and Popular Misogyny.* Duke UP, 2018.

68 Banet-Weiser. Zitat S. 25.

69 Ebd.

70 „Gillette wirbt mit ‚Plus Size'-Model und alle so ‚Aaah!'". *Wienerin.* Online: https://wienerin.at/gillette-wirbt-mit-plus-size-model-und-alle-so-aaah.

71 Koivunen, Anu, et al. Hg. *The Power of Vulnerability: Mobilising Affect in Feminist, Queer and Anti-Racist Media Cultures.* Manchester UP, 2018. Zitat S. 3.

72 Koivunen et al. Zitat S. 16.

73 Papacharissi, Zizi. „Affective Publics and Structures of Storytelling. Sentiment, Events and Mediality." *Information, Communication & Society,* Bd. 19, Nr. 3, 2016, S. 307–24.

---. *Affective Publics. Sentiment, Technology, and Politics.* Oxford UP, 2015.

Papacharissi, Zizi und Maria de Fatima Oliveira. „Affective News and Networked Publics. The Rhythms of News Storytelling on #Egypt." *Journal of Communication,* Bd. 62, Nr. 2, 2012, S. 266–82.

74 Papacharissi. *Affective Publics* 2015.

75 Papacharissi. „Affective Publics and Structures of Storytelling." Zitat S. 308.

76 Dunham, Lena. „Lena Dunham on Sex, Oversharing and Writing About Lost ‚Girls.'" Online: www.npr.org/2014/09/29/352276798/lena-dunham-on-sex-oversharing-and-writing-about-lost-girls.

77 Munt, Sally. *Queer Attachments. The Cultural Politics of Shame.* Ashgate, 2007.

78 Munt. Zitat S. 4.

79 Munt. Zitat S. 216.

80 Ahmed, Sara. *The Cultural Politics of Emotion.* Routledge, 2015.

81 Ahmed. Zitat S. 84. In Anlehnung an den Klassiker der Ekelforschung: Miller, William Ian. *The Anatomy of Disgust.* Harvard UP, 1997.

82 Miller. Zitat S. 110-111.

83 Ngai, Sianne. *Ugly Feelings.* Harvard UP, 2005. Zitat S. 333.

84 Hester, Helen. *Beyond Explicit. Pornography and the Displacement of Sex.* SUNY Press, 2014. Zitat S. 59.

85 Ahmed. S. Endnote 79. Zitat S. 85.

86 Moores, Shaun. „Digital Orientations: ‚Ways of the Hand' and Practical Knowing in Media Uses and Other Manual Activities." *Mobile Media & Communication,* Bd. 2, Nr. 2, 2014, S. 196-208.

87 Ahmed. S. Endnote 79. Zitat S. 94.

88 Ngai. S. Endnote 82. Zitat S. 336.

89 Ahmed. S. Endnote 79. Zitat S. 92.

90 Harris, Anita. „Young Women, Late Modern Politics, and the Participatory Possibilities of Online Cultures." *Journal of Youth Studies*, Bd. 11, No. 5, 2008, S. 481–95.

Keller. S. Endnote 61. Zitat S. 444.

91 Elmhirst, Sophie. „Tampon Wars: The Battle to Overthrow the Tampax Empire." *The Guardian:* Online: https://www.theguardian.com/society/2020/feb/11/tampon-wars-the-battle-to-overthrow-the-tampax-empire.

92 Der Rest dieses zweiten Kapitels basiert auf einem Kommentar, den ich für die *an.schläge. Das feministische Magazin* verfasst habe und mit deren Genehmigung hier, leicht verändert verwende: „anspruch. Einfach so da sein." *an.schläge*. Online: https://anschlaege.at/an-spruch-einfach-so-da-sein/.

93 Zur „Confidence Cult(ure)" empfehle ich: Gill, Rosalind und Shani Orgad. „Confidence Culture and the Remaking of Feminism." *New Formations*, Bd. 91, 2017, S. 16–34.

---. „The Confidence Cult(ure)." *Australian Feminist Studies*, Bd. 30, Nr. 86, 2015, S. 324–44.

94 Cooper, Charlotte. „Headless Fatties." Blog. Online: http://charlottecooper.net/fat/headless-fatties-01-07/.

95 Bordo, Susan. *Unbearable Weight. Feminism, Western Culture, and the Body.* U of California P, 1993. S. 185-195.

96 Hasters, Alice. *Was weiße Menschen nicht über Rassismus hören wollen aber wissen sollten.* hanserblau, 2019. S. 134.

97 Erdman Farrell, Amy. *Fat Shame. Stigma and the Fat Body in American Culture.* New York UP, 2011.

98 Strings, Sabrina. *Fearing the Black Body: The Racial Origins of Fatphobia.* NYU Press, 2019.

99 Hill Collins, Patricia. *Black Feminist Thought: Knowledge, Consciousness, and the Politics of Empowerment.* Routledge, 2000. S. 73–84.

100 Wykes, Jackie. „Introduction. Why Queering Fat Embodiment?" In: In: Pausé Cat, Wykes Jackie und Samantha Murray. *Queering Fat Embodiment*, Routledge, 2014, S. 1–12. Zitat S. 2.

101 Williams, Garrath. „Discrimination and Obesity." *The Routledge Handbook of the Ethics of Discrimination*, Routledge, 2018, S. 264–74.

102 Williams. Zitat S. 267.

103 Literaturliste zu Intuitivem Essen von Tribole, E. und E. Resch. *Intuitive Eating Studies.* Online: https://www.intuitiveeating.org/wp-content/uploads/Intuitive-Eating-Studies-9-18-18.pdf.

Tribole, E. und E. Resch. *The Intuitive Eating Workbook: Principles for Nourishing a Healthy Relationship with Food.* New Harbinger Publications, 2017.

Tribole, E. und E. Resch, E. *Intuitive Eating: An Anti-Diet Revolutionary Approach.* St. Martin's Essential, 2020.

104 Matheson et al. „Healty Lifestyle Habits and Mortality in Overweight and Obese Individuals." *The Journal of the American Board of Family Medicine,* Bd. 25, Nr. 1, 2012, S. 9–15.

105 Williams. S. Endnote 100. Zitat S. 267.

Rhode, Deborah L. „The Injustice of Appearance." *Stanford Law Review,* Bd. 61, Nr. 5, 2009, S. 1033–1101.

Dombrowski, S. U., et al. „Long Term Maintenance of Weight Loss with Non-Surgical Interventions in Obese Adults: Systematic Review and Meta-Analyses of Randomised Controlled Trials." *BMJ,* 2014. Bd. 348, Nr. g2646.

Ochner, C. N., et al. „Treating Obesity Seriously: When Recommendations for Lifestyle Change Confront Biological Adaptations." *The Lancet Diabetes & Endocrinology,* Bd. 3, Nr. 4, 2015, S. 232–34.

106 Vartanian, Lenny R., Tara Trewartha und Eric J. Vanman. „Disgust Predicts Prejudice and Discrimination Toward Individuals with Obesity." *Journal of Applied Social Psychology,* Bd. 46, Nr. 6, 2016, S. 369–75. Zitiert in Williams S. 286.

107 Vartanian, Lenny R., Tara Trewartha, Joanne R. Beames et al. „Physiological and Self-Reported Disgust Reactions to Obesity." *Cognition and Emotion,* Bd. 32, No. 3, 2018, S. 579–92.

108 Vartanian, Lenny R., Tara Trewartha und Eric J. Vanman. „Disgust Predicts Prejudice and Discrimination Toward Individuals with Obesity." *Journal of Applied Social Psychology,* Bd. 46, Nr. 6, 2016, S. 369–75.

Vgl auch Vartanian et al. 2019, S. 587–588.

109 LeBesco, Kathleen und Jana Evans Braziel. Hg. *Bodies Out Of Bounds. Fatness and Transgression,* University of California Press, 2001. Zitat S. 3.

110 LeBesco und Braziel, Zitat S. 3.

111 Bordo, Susan. *Unbearable Weight. Feminism, Western Culture, and the Body.* U of California P, 1993. S. 185-195. Zitat S. 195.

112 LeBesco und Braziel, Zitat S. 4.

113 Gay, Roxane. *Hunger. A Memoir of (My) Body.* Harper Perennial, 2017.

Deutsch als: *Hunger. Die Geschichte meines Körpers.* btb, 2019.

114 „Ich bin die dicke Frau mit den Akten unterm Arm." *Zeit.* Online: https://www.zeit.de/arbeit/2018-11/mobbing-arbeitsplatz-uebergewicht-rechtsanwaeltin.

115 Charlesworth, Tessa E. S. und Mahzarin R. Banaji. „Patterns of Implicit and Explicit Attitudes: I. Long-Term Change and Stability From 2007 to 2016." *Psychological Science,* Bd. 30, Nr. 2, 2019, S. 174–92.

Charlesworth, Tessa E. S. und Mahzarin R. Banaji. „Research: How Americans' Biases Are Changing (or Not) Over Time." Online: https://hbr.org/2019/08/research-on-many-issues-americans-biases-are-decreasing.

Zur Entwicklung von Diskriminierung dicker Menschen sagen die Forscher*innen: „Implicit weight bias (pro-thin/anti-fat) increased by 40 % in the early years of the decade, approximately between 2004 and 2010. These increases stand in stark contrast to the decreases observed in explicit weight bias as well as to all other implicit biases we studied, which, at worst, have remained stable. We think the increasing attention to the health benefits of lower body weight and concerns about the obesity epidemic may be responsible for the increase in bias. Additionally, the perception that body weight is always under one's own control (race, sexual orientation, age, and disability, on the other hand, are not) may lead to harsher attitudes toward those who are overweight."

116 Gordon, Aubrey. *What We Don't Talk About When We Talk About Fat.* Beacon Press, 2020.

Hagen, Sofie. *Happy Fat. Taking Up Space in a World That Wants to Shrink You.* Fourth Estate, 2019.

Deutsch als: *Happy Fat. Nimm dir deinen Platz!* Dumont, 2020.

Yeboah, Stephanie. *Fattily Ever After. A Black Fat Girl's Guide to Living Life Unapologetically.* Hardie Grant, 2020.

117 Crabbe, Megan Jayne. *Body Positive Power. How to Stop Dieting, Make Peace with Your Body and Live.* Vermilion, 2017.

Deutsch als: Body Positivity – Liebe deinen Körper: Vergiss Diäten und begrüße dein Leben. Knaur, 2018.

118 Wallner, Franziska. „Anti-Rassismus muss Praxis werden! 8 Dinge, die du als weiße Person tun kannst." *Mosaik. Politik neu zusammensetzen.* Online: https://mosaik-blog.at/anti-rassismus-praxis/.

119 „Darum kann man nicht von Menschenrassen sprechen." *Quarks.* Online: https://www.quarks.de/gesellschaft/darum-ist-die-rassentheorie-schwachsinn/.

120 Ogette, Tupoka. *exit RACISM. rassismuskritisch denken lernen.* Unrast, 2017. Zitat S. 40.

121 Ogette. Zitat S. 40.

122 McIntosh, Peggy. „White Privilege: Unpacking the Invisible Knapsack." Peace and Freedom, 1989. Online: https://psychology.umbc.edu/files/2016/10/White-Privilege_McIntosh-1989.pdf. Auf Deutsch übersetzt in Ogette. S. 68-69.

123 Ahmed, Sara. *Living a Feminist Life.* Duke UP, 2017. Zitat S. 182.

124 Ogette. Datierung Beginn Rassentheorien. S. 35.

125 Hasters, Alice. *Was weiße Menschen nicht über Rassismus hören wollen aber wissen sollten.* hanserblau, 2019. S. 26.

126 Kohlenberger, Judith. *Wir.* Kremayr & Scheriau, 2021. Zitat S. 62-64.)

127 Ogette. Zitat S. 16.

128 Ogette. Zitat S. 21.

129 „Rassismus Report 2019. Analyse zu rassistischen Übergriffen & Strukturen in Österreich." *Zara.* Online: https://assets.zara.or.at/download/pdf/ZARA-Rassismus_Report_2019.pdf.

130 Ogette. S. Endnote 119. Zitat S. 54.

131 Das N-Wort reproduziere ich hier bewusst nicht.

132 Ogette. S. Endnote 119. Zitat S. 56.

133 Boom, Kesiena. „4 Tired Tropes that Perfectly Explain what Misogynoir Is – And How You Can Stop It." *Everyday Feminism.* Online: https://everydayfeminism.com/2015/08/4-tired-tropes-misogynoir/.

134 Oladipo, Gloria. „The Missed ‚Magical Negro' Trope in ‚The Queen's Gambit.'" *BitchMedia.* Online:

https://www.bitchmedia.org/article/netflix-the-queens-gambit-jolene-magical-negro-trope.

135 Boom. S. Endnote 130.

136 Brnada, Nina. „‚Ich bin kein Migrant.'" *Falter.* Online: https://www.falter.at/zeitung/20200304/ich-bin-kein-migrant/_8283a1ce5c.

137 Behrens, Volker. „Hayali: ‚Hass betrifft uns alle – direkt oder indirekt." *Hamburger Abendblatt.* Online: https://www.abendblatt.de/kultur-live/tv-und-medien/article229528302/Fernsehmoderatorin-Dunja-Hayali-Rassismus-Talkshow-ZDF.html.

138 Ein erstes Handbuch zur Erkennung von Krankheiten auf dunkler Haut für angehende Mediziner*innen ist vor Kurzem erschienen: Mukwende, Malone; Tamony, Peter und Margot Turner. *Mind the Gap. A Handbook of Clinical Signs in Black and Brown Skin.* St. George's University of London, 2020. Es ist frei zum Download verfügbar unter Black & Brown Skin: https://www.blackandbrownskin.co.uk.

139 Krivan, Christiana als @iamchristlclear auf Instagram. Video zum Tod von George Floyd. Online: https://www.instagram.com/tv/CAzugq_nWa-/?utm_source=ig_web_copy_link.

140 Sedgwick, Eve Kosofsky und Michael Moon. „Divinity. A Dossier, a Performance Piece, a Little-Understood Emotion." In: LeBesco, Kathleen und Jana Evans Braziel. Hg. *Bodies Out of Bounds. Fatness and Transgression*, U of California P, 2001, S. 292–328. Zitat S. 294.

141 Tolentino, Jia. „The Age of Instagram Face." *The New Yorker*. Online: https://www.newyorker.com/culture/decade-in-review/the-age-of-instagram-face-

Originalzitat: „There was something strange, I said, about the racial aspect of Instagram Face—it was as if the algorithmic tendency to flatten everything into a composite of greatest hits had resulted in a beauty ideal that favored white women capable of manufacturing a look of rootless exoticism. "Absolutely," Smith said. "We're talking an overly tan skin tone, a South Asian influence with the brows and eye shape, an African-American influence with the lips, a Caucasian influence with the nose, a cheek structure that is predominantly Native American and Middle Eastern."

142 Sand, Fabienne. „Blackfishing: Warum es nicht cool ist, sich eine dunklere Hautfarbe zu schminken." *Ze.tt*. Online: https://ze.tt/blackfishing-warum-es-nicht-cool-ist-sich-dunkler-zu-schminken/.

143 Zur Funktion von Schönheit als Exklusion von Blackness siehe: McMillan Cottom, Tressie. „When Your (Brown) Body Is a (White) Wonderland." Persönlicher Blog. Online: https://tressiemc.com/uncategorized/when-your-brown-body-is-a-white-wonderland/.

McMillan Cottom, Tressie. *Thick: And Other Essays*. The New Press, 2019. Kapitel zu Schönheit. S. 33–71.

Zur Kritik am Mythos Schönheit als *weiß* siehe auch:

Trepagnier, Barbara. „The Politics of White and Black Bodies." *Feminism & Psychology*, Bd. 4, Nr. 1, 1994, S. 199–205.

Zur Korrelation von Hautfarbe und sozialem Kapital siehe:

Hunter, Margaret. „Colorstruck: Skin Color Stratification in the Lives of African American Women." *Sociological Inquiry*, Bd. 68, Nr. 4, 1998, S. 517–35.

---. „,If You'Re Light You're Alright': Light Skin Color as Social Capital for Women of Color." *Gender & Society*, Bd. 16, Nr. 2, 2002, S. 175–93.

Zur weltweiten Schönheitsindustrie, die auch zutiefst von (neo)kolonialen Strukturen geprägt ist, siehe:

Jha, Meeta Rani. *The Global Beauty Industry. Colorism, Racism, and the National Body*. Routledge, 2016.

144 Slawson, Nicola. „Dove Apologises for Ad Showing Black Woman Turning Into White One." *The Guardian*. Online: https://www.theguardian.com/world/2017/oct/08/dove-apologises-for-ad-showing-black-woman-turning-into-white-one.

145 Sand, Fabienne. „Colourism. Wenn ich mein Privileg erkenne, hinterfragt du dann auch deins?" *This is Jane Wayne. Vogue Community*. Online: https://www.thisisjanewayne.com/news/2019/01/16/colourism-wenn-ich-mein-privileg-erkenne-hinterfragst-du-dann-auch-deins/.

146 Interview mit Auma, Maisha-Maureen. „,Rassismus hat übrigens nichts mit der Hautfarbe zu tun." *Zeit*. Online: https://www.zeit.de/campus/2020-07/maureen-maisha-auma-erziehungswissenschaftlerin-colorism-schwarze-community-rassismus/komplettansicht.

147 Meghji, Ali. „Remembering Stuart Hall: Race and Nation in Brexit Britain." BlackHistoryMonth. Online: https://www.blackhistorymonth.org.uk/article/section/news-views/remembering-stuart-hall-race-nation-brexit-britain/.

Hall, Stuart. „Race, Culture, and Communications: Looking Backward and Forward at Cultural Studies." *Rethinking Marxism*. Bd. 5, Nr. 1, 1992. S. 10-18. Online: https://warwick.ac.uk/fac/soc/sociology/staff/summaries/virinderkalra/kolkata/stuart_hall_cultural_studies.pdf.

148 Le, Nhi. „Ich.Bin.Kein.Virus." *Zeit Campus*. Online: https://www.zeit.de/campus/2020-03/rassismus-coronavirus-asiaten-husten-oeffentlichkeit-diskriminierung/komplettansicht.

149 „Studie: Schlechtere Jobchancen für Frauen mit Kopftuch." *DerStandard*. Online: https://www.derstandard.at/story/2000044661181/studie-schlechtere-jobchancen-mit-kopftuch.

150 Brickner, Irene. „Fremde als Nachbarn in Österreich extrem unbeliebt." *DerStandard*. Online: https://www.derstandard.at/story/2000100612821/fremde-als-nachbarn-in-oesterreich-extrem-unbeliebt.

151 Marbacher, Lena. Interview mit Amani Abuzahra. „Können wirklich alle alles erreichen, Amani Abuzahra?" *Neue Narrative*. Online: https://www.neuenarrative.de/magazin/amani-abuzahra-konnen-wirklich-alle-alles-erreichen-ein-interview/.

152 Sammelbegriff für Frauen, Lesben, Inter, Non-Binary und Trans Personen. Aus den Anfangsbuchstaben der Wörter ergibt sich die Abkürzung: FLINT.

153 Arvida Bystrom hat das Foto der Kampagne auf ihrem Instagram-Kanal gepostet und in der Bildbeschreibung geschildert, welche Hasskommentare sie wegen ihres behaarten Beins bekommen hat und sich für die Unterstützung bei ihren Fans bedankt. Online: https://www.instagram.com/p/BZd1cbNggu7/?utm_source=ig_web_copy_link.

154 Die Studie wird zitiert in Herzig, Rebecca M. *Plucked. A History of Hair Removal*. New York UP, 2015. Zitat S. 10.

„Women Spend up to $23,000 to Remove Hair." *UPI.* Online: https://www.upi.com/Health_News/2008/06/24/Women-spend-up-to-23000-to-remove-hair/64771214351618/?ur3=1.

155 Breanne Fahs fast die Studienlage zu einem Verzicht auf Haarentfernung bei Frauen so zusammen: „Women who resist shaving feel negatively evaluated by others as 'dirty' or 'gross' (Toerien and Wilkinson 2004). Hairy women are rated as less sexually attractive, intelligent, sociable, happy, and positive compared to hairless women (Basow and Braman 1998), less friendly, moral, and relaxed, and more aggressive, unsociable, and dominant compared to women who remove their body hair (Basow and Willis 2001)."

Fahs, Breanne. „Dreaded ‚Otherness': Heteronormative Patrolling in Women's Body Hair Rebellions." *Gender & Society,* Bd. 25, Nr. 4, 2011, S. 451-472. Zitat S. 454.

Toerien, Merran und Sue Wilkinson. „Exploring the Depilation Norm: A Qualitative Questionnaire Study of Women's Body Hair Removal." *Qualitative Research in Psychology,* Bd. 1, Nr. 1, 2004, S. 69-92.

Basow, S. und A. Braman. „Women and Body Hair: Social Perceptions and Attitudes." *Psychology of Women Quarterly,* Bd. 22, Nr. 4, 1998, S.. 637-45.

Basow, S. und J. Willis. „Perceptions of Body Hair on White Women: Effects of Labeling." *Psychological Reports,* Bd. 89, Nr. 3, 2001, S. 571-76.

156 Fahs, Breanne. „Dreaded ‚Otherness': Heteronormative Patrolling in Women's Body Hair Rebellions." *Gender & Society,* Bd. 25, Nr. 4, 2011, S. 451-472. Zitat S. 451.

157 Fahs. Zitat S. 455.

158 Rae, Issa. *The Misadventures of Awkward Black Girl.* 37 Ink, 2015. Zitat S. 70.

159 Rae. Zitat. S. 81.

160 „Mit dem Begriff der epistemischen Gewalt rückt der konstitutive Zusammenhang von Wissen, Herrschaft und Gewalt in der kolonialen Moderne, unserer Gegenwart, in den Fokus. Denn Gewalt ist nicht nur Ereignis, sondern auch Prozess und Verhältnis. Sie zerstört Ordnung nicht nur, sondern begründet sie auch und hält sie aufrecht. Epistemische Gewalt zu problematisieren bedeutet, das Privileg euro- und androzentrischer Wissensproduktion herauszufordern, auch jenseits einer Analyse und Kritik von offensichtlichen Gewaltverhältnissen. Post- und dekoloniale, indigene und feministische Debatten tun das schon lange."

„Politische und epistemische Gewalt." Zentrum für Friedensforschung und Friedensbildung. Universität Klagenfurt. Online: https://www.aau.at/erziehungswissenschaft-und-bildungsforschung/arbeitsbereiche/friedensforschung-und-friedensbildung/forschung/politische-und-epistemische-gewalt/.

Zu „epistemischer Gewalt" gibt es eine eigene Informationsseite der Universität Klagenfurt, auf der man sich einen ersten Überblick über das Thema verschaffen kann. Online: http://epistemicviolence.aau.at/index.php/de/startseite/.

161 Kapern, Peter. „Perücke. Pejot und Bart. Haar-Regeln im Orthodoxen Judentum." *Deutschlandfunk.* Online: https://www.deutschlandfunk.de/haar-regeln-im-orthodoxen-judentum-peruecke-pejot-und-bart.1773.de.html?dram:article_id=368756.

162 Stokowski, Margarete. *Untenrum Frei.* Rowohlt, 2016. Zitat S. 52.

163 Stokowski, Margarete. *Die letzten Tage des Patriarchats.* Rowohlt, 2018. Zitat S. 164.

164 Zeisler, Andi. *We Were Feminists Once. From Riot Grrrl to Covergirl®, the Buying and Selling of a Political Movement.* Public Affairs, 2016. Zitat S. 234.

Deutsche Übersetzung als *Wir waren doch mal Feministinnen. Vom Riot Grrrl zum Covergirl.* Rotpunktverlag, 2017.

165 Zeisler. Zitat S. 235.

166 Penny, Laurie. *Meat Market. Female Flesh under Capitalism.* Zero Books, 2010. Zitat S. 65.

Die hier zitierte Übersetzung stammt aus der deutschen Fassung, die 2012 als *Fleischmarkt* Nautilus Flugschrift erschien.

167 Billie. „Project Body Hair." Zentrales Kampagnen-Video. Online: https://www.youtube.com/watch?v=P4DDpS685iI.

168 Ahmed, Sara. „Hard." Blog. Online: https://feministkilljoys.com/2014/06/10/hard/.

169 Schmincke, Imke. „Körper." Eintrag im Gender Glossar. Online: https://gender-glossar.de/k/item/88-koerper.

170 „Fakten zu Intergeschlechtlichkeit." *Selbst.verständlich Vielfalt.* Online: https://www.selbstverstaendlich-vielfalt.de/wp-content/uploads/2020/07/faktenpapier-1-imev.pdf.

171 Fritzsche, Lisa. „Wie wir lieben wollen." *Süddeutsche Zeitung.* Online: https://www.sueddeutsche.de/meinung/actout-film-fernsehen-gesellschaft-1.5196963.

172 Kerstin Ott und Helene Fischer. Gemeinsame Performance von „Regenbogenfarben." Online: https://www.youtube.com/watch?v=_m6vy1Q-jrQ.

173 Emcke, Carolin. „Raus bist du." *Süddeutsche Zeitung.* Online: https://www.sueddeutsche.de/politik/carolin-emcke-kolumne-rassismus-1.4439103.

174 Duggan, Lisa. *The Twilight of Equality? Neoliberalism, Cultural Politics, and the Attack on Democracy.* Beacon, Press. 2003. Zitiert in Petersen, Anne Helen. *Too Fat. Too Slutty. Too Loud. The Rise and Reign oft the Unruly Woman.* „Too Queer: Caitlyn Jenner." Plume, 2017. Zitat S. 167.

175 Hamacher, Leon. „Queer-Befreiung statt Regenbogen-Kapitalismus!" *Perspektive.* Online: https://perspektive-online.net/2019/06/queer-befreiung-statt-regenbogen-kapitalismus/.

176 Steingruber, Michael. „Voguing: Emanzipation im Ballroom." *DerStandard.* Online: https://www.derstandard.at/story/2000107063863/voguing-politisches-posieren.

177 „Balthis Binder-Broschüre. Alles, was du über Binder wissen musst." *Queer-Lexikon.* Online: https://queer-lexikon.net/wp-content/uploads/2019/07/Broschüre_Binder_Femref.pdf.

178 Initiative „Alle guten Dinge jetzt! Wie wir das sogenannte Transsexuellengesetz würdig ersetzen." Online: https://allegutendinge.jetzt.

179 Antidiskriminierungsstelle des Bundes. Themen und Forschung „Trans." Online: https://www.antidiskriminierungsstelle.de/DE/ThemenUndForschung/Geschlecht/Themenjahr_2015/Trans/trans_node.html.

Mehr Informationen und Link zu einer ausführlicheren Studie: Franzen, Jannik und Arn Sauer. „Benachteiligung von Trans*Personen, insbesondere im Arbeitsleben." Im Auftrag der Antidiskriminierungsstelle des Bundes. Online:http://www.transinterqueer.org/download/Publikationen/benachteiligung_von_trans_personen_insbesondere_im_arbeitsleben.pdf.

180 Schneider, Hella. „Mehr davon, Mavi Phoenix! Der Rapper über sein Debütalbum und seinen Weg zu ich selbst." *Vogue.* Online: https://www.vogue.de/kultur/artikel/interview-mavi-phoenix-boys-toys.

181 Kölsch, Florian, Interview mit Maxi Phoenix. „„Ich bin einfach ein normaler Dude." *Jetzt.* Online: https://www.jetzt.de/gender/mavi-phoenix-spricht-ueber-sein-trans-coming-out.

182 BBC Doku. „Bigorexia: Never Buff Enough." Online: https://www.youtube.com/watch?v=pSzzWttdFuU&feature=emb_logo.

183 Baur, Alexander. „Jung, weiß, durchtrainiert. Über das mediale Idealbild des schwulen Manns." *Tfmlog.* Online: https://tfmlog.univie.ac.at/regenbogen/jung-weis-durchtrainiert/

184 Prokop, Florian. „Warum Schwule die krassesten Bodyshamer sind." *Ze.tt.* Online: https://ze.tt/warum-schwule-die-krassesten-bodyshamer-sind/.

185 LGBT-Mitreden. „Nur ein Sixpack zählt: Hadern Sie mit dem Body-Image in der Schwulenszene?" *DerStandard.* Online: https://www.derstandard.at/story/2000113997781/nur-ein-sixpack-zaehlt-hadern-sie-mit-dem-body-image.

Hunte, Ben. „The Gay Men Risking Their Health for the Perfect Body." *BBC News*. Online: https://www.bbc.com/news/uk-51270317.

186 Theißl, Brigitte. Interview mit Soziologin Laura Wiesböck. „Nie wieder diesen Schmerz spüren." *MO. Magazin für Menschenrechte*. Online: https://www.sosmitmensch.at/nie-wieder-diesen-schmerz-spueren.

187 Wiesböck. Zitat ebd.

188 UN-Behindertenrechtskonvention. „Menschen mit Behinderungen." Online: https://www.behindertenrechtskonvention.info/menschen-mit-behinderungen-3755/.

189 Monitoringausschuss Instagram-Account. Die Kritik an der ÖBB-Kampagne wurde in einem Story-Highlight gespeichert. Online: https://www.instagram.com/stories/highlights/17850430105663025/.

190 Steger, Christine. „People Don't Charity, It's Justice What We Need." *Bizeps*. Online: https://www.bizeps.or.at/people-dont-need-charity-its-justice-what-we-need/.

191 Steger. Zitat ebd.

192 Sontag, Susan. „The Double Standard of Aging." *Saturday Review of the Society*. Bd. 23, 1971, S. 29-39.

193 Robert Butler wird zitiert in: Macnicol, John. *Age Discrimination: An Historical and Contemporary Analysis*. Cambridge UP, 2006.

194 Anderson, Hanah und Matt Daniels. „Film Dialogue from 2,000 Screenplays, Broken Down by Gender and Age." Online: https://pudding.cool/2017/03/film-dialogue/.

195 Anna Hathaway zitiert in: Pfligl, Julia. „Schauspielerin Mavie Hörbiger spricht Altersdiskriminierung an." *Kurier*. Online: https://kurier.at/freizeit/leben-liebe-sex/schauspielerin-mavie-hoerbiger-spricht-altersdiskriminierung-an/401176906.

196 „Schauspielerinnen über 40. Wie verhext." *Der Tagesspiegel*. Online: https://www.tagesspiegel.de/gesellschaft/schauspielerinnen-ueber-40-wie-verhext/11306374.html

197 Pfligl, Julia. „Schauspielerin Mavie Hörbiger spricht Altersdiskriminierung an." *Kurier*. Online: https://kurier.at/freizeit/leben-liebe-sex/schauspielerin-mavie-hoerbiger-spricht-altersdiskriminierung-an/401176906.

198 Diekhaus, Christopher. „Gefährliche Liebschaften." *Fluter*. Online: https://www.fluter.de/paare-mit-altersunterschied-im-film.

199 Bondi de Antoni, Alexandra. „Pro-Aging: Vogue-Digitalchefin Alexandra Bondi de Antoni erzählt, was sie von ihrer Oma Gerti übers Leben gelernt hat." *Vogue*. März 2019. Online: https://www.vogue.de/mode/artikel/pro-

aging-alexandra-bondi-de-antoni-erzaehlt-was-sie-von-ihrer-oma-gerti-uebers-leben-gelernt-hat.
200 Ahmed, Sara. „Hard." Blog. Online: https://feministkilljoys.com/2014/06/10/hard/.

DANK

*i stand
on the sacrifices
of a million women before me
thinking
what can i do
to make this mountain taller
so the women after me
can see farther*

- legacy

Rupi Kaur, *the sun and her flowers*

Ein wahrhaft feministisches Projekt ist immer ein kollektives Projekt. Ohne die beständige, tatkräftige Unterstützung vieler lieber Menschen in meinem Umfeld wäre #RiotDontDiet nicht möglich gewesen. Das liegt zuallererst schon daran, dass dem Buch meine Dissertation „Beyond Disgust – The Popfeminist Politics of Body Positivity" (2020) zugrunde liegt, die ich am Institut für Anglistik und Amerikanistik der Universität Wien verfasst habe und die ohne Jahre an Ermutigung, Unterstützung und Inspiration durch Professor*innen, Kolleg*innen, interessierte Studierende und Journalist*innen, Mitkämpfer*innen, Freund*innen und Familie niemals fertig geworden wäre. Es waren ihre Nachrichten wie „Das schaffst du schon!" und „Hey, wäre das nicht etwas für dein Projekt?", die mich motiviert haben, weiterzumachen, wenn prekäre Anstellungsverhältnisse und Überlastung das Gegenteil nahelegten.

Ich bin Stefanie Jaksch, heute Verlagsleiterin von Kremayr & Scheriau, zutiefst dankbar dafür, dass sie mir am 28. Dezember

2019 „in meine DMs geslidet" ist und mir in einer Instagram-Nachricht angeboten hat, ein Buch zu schreiben. Damit hat sie es mir ermöglicht, meine Überzeugung „Forschung muss raus aus dem Elfenbeinturm!" noch ein Stück mehr in die Tat umzusetzen. Auch meinem Lektor Paul Maercker möchte ich meinen Dank aussprechen – und das nicht nur, weil er mich beim Überarbeiten des Manuskripts mit seinem grammatikalischen Adlerauge unterstützt hat. Im Editing-Prozess habe ich nicht nur fabelhafte neue Wörter gelernt („ungebärdig"!), sondern auch harte Kämpfe ausgefochten: Es wurden Anglizismen gestrichen, wo ich gerne welche gehabt hätte, dafür aber das Verb „beschämen" etabliert, obwohl es sich (noch!) nicht wirklich nach gutem Standard-Deutsch anhört. Mercan Sümbültepe danke ich für die Autorinnen-Porträts, die sie von mir gemacht hat und die mich immer daran erinnern werden, dass auch in schwirigen, anstrengenden Zeiten Momente der Leichtigkeit möglich sind.

Ganz explizit bedanken möchte ich mich bei meinen Interview-Partner*innen, die sich die Zeit genommen haben, meine Fragen zu beantworten und den Mut aufgebracht haben, ihre Geschichten von Ausgrenzung, Herabwürdigung und Diskriminierung mit mir und der Öffentlichkeit zu teilen, damit es anderen bald nicht mehr so geht; die gezeigt haben, wie ein widerständiges Leben in einem als „anders" markierten Körper möglich wird. Ich danke euch von Herzen! In der Reihenfolge ihrer ersten Erwähnung in *#RiotDontDiet* gilt mein Dank also Sissi Kaiser, Kem, Lena Jäger, Jaqueline Scheiber, Ina Holub, Elisabeth Axmann-Marcinkowski, Isabel Bersenkowitsch, Christiana Krivan, den Vetreter*innen des Black-Voices-Volksbegehrens, allen voran Noomi Anyanwu, Betül Tomakin, Linus Giese, Claire Kardas, David Samhaber, Florian Boschek, Fides Raffel, Christine Steger, Laura Gehlhaar, Daniela Rammel, Irina Angerer, Phillipp Annerer, Ulrike Schöflinger und Alexandra Bondi de Antoni. Ohne euch gäbe es dieses Buch nicht!

Abschließend möchte ich mich bei allen Menschen bedanken, mit denen ich in den sozialen Medien vernetzt bin und die mir immer neues Analysematerial geliefert, neue Perspektiven eröffnet und Zusammenhänge verdeutlicht haben. Eure Sicht auf die Welt hat mir gezeigt, wie vielfältig unser Zusammenleben doch sein könnte – eure Rufe nach Inklusion und Repräsentation waren mir durchwegs Leitlinie für eine gemeinsam formulierte Zukunftsvision! We are truly stronger together!

NOTIZ ZUR 4. AUFLAGE

Im Rahmen der Erstveröffentlichung von „Riot, Don't Diet!" entstand im Frühling 2021 eine – vor allem auch der Pandemie-Isolation geschuldete – Reihe von Instagram Live-Talks, die #RiotTalks. Kulturwissenschaftliche Erkenntnisse rund um Schönheitsdruck, Lookismus und Body Positivity sollten dabei niederschwellig und für alle zugänglich mit Expert*innen und Aktivist*innen diskutiert werden. Mit dabei waren unter anderen Kem (@kerosin95), Noomi Anyanwu (@thisisnoomi) und Laura Gehlhaar (@fraugehlhaar).

Die Videos können jederzeit auf dem Instagram-Kanal der Autorin (@femsista) nachgeschaut werden und erlauben es den Leser*innen, ein konkretes Bild von der #RiotDontDiet-Community zu bekommen bzw. in Kommentaren und im Austausch miteinander selbst Teil davon zu werden.

www.kremayr-scheriau.at

ISBN 978-3-218-01254-6
4. Auflage
Copyright © 2023 Verlag Kremayr & Scheriau GmbH & Co. KG, Wien
Alle Rechte vorbehalten
Schutzumschlaggestaltung, typografische Gestaltung und Satz: Sheila Ehm
Lektorat: Paul Maercker
Druck und Bindung: Florjančič tisk d.o.o., Maribor